古代歷史文化研究輯刊

十 編

王 明 蓀 主編

第2冊

青銅時代江淮、鄂東南和贛鄱地區中原化進程研究（下）

趙 東 升 著

國家圖書館出版品預行編目資料

青銅時代江淮、鄂東南和贛鄱地區中原化進程研究（下）／趙東升 著－－初版－－新北市：花木蘭文化出版社，2013〔民102〕

目 6+200 面；19×26 公分

（古代歷史文化研究輯刊 十編；第 2 冊）

ISBN：978-986-322-330-6（精裝）

1. 青銅器時代

618 102014355

古代歷史文化研究輯刊

十 編 第二冊 ISBN：978-986-322-330-6

青銅時代江淮、鄂東南和贛鄱地區中原化進程研究（下）

作　　者　趙東升
主　　編　王明蓀
總 編 輯　杜潔祥
出　　版　花木蘭文化出版社
發 行 所　花木蘭文化出版社
發 行 人　高小娟
聯絡地址　235 新北市中和區中安街七二號十三樓
電話：02-2923-1455／傳眞：02-2923-1452
網　　址　http://www.huamulan.tw 信箱 sut81518@gmail.com
印　　刷　普羅文化出版廣告事業
初　　版　2013 年 9 月
定　　價　十編 35 冊（精裝）新台幣 62,000 元

青銅時代江淮、鄂東南
和贛鄱地區中原化進程研究（下）

趙東升　著

目次

上冊

附圖目次

表格目次

第 二 篇

夏商西周王朝對江淮、鄂東南和贛鄱地區經略方式的比較研究

第一章　江淮之間地區的文化與社會背景

第一節　夏代的文化及勢力集團的變遷

夏代，江淮之間的考古學文化可以劃分爲三大文化傳統，即中原二里頭文化傳統、岳石文化傳統和土著文化傳統。江淮東部以岳石文化傳統爲主，江淮西部以土著文化因素爲主，而處於兩地之間的江淮中部地區則是三種文化傳統交互影響的區域，相對來說，沿淮地區的夏代文化自始至終受到二里頭文化的影響較大。而巢湖周邊地區在相當於二里頭文化早期時曾受到岳石文化傳統的強烈滲透，並建立了諸如肥西塘崗之類的文化據點，但在二里頭文化第三期時，岳石文化傳統就已經基本退出了這一地區，二里頭文化傳統強勢進入該地區。到了二里頭文化第四期，二里頭文化傳統在巢湖周邊地區繼續經營的同時，主要勢力重新退回到沿淮地區，巢湖周邊地區可能重新變成了二里頭文化和岳石文化共同經營的區域（目前這一時期的文化遺存發現極少，具體文化面貌和性質尚不能做全面分析，這裡僅是提出了一種可能性）。可見，巢湖周邊是二里頭文化和岳石文化重點爭奪的地區。而在二里頭文化因素自沿淮地區深入到巢湖地區的同時，在江淮西部地區也出現了深受二里頭文化傳統影響的薛家崗遺存，這支二里頭文化的勢力集團與江淮中部的同類文化相似度甚小，從文化面貌來看，很可能是來自於鄂東南地區的二里頭文化時期的盤龍城遺存。不同於巢湖周邊地區的是，薛家崗遺存一直延續到早商時期。

以上從考古學的角度對江淮之間考古學文化範圍的劃分，與文獻記載的夏代史迹也能較好的契合。

首先是古國的存在，據文獻記載，英、六等國在夏王朝時期就已經在江淮之間定居。《史記・夏本紀》中說：「帝禹立而舉皋陶薦之，且授政焉，而皋陶卒。封皋陶之後於英、六，或在許。」張守節《正義》引《帝王紀》：「皋陶生於曲阜。曲阜偃地，故帝因之而以賜姓曰偃。」英、六既爲皋陶之後，故也姓偃。《路史・國名記》夏后氏條：「巢，南巢氏，桀之封。」六之地望，《春秋・文公五年》：「秋，楚人滅六。」杜預注：「六國，今廬江六縣。」即今安徽省六安市一帶。可見，早在夏代，這一地區便有英、六、巢等存在了。皖西六安縣是英、六故地，這裏的鬥雞臺文化含有二里頭文化早期因素；巢湖一帶是巢的故地，這裏的二里頭文化均屬二里頭文化晚期〔註1〕，這些情況與上述文獻所載英、六在夏代初年即受封於禹，而巢在夏代晚期才爲桀所封的情況大致相符。

另外，史籍中還有大量關於禹娶塗山女、禹會諸侯於塗山的記載。這些記載散見於《尚書・皋陶謨》、《楚辭・天問》、《呂氏春秋・季夏紀・音初》、《吳越春秋・越王無餘外傳》、《史記・夏本紀》、《列女傳・母儀篇》、《華陽國志・巴志》、《左傳・哀公七年》、《淮南子・原道訓》等中。這麼多的文獻記載，充分說明了它們是流傳長久的歷史記憶。至於塗山在何處，前人考證分歧很大，近年來學者多偏向於安徽懷遠境的當塗山，這裏的文獻記載最早。始見於《呂氏春秋》，漢唐間多主所說。有杜預注、唐柳宗元《柳河東集塗山銘》、宋蘇軾《東坡集塗山詩》等均主此說；考古學面貌上也可以看出二里頭文化的勢力此時明顯已經抵達沿淮地區，並且建立了密切的關係。這可能與大禹治水和娶塗山氏女有關，它們之間很可能已經通過婚姻結成了聯盟。後來夏桀逃南巢，也是與該地國族原是夏之聯盟而打下的基礎分不開的〔註2〕。

但比較麻煩的是，這些古國的史實隱晦，所涉地望的考證又差異極大，很難同具體的考古學文化進行對照。我們只能根據文化面貌的不同劃分爲幾個稍微大的區域。不過少數上層人物的變動或單純軍事征伐並不一定能顯著地改變社會物質文化的特徵，即使地望相合，也難以在考古遺存中得到驗證。

〔註1〕王迅：《東夷文化與淮夷文化研究》第88頁，北京大學出版社，1994年。
〔註2〕詹子慶：《走進夏代文明》第135頁，東北師範大學出版社，2006年。

好在這點麻煩並不影響整個夷夏文化相互對峙、相互交融而又略分主次的基本格局。

其次是夏王朝與夷人的關係。有夏一代，夏王朝和東夷的關係是十分密切的，夷夏關係對夏王朝的存亡關係重大，它們之間大致經歷了聯合、紛爭、相安無事再到商湯聯合東夷滅夏三個階段。早在大禹治水時，大禹即已同塗山氏聯姻，《楚辭・天問》：「禹之力獻攻，降省下土方，焉得彼塗山女，而通之於臺桑」。在夏代建立以前，華夏與東夷的「輪流坐莊」可能是當時的大勢所趨，它們的勢力均衡，依靠互通婚姻和輪流「執政」的方式維持著彼此之間的地位〔註3〕，因此，實際上，大禹在位前就已經與東夷族建立了密切的關係，而塗山氏的族屬經學者研究正是屬於東夷族系的，塗山氏活動的地望大致處於壽縣東北懷遠縣境〔註4〕，該類型發現的周圍放置大量獸骨、卜骨的青石，可能是某些東系民族以石爲自然崇拜或祖先崇拜對象的原始宗教遺迹。禹在位時確定皋陶、伯益爲繼承人。皋陶、伯益是嬴姓夷族部落的首領，因此這一時期，夷夏之間應該是一種聯合的關係。而禹之後，啓殺伯益奪權的行爲，引起了一些東夷部落的反抗，首先反抗的是有扈氏。《史記・夏本紀》記載，啓曰：「嗟！六事之人，予誓告女：有扈氏威侮五行，怠棄三正，天用剿絕其命。今予維共行天之罰。左不攻於左，右不攻於右，女不共命。御非其馬之政，女不共命。用命，賞於祖；不用命，僇於社，予則帑僇女。」遂滅有扈氏。天下咸朝。此後啓及子太康湎於酒色田獵，太康兄弟爭權奪利，夏民十分怨恨夏后氏的統治。這時東夷酋長后羿乘機崛起，出其不意的攻入夏都安邑，取而代之，史稱太康失國。歷經太康弟弟的兒子相及其子少康，在有虞氏、東夷有仍氏、有鬲氏等的支持下，才恢復了中斷百年的夏朝統治。史稱少康中興。

那之後夷夏關係逐漸處於相安無事的狀態，夏統治者可能依舊採用聯姻、賞賜等手段與東夷部族保持密切關係，應該說這一時期是夏朝統治穩定發展的時期。

夏朝晚期各種社會矛盾激化，帝孔甲「好方鬼神，事淫亂」，民不聊生，諸侯叛之。《後漢書・東夷傳》云：「桀爲暴虐，諸夷內侵」。《左傳・昭公四年》云：「夏桀爲仍之會，有緡叛之」，有緡氏是東夷的一支。」。《左傳・昭

〔註3〕張敏：《華夏文明起源的假說》，《東南文化》，1990年4期。
〔註4〕龔維英：《塗山氏的源流和變遷》，《中州學刊》，1988年5期。

公十一年》又云：「桀克有緡，以喪其國」。以上可見東夷人開始反抗夏的統治。更爲重要的是，桀娶有施氏女妹喜爲妻，拋棄了傳統的與東夷人的聯姻，使夏與東夷人的親密關係破裂，從而點燃了東夷族反抗的導火索，可見沒有正確處理好同東夷大姓的關係是夏朝滅亡的原因之一。

當東夷大規模反抗夏朝統治的時候，商族乘機崛起，商聯合東夷反夏勢力，在鳴條擊敗夏軍，桀奔南巢，夏亡。

江淮之間二里頭文化傳統和東夷文化傳統的發展關係大致也正如文獻中所顯示的經歷了以上所劃分的幾個階段。二里頭文化和岳石文化因素共存於鬥雞臺文化鬥雞臺類型中，表現出兩者的關係甚爲緊密。之後，鬥雞臺文化向東南發展，逐漸排擠了原分佈於此地的岳石文化塘崗遺存，而形成了鬥雞臺文化巢湖類型。在二里頭文化晚期，夷夏交惡的時候，巢湖類型即逐漸消亡。

再次是夏王朝的起源和消亡，正如上文所說，夏王朝的起源與沿淮地區的塗山氏應該有密切的關係。而塗山氏在考古學文化的表現很可能就是鬥雞臺文化鬥雞臺類型。而文獻所記載的夏末「桀奔南巢」所在區域存在較大的爭議，並不能確指。據研究，這支逃亡的夏人勢力很可能是「浮江」而來，即自漢水至長江，順江東下而至巢湖地區，「桀與其屬五百人去居南巢」〔註 5〕。江淮西部發現的薛家崗遺存也許正是這條逃往線路上的重要遺留〔註 6〕。既然肯定桀曾奔南巢〔註 7〕，那麼在南巢區域應該存在有二里頭文化晚期的文化因素，可是，這類因素目前僅在薛家崗遺存中有所發現，而鬥雞臺文化巢湖類型中的二里頭文化因素僅包括二里頭文化第三期，而不見第四期末期，即大約相當於夏桀時的遺存，筆者認爲，這可能與夏桀來此地時這裏已不屬於二里頭文化的控制區域，他們並沒有長時間的立足，而是「俱去海外」〔註 8〕。那麼，薛家崗遺存很可能就是夏桀所封的南巢的主要區域〔註 9〕，夏桀在此地一直苟延殘喘

〔註 5〕 見於《逸周書・殷祝解》。《國語・魯語上》、《古本竹書紀年》（《太平御覽》卷八二引）亦有桀奔南巢之說。

〔註 6〕 杜金鵬先生認爲夏桀奔南巢是先入漢水，再沿長江東下，繞過大別山後登上長江北岸，到達南巢的，見杜金鵬：《關於夏桀奔南巢的考古學探索及其意義》，《華夏考古》，1991 年 2 期。

〔註 7〕 鄒衡：《大城墩遺址與江淮地區的古代歷史的關係》，見《夏商周考古學論文集續集》第 244 頁，科學出版社，1998 年。

〔註 8〕 見於《尚書大傳・殷傳》（《太平御覽》卷八三引。

〔註 9〕 關於南巢的具體地望，郭沫若先生也認爲在安徽桐城縣南六十五里（見《郭

到早商一期商文化勢力進入此地時。

第二節　商代的文化及勢力集團的變遷

商代，江淮東部除了淮河以北的蘇北地區有少量的商文化據點外，淮河以南此時的文化基本屬於空白。江淮中部屬於商文化的地方類型，可以分爲西部的淮河流域小區和東部的長江流域小區，早期基本上繼承了原鬥雞臺文化的分佈範圍，中晚期繼續向東部擴展。兩個小區大約同時興起，而文化內涵卻有所區別，說明它們可能有不同的來源途徑。江淮西部的薛家崗商遺存也受到了商文化的較大影響，但主要文化內涵仍然是屬於地方性的。商文化在江淮之間地區的分佈情形與商時期分佈在此地的勢力集團和商夷關係是密不可分的。

首先是文獻中關於古國的記載。

同夏代時一樣，文獻中提到的商代古國也僅有「六」、「巢」，且比夏代時的記載更少，比如，曾有卜辭中提到過六：

己未卜，　六？ 不　六？（《合集》二二二五九　一期七冊）

……六圉？（《合集》二二三三三　一期七冊）〔註 10〕

第一條是商人貞問（天帝）是否會降咎於六？第二條是貞問災咎會否降臨六的邊陲？即敵國會否侵犯六的邊境之意？從貞文來看，商人對六似乎頗爲關心。說白了，六是商人在江淮之間的代理者，商人利益的實現有賴於六。因此，有學者認爲「六」爲商的封國〔註 11〕。

另據《書序》：「巢伯來朝，芮伯作旅巢命」〔註 12〕，因此，有學者認爲，巢和六在武王克商以後可能都是商王朝控制下的諸侯國〔註 13〕。雖然文獻中的記載不多，但從地方性文化變成商文化的地方類型這點來看，商王朝比夏王朝更加有力的控制了這一地區，也證實了我們將江淮中部分爲淮河流域區和長江流域區的可行性。

其次是關於商滅夏的途徑和商夷關係的記述。從全國範圍來看，商王朝

沫若全集》（考古編第 5 卷），第 464 頁《卜辭通纂考釋》574 片），這裏正是薛家崗遺存的分佈範圍。

〔註 10〕郭沫若主編：《甲骨文合集》，第一期第七冊，中華書局，1980 年版。

〔註 11〕齊文心：《「六」爲商之封國說》，《甲骨探史錄》，三聯書店，1982 年。

〔註 12〕漢・孔安國傳、唐・孔穎達疏《尚書注疏》，阮刻十三經注疏本。

〔註 13〕王迅：《東夷文化和淮夷文化研究》第 88 頁，北京大學出版社，1994 年。

對夏王朝的取代是沿夏文化發展的足迹進行的。夏桀向南巢地的敗亡是巡漢江進入長江，穿過江淮西部而進入巢湖地區的。商王朝大致經過了這一線路，但從考古學文化面貌來看，商文化進入江淮地區的時間並不在早商第一期，早商第一期的遺存僅存在於鄂東南地區的盤龍城類型，商文化對此地進行了重點經略，並沒有急於向江淮地區進發，雖然其最東部的勢力已經抵達鄂皖交界的黃梅，但已是強弩之末。早商一期時商王朝並沒有向江淮地區進發，這也正是包含有大量二里頭文化因素的薛家崗遺存得以在江淮西部地區和鬥雞臺文化鬥雞臺類型在江淮中部沿淮地區一直延續存在到早商一期時的原因所在。當中原和盤龍城類型商勢力穩固以後，它們才從不同的方向向江淮地區擴展。並在中商時期迅速擴展至整個江淮中部地區，晚期並把觸角伸向江淮北部和東部地區。實際上，這種商文化向江淮地區勢力擴展的趨勢也是與商夷關係的變遷分不開的。

夏王朝晚期，夏與商族、東夷等東方諸部落的關係惡化，導致商族與東夷諸部族被迫聯合反夏，從文獻材料推知，夏代末年商夷聯盟已經形成。早商時期，商夷關係仍然融洽，商夷聯盟得以延續。仲丁以後，商夷之間軍事衝突不斷，商夷聯盟終結，根據《史記》、《古本竹書紀年》等書的記載，自仲丁開始到盤庚時期，商王朝內部發生了兩件大事——「比九世亂」和四次遷都，從前人的研究成果來看，這些事件都可能與對夷人的控制有關〔註 14〕。考古材料爲夏末早商存在商夷聯盟的立論提供了佐證。豫東、鄭州、偃師等地發掘表明，屬於商族的下七垣文化與屬於東夷的岳石文化，在夏末商初有共存和文化混合現象，說明此階段商、夷關係融洽。商代早期，在商人國勢強大的前提下，商文化範圍存在著北、西、南擴展而惟獨東方收縮或滯展的現象，這正是商、夷之間延續同盟關係的具體反映。但至早商晚期，商文化卻東向大擴展，整個魯西地區皆納入商文化之分佈範圍，這種文化上的取代應與商、夷關係惡化及商夷聯盟終結有直接關係〔註 15〕。晚商時期，商夷交惡，甲骨卜辭多有記載，武丁以後的各王都曾經與東夷發生過大規模的戰爭，到商王帝辛時，規模更是巨大，最終導致「紂克東夷而隕其身」(《左傳・昭公四年》) 的結果，此時甲骨卜辭中記載最多的征人方，陳夢家先生就認爲是

〔註 14〕對此問題的詳細論述可見王愛民：《商與東夷關係淺談》，河北師範大學 2006 年碩士學位論文。

〔註 15〕張國碩：《論夏末早商的商夷聯盟》，《鄭州大學學報》（哲社版），2002 年第 35 卷 2 期。

屬於淮泗流域的淮夷〔註 16〕。商文化勢力在江淮地區的擴展也同樣體現了這種商夷關係變化的結果，早商時期，商夷聯盟，商文化並沒有過多的侵入江淮地區，早商晚段開始，商文化開始大舉向江淮地區滲透，並將此地歸爲商文化的地方類型。到中商時期，更是繼續向東，把原屬夷人文化區的地域納入到商文化的控制之下。伴隨著商夷交惡，晚商時期的江淮中部地區的商文化極度衰落，此時，江淮西部的薛家崗商遺存很可能繼續向東擴展一直到達滁河南岸地區〔註 17〕，商文化因素目前僅在滁河北岸及附近的合肥煙大古堆、含山大城墩、滁州卜家墩和儀徵甘草山等少數地點發現，可能表明商文化已向滁河北岸退卻。而在更東和更北部的地區發現的不少的晚商因素與東夷文化因素的交融的遺存，則說明這裏可能成爲商王朝和夷人爭奪的重要地區。整個商代，東夷文化因素在江淮中部地區的分佈並不多，可見商王朝在此地對東夷勢力的控制還是相當成功的。晚商時期，商王朝在南、北和西方均不同程度的存在勢力收縮，而唯獨在東方的分佈有所擴展，看來商王朝在與東夷勢力和淮夷勢力的爭奪中傾注了大量精力，嚴重消耗了商王朝的國力，這成爲商王朝滅亡的眞正誘因。之後，大批的東夷文化因素便開始出現於江淮中部地區了。

第三節　西周時期的文化及勢力集團的變遷

西周時期，江淮地區的考古發現中，江淮分水嶺以北的地區一直以宗周文化爲主體。以南又可以分成兩個小區——即東部滁河流域區和西部土著文化區（最大範圍包括長江以北、肥西－巢湖一線以西的地區）。另外還有江淮東部區和西部大別山區。

滁河流域區是宗周文化和夷人文化交互作用的區域，宗周文化因素的主體地位起伏不定，在西周早期時，宗周文化因素主要在滁河南岸佔據主導地位，而滁河北岸雖然也以宗周文化因素爲主，但很明顯，它們與滁河下游和江淮東部的文化具有較多的共性，當存在不同的勢力集團。進入西周中期以後，夷人文化因素和吳文化因素大量增加，西周晚期，吳文化因素逐漸佔據主導地位。西周中期時夷人文化因素和吳文化因素的增加並沒有改變宗周文

〔註 16〕陳夢家：《殷虛卜辭綜述》第 301～308 頁，中華書局，1988 年。
〔註 17〕薛家崗商遺存是繼承了薛家崗遺存的土著文化，代表了南巢的延續，從這個意義上説，南巢在商代末期曾經有過大範圍的東向擴展。

化的主體地位，雖然這種主體地位受到它們的嚴峻挑戰。西周晚期宗周文化的優勢地位逐漸喪失，雖然有迹象表明宗周王朝也曾經試圖恢復對此地的控制，但從文化總體面貌上已較難分辨。可見，這個區域在西周中晚期時是宗周文化與地方文化爭奪的重要地區。

西部土著文化區內宗周文化因素較少，而以地方文化因素爲主。西周早期時，繼承了商時期薛家崗遺存的文化特徵，比如鼎式鬲仍存在，稍折肩、三足內聚、足尖較尖的「淮式鬲」還沒有出現，西周中後期流行的條紋和間斷繩紋極少，這些都與薛家崗遺存的特徵相同。但是自西周中期開始，柱足或足端帶疙瘩的鬲足開始大量流行，逐步取代了錐狀鬲足，鬲也開始大量流行折肩、三足內聚的造型，並流行飾間斷條紋或繩紋的裝飾風格，相應的，甗和甗形盉等也是同樣的造型裝飾特徵。罐流行折肩。這些都是相對於以前未曾出現的文化因素，與周邊地區的宗周文化和東夷文化以及大路鋪遺存都有區別，這組器物特徵一直延續存在到春秋時代，尤其是甗形盉極大發展，甚至演化出銅製甗形盉，它們是群舒文化的代表性器物。廣泛分佈於滁河南部地區，並在附近與宗周文化因素交彙。

從文獻記載上（包括銘文資料）來看，分佈在此地的勢力集團包括有「英」、「六」、「桐」、「黄」、「江」、「巢」、「邗」、「徐」、「群舒」、「淮夷」、「南淮夷」等。西周王朝在江淮之間地區的經略與這些勢力集團關係密切。這些勢力集團與西周王朝相對應，屬於廣義的夷人集團。這些夷人集團與夏商時的夷人族屬是一致的，只是在與夏商王朝的衝突中逐漸南遷，並分散在江淮地區。當各自爲政時，對於王朝的威脅不大，而一旦聯合，就形成了嚴重威脅王朝統治的力量。因此，這些勢力集團在與西周王朝的「交往」中，時分時合，範圍也不時變遷。

英、六　英、六在夏商時的情況已如上述，到了西周時期，英、六繼續存在。並一直處於以現今六安爲中心的一片地區。六安堰墩遺址是屬於「六」國範圍之內的一處地點，該遺址表現出的西周時期文化內涵說明在西周早期「六」國已經臣服於周。1997 年，安徽考古工作者對六安東城進行了解剖，發現城內堆積除含新石器時代晚期堆積外，主要爲西周時期，其城垣的構築年代被定爲西周〔註 18〕。該城年代的確定，爲六在六安的文獻記載多了一份

〔註 18〕安徽省文物局：《五十年來安徽省的文物考古工作》，《新中國考古五十年》，文物出版社，1999 年。

來自考古學的支持和線索。六雖然也是「淮夷集團」的成員，但是從其相關史迹來看，六的身上很少體現出其它淮夷成員諸如徐、淮夷抗拒周、與周對立的情狀來；相反，倒是有很多臣服、妥協的迹象。六的這種「反常」表現，歸根結底，我們認爲還是要從它所在的地理位置來分析，六的地望在今六安，六安位於皖西、大別山北麓，東鄰肥西，北接壽縣，西倚金寨，南靠霍山，地理位置極爲重要。清顧祖禹曾形容它是「廬州之喉舌，淮西之要地」〔註 19〕。如此關鍵的一個位置，無怪乎那些覬覦江淮的中原勢力如此看重六了，而偏偏六又是一個軟弱的小國，在強大的北來勢力面前，唯有臣服的份。六首封於夏時，夏亡後，從屬於商，是夏、商王朝在江淮間的一個方國，已如前述。進入周代，雖然從傳統文獻、金文等資料來看，一支與周對立的勢力「淮夷集團」已經凸顯出來，但在很長一段時間內，至少在西周早期，像六這樣的成員，依舊是從屬於周的。穆王時代有錄伯𢦚簋。銘文記載作器者錄伯祖考有勞於周邦，王賞錄伯一事。銘文中的「錄」正是典籍中的「六」〔註 20〕。王賞賜作器者是因爲其祖父有助周祐闢四方之功。但六既曾是商之屬國，那麼在六轉而歸順周人之前顯然有事發生。成王時器大保簋銘文有「王伐錄子聖」的記載，看來，六國在周成王時曾遭周人撻伐。彭裕商更是將這場戰事定在了成王平叛之後〔註 21〕。筆者認爲，六臣服於周很可能是發生在前文提到的周公東征東夷前的南征時（詳下節）。同時另有錄卣銘文顯示，有一個叫錄的人奉王命以成周師氏戍於古師，又云伯雍父蔑錄歷，易（賜）其貝十朋，而錄也藉此表達了他的感激，拜稽首，對揚白（伯）休〔註 22〕。通過這篇銘文，我們看到自錄的先祖早年臣服於周並助後者開拓疆土，到穆王時代淮夷內侵，他本人從旁相助，錄（六）國一直是站在周人的陣營裏的。儘管無論是

〔註 19〕顧祖禹：《讀史方輿紀要》，中華書局，2005 年版。

〔註 20〕郭沫若有云：「錄國，殆即《春秋》文五年『楚人滅六』之六。」郭沫若：《兩周金文辭大系圖錄考釋》，見《郭沫若全集》（考古編）第 7 卷第 254 頁，第 8 卷第 141～142 頁，科學出版社，2002 年版。

〔註 21〕對大保簋年代的考訂，可參見陳夢家：《西周銅器斷代》，中華書局，2004 年；郭沫若：《兩周金文辭大系圖錄考釋》，見《郭沫若全集》（考古編）第 7 卷 205 頁，第 8 卷第 71～72 頁，科學出版社，2002 年版；陳壽：《大保簋的復出和大保諸器》，《考古與文物》，1980 年第 4 期；彭裕商：《西周青銅器年代綜合研究》第 218 頁，巴蜀書社，2003 年。

〔註 22〕羅振玉編：《三代吉金文存》卷十三第四十三頁，總第 1409 頁，中華書局，1983 年版；唐蘭：《「蔑歷」新詁》，《文物》，1979 年 5 期。

在血統上，抑或是地域上，它都與所謂的「淮夷」更爲接近。由此，我們可以看出，六安地區，至少在西周早中期時，宗周王朝曾經具有主導地位。雖然我們不能確定對六這塊地域周王朝是否也進行了分封，單從考古學文化面貌看，六安地區的北部（確切的說是江淮分水嶺以北）已經屬於宗周文化圈了，其南部屬於文化交彙的區域，淮夷文化因素和宗周文化因素共存現象較爲明顯，是兩者爭奪的焦點地區。

至於英，一種看法認爲，「英」又作「蓼」，是六的分支，屬群舒〔註 23〕。《正義》中也說：「英蓋蓼也。」而寥之地望，據《漢書・地理志》引《括地志》所言，在今河南固始，與六相近，俱在淮南。《讀史方輿紀要》卷二十一「壽州霍邱縣」條下：「蓼縣城，在縣西北接固始縣界，古寥國，皋陶之後封此……漢置蓼縣。」地處當今河南固始縣之蓼成岡。文獻中的記載，似也得到了考古學證據的支持，考古學者曾在河南固始縣城及城北一帶發現廢棄的東周時期城牆，認爲是蓼國故城〔註 24〕。但也有認爲「英」並非「蓼」的。《左傳・僖公十七年》：「齊人爲徐伐英氏。」《六安州志》謂州之西有英氏城，地當今安徽金寨東南。如何調和這兩者間的矛盾？《括地志》中一段關於蓼的話語或是一種啓發，「光州固始縣，古蓼國，南蓼也。春秋時蓼國，偃姓，皋陶之後。又有北蓼城，在固始縣北六十里。蓼國有南北二城。」這段話對於本問題雖然沒有直接的幫助，但它提醒我們，「英」與「寥」很可能是本爲一支族群的兩批人員在遷移過程中於相距不遠的兩地分別建立的，且各自有了名號，不過因爲他們都是皋陶之後，又都姓偃，故後人談及時仍以同族相視，不分彼此。事實上，「英」與「蓼」的情形在一個迫於戰爭、迫於生存而頻繁發生族群遷徙的時代裏是不奇怪的。更爲明顯的是，蓼國的一支曾南遷今安徽舒城與舒人結合，建立了舒蓼國，亦稱「蓼國」，後爲楚所滅。看來，英自夏開始就已經居於淮河上游南岸地區，西周時期可能向東南遷入巢湖西部地區。

巢　古國名，偃姓。從以上的論述可以看出，巢在夏商時期曾經作爲夏商王朝的屬國而存在，傳統文獻中有大量關於「巢」的記載〔註 25〕，除傳統

〔註 23〕李修松：《徐夷遷徙考》，《歷史研究》，1996 年 4 期；陳秉新、李立芳：《出土夷族史料輯考》，安徽大學出版社，2005 年。

〔註 24〕詹漢清：《固始縣北山口春秋戰國古城址調查報告》，《中原文物》，1983 年特刊。

〔註 25〕杜金鵬先生有詳細的記述，參見杜金鵬：《關於夏桀奔南巢的考古學探索及其

文獻中提到巢外，金文和甲骨文中也有記載，周原出土的周初甲骨文中有「征巢」的記載（H11：110）〔註 26〕。《西清古鑒》中也有兩件銅器記述了對巢的用兵。西周班簋銘文中有「秉繁、蜀、巢令」的記載，其中的「巢」就是巢伯國。而「秉」是執掌的意思，此銘所記內容是說毛公受周王之命管理繁、蜀、巢的事務〔註 27〕。而據一些學者的研究，班簋是穆王時器〔註 28〕。今本《竹書紀年》云武王十三年，「巢伯來賓」〔註 29〕。那麼巢國的地域是在哪裏呢？春秋時代，巢處於吳楚間的推測已爲絕大部分的學者所接受〔註 30〕，巢被吳國滅亡以後，秦、漢、西晉在這一帶沒立了居巢縣，唐、宋爲巢縣，皆在巢湖附近。漢唐以來學者多認爲夏桀所奔南巢，即春秋之巢國，亦即秦漢之居巢、唐宋之巢縣。1983 年，在巢湖市庵門村西發現一合唐會昌二年墓誌，誌文中多次稱當地爲南巢〔註 31〕。可見，西周時期的巢國當大致位於巢湖一帶。文獻中的記載，可以看出巢同西周王朝的關係很密切，並同六一樣在某種程度上受制於周人。結合這一地區的考古學文化面貌，以及我們下面討論的邗國地界，我們傾向於認爲西周時期的巢國處於巢湖周邊地區，大致在蕪湖－巢湖－肥西一線以南的地區。正如上文所述，夏桀所封的南巢指的是江淮西部，商代時勢力擴展，到商代末期商文化大城墩類型衰落以後，一度向東擴展至滁河南岸一帶，而在西周早期「征巢」的過程中，又退回到肥西－巢湖一線以西的地區，滁河南岸的西周時期文化表現出較強烈的宗周文化特徵即是證明。西周中晚期，南淮夷勢力興起於江淮西部地區，至此巢國西與南淮夷屬於一個大的文化區，彼此關係較爲密切，東與邗國爲鄰，互有影響。

意義》，《華夏考古》，1991 年 2 期。

〔註 26〕陝西周原考古隊：《陝西岐山鳳雛村發現周初甲骨文》，《文物》，1979 年 10 期。

〔註 27〕對班簋銘文的考釋，可參見陳秉新、李立芳：《出土夷族史料輯考》第 183～187 頁，安徽大學出版社，2005 年版。

〔註 28〕班簋著錄於《西清古鑒》，對班簋年代的研究，可參見唐蘭：《西周青銅器銘文分代史徵》，中華書局，1986 年版；楊樹達：《積微居金文說》，中華書局，1997 年版；李學勤：《班簋續考》，《古文字研究》第 13 輯，中華書局，1986 年。

〔註 29〕《今本竹書紀年》固已被證僞，但同一事件在《尚書序》中也有記載「巢伯來賓，芮伯作《旅巢命》」，結合以上所述其他證據，我們認爲除了發生時期錯誤外，當有此事。

〔註 30〕杜金鵬：《關於夏桀奔南巢的考古學探索及其意義》，《華夏考古》，1991 年 2 期。

〔註 31〕張宏明：《淺談伍子胥後人墓誌》，《文物研究》第一期，黄山書社，1985 年。

邗　一般認爲，邗國是江淮間的一個小國。張敏先生認爲，邗國的範圍大致與漢代的臨淮郡相當，即在古邗溝（今京杭大運河江淮段）兩岸，包括今天的揚州、儀徵、江都、高郵、寶應等沿河市縣，向東可能達泰州、姜堰一帶〔註 32〕。筆者認爲，從考古學文化面貌的相似程度看，邗國的地界可能還包括滁河南北、江淮分水嶺以東的一塊區域，只是在不同的時期存在著地域變遷。從考古學文化面貌看，西周早期滁河南岸的宗周文化因素較爲濃烈，反映了其與宗周王朝的關係較爲密切。到西周中晚期滁河南北地區的文化面貌漸爲趨同，宗周文化因素的比例下降，地方因素和寧鎮地區的因素逐漸增加，說明滁河南北地區很可能已經統一在一個大的政治集團之下了，我們即認爲此爲「邗」國。

文獻上涉及西周時代的邗國的記載非常少，僅有關於其「開國」——《左傳・僖公二十四年》提到「邗、晉、應、韓，武之穆也」和其「滅國」——《管子・小問》中記載：「……昔者吳干戰，未齓不得入軍門。國子擿其齒，遂入，爲干國多。」兩段。如果這些記載屬實，那麼邗、宗周和淮夷三者之間的關係就比較明顯了。邗爲周初所封於滁河南岸一帶。這是以西周早期周人的勢力在此經略爲前提的。但是邗國可能僅有很少的宗周貴族，在他們周圍，應該是更大量的本土居民（夷族）。隨著整個西周王朝與淮夷間的時戰時合，處於「夾縫」中的邗國肯定也是風雨飄搖，要不爲淮夷所滅，要不出現淮夷化，歷史事實證明，邗國出現了「本土化」，這與隔江相望的親族吳國可謂如出一轍。但是，筆者認爲，邗國雖處於夷人勢力的虎視眈眈之中，但畢竟是保留住了宗周王朝可以行使統治權的這塊區域，並且利用這塊區域，西控巢國和南淮夷，南連吳國，起到了很好的限制淮夷的發展和掠奪地方資源的目的。

徐　關於徐國的起源、遷徙、分佈及主要歷史事迹，顧頡剛和徐旭生先生都進行過較爲深入的分析〔註 33〕，筆者也曾借鑒它們的意見，提出了自己的一些看法〔註 34〕。這裏僅把結論摘錄於下，以便其它問題的探討。徐國屬於東方夷族，嬴姓，它與淮夷、南淮夷等屬於不同的政治力量。它們分佈的

〔註 32〕毛穎、張敏：《長江下游的徐舒與吳越》第 57 頁，湖北教育出版社，2005 年版。

〔註 33〕徐旭生：《中國古史的傳說時代》，文物出版社，1960 年版；顧頡剛：《徐和淮夷的遷留——周公東征史事考徵之五》，《文史》，1990 年總第 23 期。

〔註 34〕拙作：《徐國史迹鈎沉》，《東南文化》，2006 年 1 期。

地域有別，事迹也各有不同。單就徐國來說，他們大約在商周之際，已經活動於今魯東南一帶，在西周初年，徐戎叛亂，周公平叛之後，他們南逃到魯西南、蘇西北和皖東北地區。西周穆王時期，徐戎聯合淮夷叛亂，叛亂被平叛後，穆王遷徐之宗親跨過周王朝統治的勢力區，將它們分散遷徙到或者逼迫到淮河上游（徐國中心支族）和巢湖西部群舒故地（徐國各分支族），「徐偃王」糾集了在淮河上游的江、黃和巢湖西部的群舒、巢等同系宗族，組成了「三十六國」集團，勢力大增，成爲西周中後期威脅王朝統治秩序的最強大力量之一——南淮夷。厲王和宣王的征伐又一次打敗了徐的勢力，徐在此時不得不進行又一次的遷徙，它們順淮河而下，或者被迫歸順在淮夷的藩籬下，偏居在淮夷和西周王朝勢力交界的今洪澤湖一帶，以後或許略有遷徙，但處於吳、楚和齊的夾縫之中，始終沒有大的作爲，直到公元前 512 年被吳滅於盱眙縣西南一帶。

群舒　所謂群舒，指的是一批以舒爲名的淮夷小國，包括舒、舒庸、舒蓼、舒龍、舒鮑、舒鳩、舒龔等。一般認爲，舒與徐有著密切關聯，群舒係由徐方分遷出來的一些子爵小國，群舒即群徐。鑒於舒與徐的特殊關係，在涉及到群舒的起源時，學界也多以爲群舒與徐一樣，來自山東境內。群舒主要分佈在巢湖以西直到大別山的區域，而群舒下各小國的地望，據文獻記載也可大致推出，學者們關於此方面的敘述很多〔註 35〕，故不再贅述。關於春秋時代的群舒遺存相當豐富，在銅器組合、器形和紋飾上都表現出一定的特徵。但是，西周時期群舒的遺存發現卻較少，尤其是顯示身份的青銅禮器更少，爲我們判斷西周時期群舒的面貌增加了困難。根據少量的遺存以及徐國和巢國的變遷，我們大致可以認爲，在西周穆王之前，自新石器時代晚期到夏商時期一直源源不斷而來的東夷因素在巢湖以西的勢力集團還比較弱小，不成氣候，並沒有對王朝勢力構成大的威脅。但是在徐國被穆王打敗並分遷到這些地方後，徐國利用同姓宗親和親族的關係，迅速籠絡並與周王朝爲敵，到厲宣王時，它們已經形成一股強大的力量，位於巢湖西部地區的被稱爲群舒，即南淮夷的一部分（南淮夷還應包括巢國），而位於淮河上游地區的被稱做徐夷。

而對於說明群舒故地就是宗周王朝所稱的南淮夷之地的重要例證就是以

〔註 35〕可參考張鍾雲：《徐與舒關係簡論》，《南方文物》，2000 年 3 期；陳懷荃：《東方地區風、嬴、偃姓部落群發展概勢》，《安徽師範大學學報》，1983 年 3 期。

下對於桐國的族屬和地望的確定。

桐 偃姓，有西周晚期厲王時器翏生盨銘文曰：「王征南淮夷，伐角、津、伐桐、遹」，還有同時期的鄂侯馭方鼎銘文曰：「王南征，伐角、遹」〔註 36〕。因知桐屬淮夷集團，且是實力強悍的南淮夷之一員。桐乃一古國，《左傳・定公二年》曰：「桐叛楚。」杜預注：「桐小國，廬江舒縣西南有桐鄉。」故地在今安徽桐城縣西北，正位於上文中所圈定的群舒故地的中心位置。

角、津、遹 由以上銘文可知，這三者亦可能爲淮夷集團成員。銘文中角津與桐遹並稱，則伐角與伐津當是有聯繫的戰役，而伐桐、遹又是另有聯繫的戰役，這聯繫也許是地域相近的緣故。據馬承源先生的考證，「角疑即角城，《水經注・淮水》:「淮泗之會，即角城也。」《太平寰宇記》:「角城在宿遷縣東南一百一十里。」津，疑即津湖就近的淮夷小邦，地在寶應縣南六十里，與角毗鄰。而遹，假爲雩，即雩婁，是淮水上游的戰略要地。《左傳・襄公二十六年》「楚子秦人侵吳，及雩婁，聞吳有備而還」。《史記・吳太伯世家》餘祭十一年「楚伐吳，至雩婁」。其地望據《太平寰宇記》在霍邱縣西南八十里，一說在商城縣東北，兩者相差無遠。關於角，陳秉新先生更進一步指出，角當在今江蘇淮陰市西南古淮河與泗水交匯處〔註 37〕。

值得一提的是，商甲骨文中就曾提到過角，「丁卯卜：角其來？」〔註 38〕另有「庚寅卜，貞：以角女？二告。庚寅卜，貞：弗其以「角女」？〔註 39〕看來，角在商代晚期時曾是商之屬國。聯繫沭陽萬北遺址出現的商代晚期的文化因素，很可能商人曾經統轄過「角」這個方國，這個方國扼東夷和商文化大城墩類型之股肱，地理位置非常重要。

可見，角、津大致位於江淮下游，而桐、遹則位於江淮上游，都處於江淮與中原的重要交通線上（圖 1.2），那麼角、津和桐、遹都是屬於南淮夷區內的地名嗎？筆者認爲不一定如此，雖然翏生盨中提到是王征南淮夷，而鄂侯馭方鼎中又說是王南征，因此，雖然四地可能都是王南征的地點，但角、津屬相鄰地域，而桐、遹屬另一個相鄰地域，他們分別代表了淮河上、下游

〔註 36〕關於兩器的年代和之間的關係，見馬承源：《關於翏生盨和者減鐘的幾點意見》，《考古》，1979 年 1 期。

〔註 37〕陳秉新、李立芳：《出土夷族史料輯考》第 23 頁，安徽大學出版社，2005 年版。

〔註 38〕郭沫若主編：《甲骨文合集》，四六六五，中華書局，1980 年版。

〔註 39〕郭沫若主編：《甲骨文合集》，六七一正一期，中華書局，1980 年版。

的重要戰略要地。兩地的文化面貌也不相同，前者屬於淮夷區系，後者屬於南淮夷區系。厲、宣王時期的銅器銘文中，已很少看到征「淮夷」的字眼，而被征「南淮夷」所取代，因此，這裏的征角、津很可能是在王征桐、遹的過程中征伐的淮夷小邦。就像在鄂侯馭方鼎中，還記載了王征伐南淮夷的回程途中在「壞」接見了鄂侯，我們並不能就此認爲壞也是南淮夷的地名一樣。

江、黃　如英、六一樣，史籍中對江、黃二國多並舉。江、黃既是小國、實力弱，且相距又近，故遇事常相伴而行。如《春秋・僖公二年》:「秋九月，齊侯、宋公、江人、黃人盟於貫。」《春秋・僖公三年》: 秋，「齊侯、宋公、江人、黃人會於陽谷。」《春秋・禧公四年》:「秋，及江人、黃人伐陳。」江、黃皆嬴姓。江國地望，據杜預注，在河南汝南安陽縣，即今正陽縣西南，南臨淮河。黃，《左傳・桓公八年》:「夏，楚子合諸侯於沈鹿，黃、隨不會。」杜注:「黃國，今弋陽縣。」地處當今河南潢川縣西，淮河南岸。近年考古發掘在河南潢川縣城西 6 公里隆古鄉發現了春秋黃國故城，並在城內發現有 12 處青銅冶鑄作坊遺址，出土有禮器及鏃、戈、矛、劍等兵器殘片〔註 40〕。1983 年 6 月，考古工作者又在潢川西光山寶相寺發掘出一座春秋早期的黃君孟夫婦墓，出土大量精美青銅器和玉器〔註 41〕。江、黃均是淮河沿岸的小國，但並非土生土長，而是同樣經歷了遷徙，有學者以爲，他們大約是在周公東征之後，由古泗水流域沿淮漸次西遷至河南南部淮河沿岸的〔註 42〕。在西周時期涉及到淮夷反叛周王朝的金文資料中，對江、黃的記載所見不多，從他們的地理位置看，他們距離淮夷集團中反叛激烈的區域較遠，而是恰好處在了南淮夷與周人的交界地段。這樣的位置是很值得玩味的，簡單來說，周人對之可能會有安撫、籠絡之舉，目的是令其充當周人禦敵的屏障。金文資料證明了這種可能性，1977 年山東沂水劉家店子營公墓中出土了兩件銅盆，從銘文來看，爲「黃太子白克」自作用器〔註 43〕，值得關注的是銘開頭表示時間的用辭，「惟正月初吉丁亥」，黃人用的是周人的曆法，而黃並非姬姓，黃人與周的密切關係由此可見一斑。後來在春秋時期，黃還曾與隨結成同盟，擔

〔註 40〕楊履選:《春秋黃國故城》,《中原文物》，1986 年 1 期。

〔註 41〕河南信陽地區文管會、光山縣文管會:《春秋早期黃君孟夫婦墓發掘報告》,《考古》，1984 年 4 期。

〔註 42〕高廣仁:《析中國文明主源之一——淮系文化》，山東大學東方考古研究中心編:《東方考古》第 1 集，科學出版社，2004 年。

〔註 43〕山東省文物考古研究所、沂水縣文物管理站:《山東沂水劉家店子春秋墓發掘簡報》,《文物》，1984 年 9 期。

當周禦楚的屏障。同時，西周王朝還在淮河上游地區設立了不少的姬姓封國，用來防範這些異姓諸侯（這些姬姓封國有蔡、蔣等），總的來說，江、黃等國雖然在傳統上被當作是「淮夷集團」的一員，但在現實情形中，它可能卻對周表現出了尊崇（六、寥二國亦屬此類性質），而這與徐、淮夷（作爲單支的淮夷）這些抗周激烈分子的態度是大相徑庭的。很可能，周穆王以後，徐偃王在漢東糾集36國集團對抗周王朝時，江、黃、六、廖這些國家也都參加了。

淮夷、南淮夷、南夷　眾所周知，淮夷、南淮夷和南夷集團都應該是具有泛稱性質的稱謂，淮夷和南淮夷族屬一致，只是在地理分佈上有所不同，它們也應該是在不同的時期活躍在歷史舞臺上的。而南夷則代表著今湖北省東北部的人群，族屬並不屬於夷族〔註44〕。分佈在淮河流域的夷人都可以稱爲是淮夷集團的一分子，包括我們上文論說的六、巢以及群舒、桐等國都在此列，甚至被西周王朝分封的邗國，其主要的民族構成也是夷族。這都是自新石器時代即已開始的民族遷徙造成的。淮夷集團始終是王朝控制的重點，尤其是江淮地區的淮河流域區歷來都是中央王朝重點經略的地區，這裏的鬥雞臺文化中所含的二里頭文化因素比岳石文化因素多，並且還包括夏部族意識形態方面的內容；商朝早中期，商文化控制了此地區，此地區成爲了商文化的一個類型，已被納入了商王朝的版圖，淮夷力量被大大的限制。商代晚期，商文化大城墩類型極度衰弱，巢湖周邊的夷族勢力經歷了一次短暫的大發展時期。西周初年，王朝政府利用籠絡、分封、征伐等手段，將江淮分水嶺以北江淮西部的大部分地區都納入到西周王朝的統治之下，江淮分水嶺以南的巢、六等淮夷小國也歸附於王朝政府，在巢湖以東地區還分封了邗國，作爲王朝勢力在淮夷地區的代言人。此時，西周王朝的勢力範圍達到了最大。西周中期開始，隨著徐夷和淮夷勢力的逐漸強大，它們屢犯周境，自此至周末，周王朝和淮夷之間的戰事就沒有停止過，淮夷集團的力量在頻繁的打擊下逐漸衰弱，江淮分水嶺以北的淮夷集團徹底失去了對周王朝的威脅，勢力分散到江淮東部地區，具體活動範圍不外乎山東以南、蘇皖邊境以東、古海岸線以西、邗國以北的區域。而一部分勢力轉移到了江淮分水嶺以南的地區，在這裏他們開始被稱作「南淮夷」。南淮夷的區域包含在巢國的區域之內，主要分佈在原巢國區域的西部。從這個意義上說，巢國與南淮夷唇齒相依，在西周中晚期應該具有緊密的關係。

〔註44〕張懋鎔：《西周南淮夷稱名與軍事考》，《人文雜誌》，1990年4期。

以上所論古國的存在及地域範圍的大致確定，與我們對於考古學文化區域的劃分大致相符，雖然政治的統治區域與考古學文化的分佈區域並不一定完全對應，但結合文獻記載我們還是可以大致確定文化的歸屬和宗周王朝對此地的經略步驟的〔註45〕。

〔註45〕以上關於古國的論述參考了徐峰：《西周時期的淮夷》，見南京師範大學 2007 年碩士論文。

第二章　鄂東南地區的文化與社會背景

第一節　鄂東南地區文化的變遷及特點

鄂東南地區繼新石器時代石家河文化以後，在二里頭文化時期繼續受到中原文化的影響，但早期影響的重點地區似乎在江漢平原的偏北和偏西部，而鄂東南地區相當於二里頭文化早期的遺存尚未辨認，可以肯定的是，原來分別在這些地區的屈家嶺、石家河等土著文化已經衰落，出現了文化中斷現象。直到二里頭文化中晚期時，中原地區的文化因素才又開始進入鄂東南地區，盤龍城遺存的二里頭文化因素較明顯的表現出與中原二里頭文化的關係比較密切。

商文化時期中原文化的影響更加強烈，與二里頭文化時期不同的是，商文化的擴展似乎是沿著二里頭文化所開拓的路徑多頭並進，在鄂西北和鄂東南都發現了相當於二里崗文化早期的遺存，但似乎是更偏重對江漢平原東部的擴張，這裏發現了較大規模的遺址和大量的青銅器。二里頭文化時期鄂東南地區的文化內涵主要承襲土著文化，商文化時期雖然商王朝在此地建立了大規模的居址，甚至是軍事據點，把長江以北地區均納入到商文化的勢力範圍，但文化內涵中也仍然存在較多的土著文化因素，土著文化的勢力在商文化分佈中心地點之外的地區仍然十分強大，並沒有建立完善的文明體制。這些都反映出在夏代和商代該地域的文明發展階段相對還落後於中原〔註1〕。這一過程直接影響到江漢地區商周文明的成長和分佈，並在文化屬性上決定了商周時期江漢地區的文明成爲中原文明的一個支流，它的地域特點也可以看成中原主流文化進入這一地區之後適應環境的體現。以商周時期江漢地區的陶器類型和功能的變化爲例，在新石器時代，江漢地區日用炊器主要爲罐形鼎，到夏代晚期，漢水以東的地方罐形鼎已被中原的鬲所取代，並演變成鼎式鬲。中原鬲所具有的碩大袋足在鼎式鬲中漸成實心，僅剩下淺淺的足窩。這種變化是南北方炊煮飯食品種不同所致，因爲在鬲的袋足中清理粘性的稻米要比粟米困難，鬲的鼎形化就能解決造一問題。在文化適應的意義上，這也是中原文化與當地土著文化融合的產物〔註2〕。在江漢地區商文化遺存中常見中原文化遺存中的一種用於釀造、冶鑄或盛水的大口缸，但用途卻是盛放糧食以防潮，這是很典型的環境變化引起的器物功能上的變化〔註3〕。

鄂東地區曾爲殷人所大力經營，商文化在這裏有深厚的根基。西周早期文化在這裏的發展與中原西周文化的發展模式大體相同，無論是黃陂魯臺山、新洲香爐山、蘄春毛家嘴遺址，還是蘄春新屋灣的銅器窖藏的文化內涵都是商周文化的融合，其中商文化因素尤爲突出。這些均說明西周早期的文化是在繼承商文化的基礎上發展起來的。西周中期開始，興起於長江南岸的原土著文化經過了西周早期的穩定後，重新開始活躍，它們在商代晚期即已跨過長江的基礎上，繼續沿江向東和向西擴展，向東影響到了江淮西部地區，向西到達巴河沿線與宗周文化對峙，向南繼續對贛鄱地區施加了強烈的影響，文化因素遍及鄱陽湖西岸。雖然我們在文化面貌上已很難看出宗周文化對鄂東地區和長江南岸的文化產生了多大影響，但有一點是可以肯定的，即這裏的青銅文化明顯落後於中原地區，這一點在青銅器的發現和分佈上表現最爲明顯。青銅器最早出現在鄂東地區，漸次從東向西，由北向南擴展。商代和西周早期的青銅器多出在鄂東北和長江沿岸，長江南岸少見。西周中晚期到春秋早期多在漢水以東，春秋中期以後則在漢水以西，戰國就集中在江

〔註1〕張緒球：《長江中游新石器時代文化概論》第323頁，湖北科學技術出版社，1992年。

〔註2〕楊權喜：《江漢地區楚式鬲的初步研究》，《楚文化研究論集》第一輯，195～205頁，荊楚書社，1987年。

〔註3〕熊傳新等：《長江中游商時期大口缸的探討》，《中國考古學會第七次年會論文集》第89～101頁，文物出版社，1992年。

漢平原。鄂東南地區雖富有銅礦資源，自身的青銅文化卻一直都較薄弱。

傳統上把文明看成是人類爲適應生存，在改進技術、進行貿易的環境中形成的。其動力來源於生存危機，它使人類擺脫了自然的原始狀態，正如科林・倫福儒（Colin Renfrew）所說：「文明是人類自己創造出來的環境」〔註 4〕。鄂東南地區儘管在新石器時代有眾多的原始文化，但文明的眞正開始是在商周時期。文明的一種重要標誌，如國家和文字的出現，城市的興起，青銅鑄造技術，偉大藝術品等的出現都產生於這一時期。由於鄂東南地區優越的生存條件決定了該地區原有文明缺乏繼續成長的動力，只能靠中原文化的傳入和引導。《漢書・地理志》指出：「楚有江漢川澤山林之饒，江南地廣，或火耕水褥，民食魚稻，以漁獵山伐爲業，果蓏蠃蛤，食物常足，故呰窳媮生，而亡積聚，飲食還給，不憂凍餓，亦亡千金之家。〔註 5〕」這一狀況導致了三個後果：一是決定鄂東南地區文明發展緩慢，在絕對年代上要晚於中原；二是當地文明的成長必然要受到先進的中原文化的影響和制約；三是豐富的銅礦資源是中原王朝覬覦的對象，使鄂東南地區成爲了中原王朝經略的重要地區，客觀上促進了當地的文明化進程。

1、城市文明

江漢地區的城址在大溪文化晚期即已出現，屈家嶺文化階段大量出現，到了石家河文化階段，城址數量沒有增加，但人口密度加大，出現了專業性的手工業作坊，社會分層已經產生〔註 6〕。但目前還未能發現中央權力存在的證據，它們是城市的雛形，這些雛形能否順利成長爲城市文明，因石家河文化的中斷而無法推論，更何況在鄂東南地區的早期城市的迹象還不明顯。二里頭文化時期的城址至今也未發現。鄂東南地區城市的眞正出現是在商代。在黃陂盤龍城發現的商代二里崗時期的城址已完全具備了中國早期城市兩個最基本的特徵：大規模的夯土城牆和「宮殿式建築」。之後，在漢水以東和鄂東地區也發現了西周時期類似城市的大規模居住遺存。城市文明的興起和發展成爲江漢地區文明成長的一項重要內容。

從考古材料的分析來看，盤龍城的文化遺存與鄭州二里崗商代文化甚本

〔註 4〕 Colin Renfrew, The Emergence of Civilization: The Cyclades and the Angean in the Third Millennium BC, Methucn, 1972, p11.

〔註 5〕 〔漢〕班固著，〔唐〕顏師古注：《漢書》卷二十八下，第 1666 頁，中華書局，1979 年版。

〔註 6〕 郭立新：《長江中游地區初期社會複雜化研究》，上海古籍出版社，2005 年。

一致，如兩者的城垣及宮殿建築的營造方法相同，葬俗一致，製陶、製玉和鑄銅的工藝風格大體相近，銅禮器的組合爲觚、爵、鼎、斝、鬲等，也是中原商文化常見的組合形式、只是陶器的地方特色較爲明顯，一是紅陶比例比中原大，如以紅胎陶製作的高領或矮領的鬲占陶鬲總數的 70%，二是硬陶和釉陶在墓葬中（李家嘴二號墓）接近 30%〔註 7〕，這些反映出中原商文化與當地土著文化融合和南方印紋陶在當地的影響。

由於中國早期城市不是單純的經濟貿易的產物，而是政治軍事的中心，統治者又必須用青銅器來體現政治權威，因此，城市的主要功能如手工業分工、貿易等都與青銅器的製作、青銅原料的貿易有關，對青銅資源貿易的控制與否甚至影響到夏商周三代都城的頻繁遷徙〔註 8〕。瀕臨長江的盤龍城遺址距盛產銅礦的大冶銅綠山不遠，運輸便利，它的建立是爲了有效地控制青銅資源。這一軍事據點的建立導致了中原商文化進入鄂東南地區，成爲該地區城市文明成長的起點。中原商人的生活習俗、青銅製作技術和政治軍事制度也必然會影響到當地文明的發展。從考古發掘材料看，這種影響開始於鄂東和漢水以東地區。如在新洲香爐山、隨州廟臺子、安陸曬書臺就相繼找到盤龍城類型的商文化遺址〔註 9〕。1977 年，在隨州淅河一次就發現略晚於二里崗上層時期的青銅器 13 件〔註 10〕，1993 年在團風縣下窯嘴發現了商代早期的青銅器墓葬，無論是青銅禮器的組合還是規模都表明此墓的主人是屬於殷人的貴族。黃梅意生寺遺址的發掘表明商文化勢力在早商較早階段即已抵達鄂皖交界地區，並通過這裏與贛北和江淮西部地區發生關係。隨著中商時期盤龍城城址的衰亡，一般性的聚落已難以維繫商文化在此地的統治地位。因此自商代中晚期開始，原來僅分佈於長江南岸的土著遺存開始發展，並越過長江進入到盤龍城類型商文化的分佈區。

鄂東南地區最早發現的西周時期遺址是 1957 年發現的紅安金盆遺址和 1958 年發現的蘄春毛家嘴遺址。前者爲半穴居式的遺址，陶器受中原周文化強烈的影響〔註 11〕。後者爲大型聚邑遺址，面積在 20,000 平方米以上，其中

〔註 7〕陳賢一：《盤龍城商代二里崗期墓葬陶器初探》，《中國考古學會第四次年會論文集》第 48～56 頁，文物出版社，1985 年。

〔註 8〕張光直：《關於中國初期「城市」這個概念》，《中國青銅時代二集》第 8 頁，三聯書店，1990 年。

〔註 9〕楊寶成：《湖北考古發現與研究》第 125 頁，武漢大學出版社，1995 年。

〔註 10〕隨州市博物館：《湖北隨縣發現商代青銅器》，《文物》，1981 年 8 期。

〔註 11〕湖北省文物管理處：《湖北紅安金盆遺址的探掘》，《考古》，1960 年 4 期。

大規模的干欄式建築面積就有 5，000 平方米之多，此為明顯的南方建築特色〔註 12〕。從出土的銅器、陶器、兵器、卜骨、聚集的稻殼和密集的人口規模來看，它已具有城市的規模。對金盆和毛家嘴建築遺址的比較研究發現，西周早中期鄂東地區社會分層已非常普遍，較其它地區深刻得多。1977 年發掘的大悟呂王城遺址包含了新石器、西周、春秋和戰國四個時期的文化堆積，其西周的城址規模已超過了毛家嘴遺址〔註 13〕。這種城市的出現還只是西周時期的某一方國城址，隨著西周中後期鄂東南地區土著文化勢力的逐漸強盛，周文化在此地的分佈範圍相當狹小，於是周人加強了對漢水以東和隨棗走廊一帶的控制，該區域姬姓方國紛紛建立，我們在此發現了眾多的姬姓方國的文化遺存。西周王朝對鄂東南地區的控制主要就是通過這些方國來實現的。

2、青銅文化

青銅器是中國古代文明的一個主要特點。商朝時期鄂東南地區青銅文化的興衰比較準確的反映了這一時期該地區文明發展的走向和特點。長江北岸的青銅文化內涵基本上是屬於中原系統，在發展過程中，土著文化的濡化，周邊文化如吳越、巴蜀文化的影響也對它的成長起了作用，形成地方特色。

鄂東南地區商代和西周時期的青銅器多出自長江沿岸和隨（州）棗（陽）走廊一線，這恰好是此地區與中原相連的重要通道。除在黃陂盤龍城、隨州淅河發現商代早中期的青銅器之外，還在黃陂、團山、鄂城、崇陽、陽新等鄂東地區和棗陽、隨州、應山、安陸、應城等隨棗走廊一線發現商代青銅器〔註 14〕。這些可能是商人「撻彼殷武，奮發荊楚」（《詩・商頌・殷武》），大規模南進的產物（這裏的荊楚應是「居國南鄉」的南方土著的統稱）。前者體現了商人對鄂東南地區銅礦資源的控制，其活動從鄂東一直延伸至贛北的瑞昌、九江、吳城一帶，其青銅器的特點也表現出愈接近銅礦資源地區，中原文化色彩也愈純粹〔註 15〕。後者與商人的南侵和移民有關，武丁以後達到高峰〔註 16〕，並進入了洞庭湖周圍及澧水，湘江一帶。洞庭湖以北的江陵、沙

〔註 12〕中國科學院考古研究所湖北發掘隊：《湖北蘄春毛家嘴西周木構建築》，《考古》，1962 年 1 期。

〔註 13〕孝感地區博物館：《湖北大悟呂王城遺址》，《江漢考古》，1990 年 2 期。

〔註 14〕張昌平：《夏商時期中原與長江中游的文化聯繫》，《華夏考古》，2006 年 3 期。

〔註 15〕彭明瀚：《銅與青銅時代中原王朝的南侵》，《江漢考古》，1992 年 3 期。

〔註 16〕武丁以前商人進入鄂東南地區的主要途徑可能是巡今京廣鐵路一線，而利用

市、石門、岳陽和以南的寧鄉、湘鄉都有遺迹可尋，其青銅器的製作技術、有銘器物的族屬都來自中原商人，有當地特色的青銅器，如銅鐃、仿動物的犧尊、銅鼓等，其紋樣風格也受到中原的影響，但愈往南這種影響也愈弱〔註17〕。

西周早期，中原青銅文化廣泛利用以上的兩條路線向江漢地區滲透。1961年在江陵萬城出土青銅器17件，其中有「北子⊠」的銘文。湖南寧鄉也出現了兩件有單字「⊠」的銘文銅器，其它在中原地區和東北地區都有出土。關於「⊠」的族徽，鄒衡先生有詳細的論述，他認爲北子屬⊠族之分支，都爲共工氏的後代，太行山東麓是其分佈的中心地區，以後逐漸四方遷徙〔註18〕。也有學者認爲其是商代後期一個氏族的徽記，原在河南淇縣，或在西周早期遷入江漢地區〔註19〕，無論那種說法，都說明了⊠族與中原地區有密切關係。1993年在江陵江北農場發現西周昭、穆時期的銅虎尊，作風同於湖南出土的同類犧尊，器身紋樣卻類似陝西茹家莊姬周墓葬。這些在江漢地區南部發現的商晚西周時期的青銅器或許都與移民活動有關〔註20〕。這時鄂東和隨棗走廊仍是受中原文化影響的主要地方。1977年黃陂魯臺山出土了47件西周銅器，據對10件有銘銅器的分析，該地原有的商人方國已臣屬於周〔註21〕，蘄春新屋灣出土的帶「酉」字銘文的銅器，還見於中原地區出土的酉父甲觶、酉乙斝〔註22〕，也見於陝西先周文化中的酉父辛爵〔註23〕、酉父癸簋〔註24〕，在安陽地區也出土過酉父辛卣和亞酉尊〔註25〕等。1971年，淮北潁上縣趙集

經南陽盆地通過隨棗走廊進入鄂東南地區的途徑並不是主要的。

〔註17〕高至喜：《論中國南方出土的商代青銅器》，《中國考古學會第七次年會論文集》第83頁，文物出版社，1992年；王恩田：《湖南出土商周銅器與殷人南遷》，同上第123頁。

〔註18〕鄒衡：《夏商周考古學論文集》第284～291頁，文物出版社，1980年。

〔註19〕王毓彤：《江陵發現西周銅器》，《文物》，1963年2期。

〔註20〕何駑：《湖北江陵江北農場出土商周青銅器》，《文物》，1994年9期；許倬云：《西周史》第202頁，三聯書社，2001年。

〔註21〕黃陂縣文化館等：《湖北黃陂魯臺山西周遺址與墓葬》，《江漢考古》，1982年2期。

〔註22〕羅振玉編：《三代吉金文存》第十三卷四十九頁，總第1421頁；第十四卷四十一頁，總第1520頁，中華書局，1983年版。

〔註23〕羅振玉編：《三代吉金文存》第十六卷十九頁，總第1680頁，中華書局，1983年版。

〔註24〕《中華人民共和國古代青銅器展》，說明11，日本經濟新聞社，1976年。

〔註25〕黃濬輯：《鄴中片羽初集》上卷19；《鄴中片羽三集》上卷18，北平遵古齋琉璃廠通古齋，1935、1942年影印本。

王拐村淮河堤上也發現了一件帶「酉」字的銅爵。鄒衡先生認爲，酉族應該是居於殷墟的商人（或是夏的遺民）〔註 26〕。表明周人在鄂東南的活動偏重於繼承商人的遺產，或派遣商遺民進入該地區。而在隨棗走廊一帶則以鞏固和擴大他們在江漢地區的勢力範圍爲主。

而西周中後期的銅器就僅僅分佈在隨棗走廊一帶，在鄂東南地區並不多見，說明西周王朝可能已經放棄了對此地的覬覦，而把獲取銅礦的目標轉移到了江淮地區（詳下）。

第二節　鄂東南地區勢力集團的變遷

1、龍山時代至二里頭文化時期的三苗

中華文明化的進程，是與中國古代存在的不同文化區系和勢力集團之間的糾葛密切相關的，而在文明社會形成之初這種糾葛主要表現在華夏集團同東夷集團和苗蠻集團之間的聯合與分化，控制與反控制。在東方，主要是華夏集團與東夷集團的爭奪，而在廣大的南方，則主要是與苗蠻集團和百越集團的爭奪。

鄂東南地區是苗蠻集團、東夷集團和百越集團的交匯區，據文獻記載，在龍山時代末期至二里頭文化時期，與這一地區有關的主要是華夏集團同苗蠻集團之間的戰爭，這裏發現的二里頭文化時期的遺存很可能即表明兩者之間確實發生過關係。

三苗是南方苗蠻集團的一支〔註 27〕。三苗的活動區域，在《戰國策・魏策一》中有較爲具體的記載：「昔者三苗之居，左彭蠡之波，右有洞庭之水，文山在其南，而衡山在其北，恃此險也，爲政不善，而禹放逐之。」關於其中涉及的地名和相對應的考古學文化學者多有爭議，不能確指。而大致的活動範圍在長江中游的兩湖流域之間，江漢地區可能正是三苗的腹地。同時，三苗的活動範圍存在著變遷。這從堯舜禹對其的征伐過程中即可看出。

《呂氏春秋・召類》記載：「堯戰於丹水之浦，以服南蠻。」《六韜逸文》：「其與有苗戰丹水之浦」〔註 28〕。郭璞注《山海經・海外南經》：「昔堯以天

〔註 26〕鄒衡：《夏商周考古學論文集》第 319 頁，文物出版社，1980 年。

〔註 27〕〔漢〕司馬遷著，〔日〕瀧川資言考證，〔日〕水澤利忠校補《史記會注考證附校補・五帝本紀》第 11 頁，上海古籍出版社，1986 年。

〔註 28〕（清）孫同元輯：《六韜逸文》，《清史稿・藝文志》著錄，中華書局標點本，

下讓舜，三苗之君非之，帝殺之。」可見，此時的戰場是位於南陽地區，而三苗的主要勢力範圍也當距此不遠。

而到虞舜時期與三苗鬥爭更爲激烈。《左傳・昭公元年》記：「虞有三苗」之患。《戰國策・秦策》記：「舜伐三苗。」《孟子・萬章上》：「殺三苗於三危。」《尚書・堯典》：「竄三苗於三危。」「分北三苗」。可見，虞舜時開始了瓦解三苗的進程。而結果卻是「舜葬於蒼梧之野」——「舜征有苗而死，因留葬焉」（《禮記・檀弓下》及鄭注）。「蒼梧」有很多學者研究是在湖南零陵、寧遠縣境。近年來，在寧遠縣境的九嶷山進行的考古發掘發現了目前所知最早的舜帝陵廟〔註 29〕，也爲這種推測提供了一定的證據。可見，虞舜時三苗的活動範圍較前可能已偏南。

華夏族對三苗的征服高潮是在大禹時。《墨子・非攻下》記載：「昔者三苗大亂，天命殛之……禹親把天之瑞令，以征有苗……後乃遂幾……天下乃靜。」《國語・周語下》：「人夷其宗廟，火焚其彝器，子孫爲隸，下夷爲民。」似乎經過這場戰爭，三苗即一蹶不振了。

考古學界一般認爲大概從中原龍山文化前後期之交，以王灣三期文化爲主體的中原龍山文化大幅度向南擴張，進入南陽盆地、鄂北地區，這裏的石家河文化遺址中出現了中原龍山文化後期的類型器物（如罐形鼎、深腹罐等），此地的石家河文化即開始逐漸式微。而到二里頭文化初期，中原文化更以強勁勢頭向南推進，從伊洛河平原、中嶽嵩山周圍南下到丹江、淅川河、湍河、唐河、白河流域，在南陽盆地形成帶有一定地方特色的二里頭文化，更沿漢水南漸，越過伏牛山、其影響波及長江之濱。而當地的石家河文化則從豫西南、鄂西北逐漸後縮，並形成了與二里頭文化關係密切的後石家河文化。這些可能與堯舜禹大敗三苗的傳說相符〔註 30〕。

對於三苗的征伐是二里頭文化深入江漢平原乃至鄂東南地區的關鍵，它打通了南下的道路。不僅有夏一代日益南漸，而且也爲商周時期的擴張打下

2006 年。

〔註 29〕《考古發掘證實傳世文獻——九嶷山舜帝陵廟遺址經專家論證確認》，《中國文物報》，2004 年 8 月 18 日 1 版。

〔註 30〕羅琨：《二里頭文化南漸與伐三苗史籍索隱》，中國先秦史學會等編：《夏文化研究論集》第 197～204 頁，中華書局，1996 年；楊新改，韓建業：《禹征三苗探索》，《中原文物》，1995 年 2 期；劉彬徽：《關於三苗與三苗文化的討論》，《江漢考古》，2003 年 4 期。

了基礎。二里頭文化沿著堯舜禹時代開闢的道路，一路向南，在二里頭文化一期時抵達鄂西和鄂北一帶，至遲在二期晚段時即抵達了鄂東南地區，並漸次向東和向南擴展。而二里頭文化晚期時夏文化在隨棗走廊一帶的經營也爲商周時期將此地作爲南下擴張的重鎮埋下了伏筆。

2、商周時期的鄂國與揚越

《史紀・殷本紀》載，紂「以西伯昌、九侯、鄂侯爲三公。九侯有好女，入之紂，九侯女不喜淫，紂怒，殺之，而醢九侯。鄂侯爭之強，辨之疾，並脯鄂侯。」〔註 31〕由此看來，至遲在商代末年，鄂國即已存在，並且在商代晚期的政治中具有舉足輕重的地位。

西周曾有姞姓鄂國，金文作「噩」。鄂侯在西周晚期曾與王室通婚，於厲王用兵南方歸途中覲見納禮，得到厚賞，但不久叛變，成爲南淮夷、東夷侵犯王朝境土的帶頭人，結果被王師攻滅〔註 32〕。關於鄂國的青銅器所見不多，大多數均爲西周早期之時，可見商末的鄂侯世繫於周朝建立後得以繼續。茲將所見有關鄂國青銅器列於下，並根據銘文內容和出土地點推定鄂國的地望和變遷以及可能的與考古學文化的對應關係。

西周早期器

噩（鄂）叔簋　上海博物館藏，銘文「噩叔作寶尊彝」〔註 33〕。

噩（鄂）季奞父簋　上海博物館藏，銘文「噩季奞父，作寶尊彝」〔註 34〕。

噩（鄂）侯弟曆季卣　上海博物館藏，銘文「噩侯弟曆季作旅彝」〔註 35〕。

噩（鄂）侯弟曆季尊　1975 年，湖北隨州羊子山有一簋一尊同出，器內底鑄銘文：「噩（鄂）侯弟曆季作旅彝」〔註 36〕。

〔註 31〕《史記》卷三，第 106 頁，中華書局，1959 年版。

〔註 32〕事見「鄂侯馭方鼎」和「禹鼎」，參見李學勤：《談西周厲王時器伯𢦏父簋》，《安作璋先生史學研究六十週年紀念文集》，齊魯書社，2007 年；郭沫若：《禹鼎跋》，《郭沫若全集》考古編第六卷，第 70～76 頁，科學出版社，2002 年。

〔註 33〕上海市文物保管委員會：《近年來上海市從廢銅中搶救出的重要文物》，《文物》，1959 年 10 期。

〔註 34〕馬承源：《記上海博物館新收集的青銅器》，《文物》，1964 年 7 期。

〔註 35〕馬承源：《記上海博物館新收集的青銅器》，《文物》，1964 年 7 期；陳佩芬：《夏商周青銅器研究・西周篇上》第 192～193 頁，上海古籍出版社，2004 年。

〔註 36〕隨州市博物館：《湖北隨縣發現商周青銅器》，《考古》，1984 年 6 期。

噩（鄂）侯弟曆季簋 洛陽市出土。銘文「噩侯弟曆季自作簋」〔註 37〕。

噩（鄂）侯鼎 澳門拍賣會流散文物。銘文「鄂侯作寶尊彝」〔註 38〕。

另外，近年在隨州安居羊子山又發現了一批西周早期鄂國的青銅器〔註 39〕，銘文材料還待詳細發表與研究。

西周晚期器

噩（鄂）侯馭方鼎 爲周厲王時器，記載了王征南國，在回程的途中於壞接見了鄂侯之事〔註 40〕。

禹鼎 寶雞岐山出土，爲周厲王時器，稍晚於鄂侯馭方鼎。記載了南淮夷和東夷在鄂侯的帶領下廣伐南國、東國，並一直進佔到了伊洛地區，王命禹帥王師攻伐，並將鄂滅國的事迹〔註 41〕。

那麼，這個在商末和周初便相當顯赫的鄂國位於什麼地方，學者們主要有三種意見。

第一種意見源於王國維和郭沫若先生認爲鄂在「今河南沁陽縣西北」〔註 42〕。而據「禹鼎」銘文可以看出，鄂應在南方，此說尙可斟酌。

第二種意見的代表是徐中舒先生。他提出東鄂和西鄂的說法。西鄂在南陽盆地，東鄂在湖北武昌〔註 43〕。後來學者多從此說〔註 44〕。

按《漢書・地理志上》南陽郡有西鄂，顏師古注引應劭云：「江夏有鄂，故加西云。」〔註 45〕，楚是否有「西鄂」之稱，沒有證據。讀《史記・楚世

〔註 37〕洛陽師範學院、洛陽市文物局：《洛陽出土青銅器》，紫禁城出版社，2006 年。

〔註 38〕崇源國際 2008 年春季藝術品拍賣會：《中國古董》，38，2008 年 4 月。

〔註 39〕隨州市博物館：《隨州出土文物精粹》，文物出版社，2009 年版。

〔註 40〕銘文較長，不再摘錄，可見《殷周金文集成》第 2810 號，中華書局，1984～1994 年；《王國維遺書》（四）《觀堂別集》卷二《鄂侯馭方鼎跋》，上海古籍書店影印，1983 年，頁集二～三。

〔註 41〕可見《殷周金文集成》第 2834 號，中華書局，1984～1994 年；徐中舒：《禹鼎的年代及相關問題》，《考古學報》，1959 年 3 期。

〔註 42〕《王國維遺書》（四）《觀堂別集》卷二《鄂侯馭方鼎跋》，上海古籍書店影印，1983 年，頁集二～三；《郭沫若全集》（考古編）第 7 卷 330 頁，第 8 卷 231～234 頁。

〔註 43〕徐中舒：《禹鼎的年代及相關問題》，《考古學報》，1959 年 3 期。

〔註 44〕楊寶成：《鄂器與鄂國》，《洛陽考古四十年》，科學出版社，1996 年；李峰：《西周的滅亡——中國早期國家的地理和政治危機》第 120 頁，上海古籍出版社，2007 年版。只是後者不同意東鄂之說。

〔註 45〕班固：《漢書》卷二八上，第 1564～1565 頁，中華書局，1962 年版。

家》，周夷王時楚熊渠「甚得江漢間民和」，興兵伐庸、揚粵（越），至於鄂，「乃立其長子康爲句亶王，中子紅爲鄂王，少子執疵爲越章王，皆在江上楚蠻之地」說明夷王時的鄂肯定是江夏的鄂，今湖北鄂城。《楚世家》接著講：「及周厲王之時，暴虐，熊渠畏其伐楚，亦去其王」〔註 46〕，可證厲王時鄂侯只能在鄂城。

第三種意見以陳夢家先生爲代表。陳先生在《西周銅器斷代》曾幾次論及鄂的位置。他說：「上海博物館所藏『鄂叔』、『鄂侯弟』、『鄂季』三器，都是西周初期器，可能屬於成王。後二器據說出於湖北，則有可能屬於武昌之鄂，那麼楚地之有『鄂侯』，遠在西周之初。」〔註 47〕。陳說的特點，在於考慮到青銅器的出土地，當是最接近實際情況的。

另外，著名的「安州六器」〔註 48〕和靜方鼎〔註 49〕中都提到了鄂，這些青銅器都屬於周昭王伐楚和南巡時期〔註 50〕，李學勤先生認爲「靜方鼎」中提到的「在曾、鄂師」，是指駐留在兩國的王師，因而昭王命靜統轄；中甗中提到的「在鄂師」也是屯駐鄂國的王師。中在曾即今隨州受命出使諸侯，由方、鄧開始省察，途中到了「在鄂師」的駐所，這時有伯買父來，率眾戍守漢水中間的兩塊土地。由此很容易看出，鄂國就是在漢水當地〔註 51〕。

另外，從對上文中鄂東地區的考古學文化分析中，我們也可以看出與商文化和西周文化關係密切的文化遺存主要分佈在巴水以西地區〔註 52〕。而巴

〔註 46〕《史記》卷四十，1692 頁，中華書局，1959 年版。

〔註 47〕陳夢家：《西周銅器斷代》第 71 頁，中華書局，2004 年。

〔註 48〕它們發現於北宋宣和年間，埋藏在距離周都遙遠的南下交通要道隨棗走廊的南部出口處，這些青銅器銘文中提到了周人對長江中游的戰爭。見《殷周金文集成》949，2751～2752，2785 號，中華書局，1984～1994 年。另見《郭沫若全集》（考古編）第 8 卷 49～57 頁，科學出版社，2002 年版。

〔註 49〕另見李學勤：《夏商週年代學札記》第 22～30，76～78 頁，遼寧大學出版社，1999 年。

〔註 50〕李學勤：《論周初的鄂國》，《中華文化論從》，2008 年總第 92 輯，上海古籍出版社，2008 年；李峰也認爲它們屬於西周早期末，見《西周的滅亡——中國早期國家的地理和政治危機》，上海古籍出版社，2007 年。

〔註 51〕李學勤：《論周初的鄂國》，《中華文化論從》，2008 年總第 92 輯，上海古籍出版社，2008 年。

〔註 52〕有學者論説巴水以西孝感地區西周時期的文化遺存，認爲這裏實際上也是存在文化複雜性的。既不同於中原西周文化，又不同於鄂西和鄂東南地區西周時期文化。但相對於鄂西和鄂東南地區來説，這裏的文化受到中原商周文化的影響要明顯強於以上兩地，實際的考古學文化面貌上也證明了這一點。它

水以東則以地方土著文化爲主，有著一套獨特的器物群，與商周文化的關係不大，但其與巴水以西的文化遺存是存在較密切的關係的，尤其是鼎式鬲這種器形是兩地共有的文化特徵。聯繫到商末和西周初期中原王朝和鄂國的關係，以及鄂國存在於商代晚期和西周時期的情況，我們傾向於認爲鄂國主要活動範圍應分佈在巴水以東包括長江南岸的地域範圍內，即我們所提出的大路鋪遺存。大路鋪遺存自商代晚期開始出現，在商代末期時分佈範圍跨過長江，西周時期與周王朝和東夷、南淮夷的關係均較密切，這一切均同文獻記載中的鄂國相符。商代晚期，鄂是中原王朝勢力在隨棗走廊南部的重要代言，是其與東方和南方聯繫的重要渠道，也是取得銅礦資源的保障，因此鄂公位列三公之一。西周早期，宗周與鄂的關係較緊密，西周文化和大路鋪遺存的混合遺存一度越過巴水抵達到了蘄春一帶。西周中晚期，宗周文化勢力逐漸減弱，西周文化因素隨之大量減少，大路鋪遺存又一度越過巴水而分佈到隨棗走廊的南緣。大路鋪遺存還自商代晚期開始就與江淮西部地區保持著較密切的關係，西周時期關係更爲密切。鄂國在西周時期所處位置的重要之處還在於，它能爲王朝取得豐富的銅礦資源，並且保證長江中下游之間運輸路線的暢通。因此這也決定了它能通過長江和淮河上游方便的與南方和東方地區聯繫，從而可以聯合南淮夷和東夷集團聯合反周，周王親征南淮夷後也能借道鄂國返回中原。這些都與銘文資料和文獻記載的情況是吻合的。

但是，鄂國作爲商周王朝的重要方國，與商周王朝均不同族。有論者據考古發現並結合文獻資料，將英山至岳陽一線劃歸古越族北界，並將北至英山、南至通城，東至黃梅和九江，西至武昌的範圍內所發現的數十處上起新石器時代，下至春秋時期的古遺址歸於古越族文化遺存，而鄂城至黃石一帶爲古越族的一支——揚越居地。上文所論鄂東南地區西周時期的乙組器物中的刻槽足鬲、長方形鏤孔豆、帶耳甗爲代表的古文化即屬揚越文化〔註 53〕。也有論者認爲長江中游鄂東南－贛西北－贛北（鄱陽湖以西）這一廣闊地區表現出的考古學文化面貌，「既與宗周文化不盡一致，與鄂西江漢地區的楚文化也明顯不同，而是一種有著濃厚地區特色的新的文化區系類型」〔註 54〕，

們實際上就是位於商王朝和西周王朝邊界地區的方國，是中原王朝的實際控制區域。參見：周厚強：《孝感地區西周時期文化初析》，《江漢考古》，1985年4期。

〔註53〕劉玉堂：《揚越與楚國》，《江漢論壇》專刊《楚學論叢》，1990年。

〔註54〕彭適凡等：《「吳頭楚尾」地帶古銅礦年代及其族屬考》，《百越民族研究》，江

這種非周、非楚的文化區系類型，無疑就是古越族文化，而且是揚越文化。西周文獻中出現的揚越，「雖泛指一定地域及江漢地區的揚越族人，但當時揚越的地望不僅包括江漢地區，而且還分佈在鄂東南以及湖南和江西的大片地區，其東界大體以鄱陽湖爲界，鄱陽湖以西的贛北、贛西北及贛江西岸都係古揚越人的分佈範圍」〔註 55〕。實際上，以上兩者的論述並不矛盾，從鄂東南和贛北地區的文化面貌來看，大路鋪遺存首先是在商代晚期開始於鄂東南地區的大冶、黃石一帶地區的，到西周時期，逐漸延續到贛北地區，並向北跨過長江，向東進入江淮西部地區。相對應的揚越集團的勢力範圍也逐漸擴展至更廣大的地區。

揚越是百越的一支，關於百越的來源和族屬主要有兩種觀點，一是認爲其族屬應爲土著越族〔註 56〕；二是認爲其是三苗的後裔〔註 57〕。筆者認爲，在中國古史中往往是華夏、東夷和苗蠻並列，而很少在三大勢力集團中提及百越。近年來雖然有學者根據對江南文化和越文化的研究，認爲三大集團之外，應該還有一個百越集團存在，它的代表性特徵即爲幾何印紋硬陶，筆者認爲此說極有見地。但是，百越集團並不與其他三個集團同時活躍，而是在三苗集團衰落之後才正式立於歷史舞臺的，因此它的興起當與三苗集團的衰落有著密切的關係〔註 58〕。也就是說，三苗集團的遺民在二里頭文化的推動下進入百越地區直接促進了百越集團的崛起，時代大致是在夏末商初之時，比如贛鄱地區新石器時代末期廣豐社山頭下層三期文化（相當於中原二里頭文化時期）發展成青銅時代萬年文化就是這一介入過程的體現。

商周時期的古越族，與古史傳說中的三苗一樣，種姓繁多，向有「百越」之稱。地域分佈很廣，正如《漢書・地理志》引臣瓚的話所說「自交趾至會稽七八千里，百越雜處，各有種姓」。不同種姓的物質文化和風俗亦可能存在差異。鄂東南地區是百越民族居地的西北邊緣地帶，與中原文化區接壤，相互間的影響和交流是必然的，故其文化面貌呈現出多樣性的特徵，與東南地區的百越文化相比有所不同。例如作爲百越文化主要標誌之一的幾何印紋陶和原始瓷在鄂東南地區雖有出土，但並不突出，而受鄂東姬周文化的影響卻

西教育出版社，1990 年版。

〔註 55〕彭適凡等：《江西瑞昌商周礦冶遺存與古揚越族》，《江西文物》，1990 年 3 期。

〔註 56〕陳國強：《百越民族史》，中國社會科學出版社，1988 年。

〔註 57〕侯哲安：《三苗考》，《貴州民族研究》，1979 年 1 期。

〔註 58〕彭適凡：《中國南方古代印紋陶》，《文物出版社》，1987 年版。

比較明顯。說明其雖然與宗周王朝的地方封國之間存在地域紛爭，但在一定程度上還是受到宗周王朝的制約的。

4、其它諸侯國和勢力集團

長子　長子國無文獻無載，只見於考古資料。1977 年～1978 年，考古工作者在魯臺山遺址發掘了 5 座西周貴族墓，在出土的一件青銅圓鼎上，有「長子狗作文父乙尊彝」9 字銘文。黃錫全以爲，器銘「長子狗』，之「長子」即商代甲骨文「長子惟龜至」之「長子」。「長子」曾向商王朝貢龜，說明它是在商代已建立於南方江漢二水匯合處並臣服於商的一個方國。魯臺山遺址西周墓的塡土中出土有商代的陶鬲足等器物，說明此地西周前曾有商人活動過。離魯臺山不遠的盤龍城、袁李灣等處，以及孝感、安陸、應城等地都發現有商周遺址，並且有西周早期文化層疊壓在商代文化層之上的地層關係，證實這一帶西周文化的前身是商文化〔註 59〕。又據與「長子狗」圓鼎同出的「公大史」方鼎有銘「公大史作姬銮寶尊彝」分析，長子已與周室聯姻，表明周滅商後長子又臣服於周，而且同周的關係非同一般〔註 60〕。

舉　舉於文獻無載，僅見於甲骨卜辭。《殷契佚存》498 是一版武丁時期的卜骨，刻有數行同文卜辭，內容爲：「貞，令望乘眔輿乏虎方？十一月。」望乘是商朝經常率軍出征的武將，」眔義爲及，「乏」爲犯；「輿」即舉，這條卜辭是記載武丁命令望乘和輿侵伐虎方。與此有關的同時期卜辭有《掇續》62：「乙未（卜）貞，立事于南，右比我，中比輿，左比𠙵？」這條卜辭中的右、中、左，應指商朝的三軍。卜辭裏商軍同諸侯的武裝力量相配合，都稱爲「比」，這裏是三軍各與一國的武裝配合。輿和《佚存》498 的輿顯然是同一國名，爲漢東舉水流域方國，與「虎方」相鄰〔註 61〕。按舉水經麻城、新洲、團風等市縣入長江，舉立國於舉水中游今麻城、新洲交界處的可能性較大〔註 62〕。

從地理上看，江漢地區出入中原的道路有三條：一是經漢水過襄（陽）鄧（城）沿唐、白河而上進入南陽盆地；二是經隨（州）棗（陽）走廊出大

〔註 59〕陳賢乙：《江漢地區的商文化》，《中國考古學會第二次年會論文集》，文物出版社，1982 年。

〔註 60〕黃錫全：《黃陂魯臺山遺址爲「長子」國都蠡測》，《江漢考古》，1992 年 4 期。

〔註 61〕江鴻：《盤龍城與商朝的南土》，《文物》，1976 年 2 期。

〔註 62〕劉玉堂、李安清：《西周時期湖北地區的封國和方國》，《襄樊學院學報》，2000 年第 21 卷第 4 期。

別山口，向北下南陽，向東可抵江淮；三是沿㶏水北過大別山「義陽三關」，依靠淮河支流進入中原。前兩條路線是二里頭文化南進的主要路線，而並不爲商文化所重點利用〔註 63〕。商人主要利用的是第三條路線，商文化的遺址也主要分佈在第二條路線的沿線。周人的政治中心在關中，對於漢江和隨棗走廊的戰略地位尤爲關注，有資料表明，在克商之前勢力周人就已到達這裏建立據點〔註 64〕。北宋時期，安陸出土「安州六器」中就有周昭王南征虎方的記載，證實這是周人南進的主要路線。目前湖北發現 70 餘件西周有銘銅器絕大部分也分佈在這條走廊上，所代表的既有南遷的氏族，如戈（戈父辛爵）、子（子父癸觶）〔註 65〕、魚（魚父乙爵）〔註 66〕等族，也有原來的方國和土著，如大族（大爵）〔註 67〕等，但大多數是被周人封在漢水以東，隨棗走廊一帶的異姓國，如鄧（曼姓，鄧公牧簋）〔註 68〕、黃（嬴姓，黃季嬴鼎）〔註 69〕和姬姓國，如鄀（鄀公湯鼎、鄀公伯韭簋）〔註 70〕、蔡（蔡大善夫簠）〔註 71〕。而其中以曾國爲最大，出土的青銅器也最多。這些所反映的史實是：江漢、江淮這些銅礦資源重地的勢力集團叛服無常，周人連年征伐難以爲繼，在昭王南征死於漢水之後，就主要靠所封同姓方國來保持控制，從穆王開始，到共、懿、孝、夷諸世，基本不變，這些姬姓方國中最大的就是隨國。《左傳・桓公六年》稱：「漢東之國隨爲大」。李學勤指出，隨國就是曾國〔註 72〕。從出土銅器銘文可知它是穆王嫡支，因此可以說，在春秋以

〔註 63〕拓古先生認爲，從盤龍城、岳陽銅鼓山和荊南寺諸遺址分析，二里崗文化時期商人勢力是由北進入盤龍城，再逆江而上至荊南寺，並與三峽地區交互影響的。因爲在整個商文化時期，難以找到商人通過南陽盆地進入長江一線的證據，甚至迄今爲止，在南陽盆地及襄樊地區，典型商文化遺存的發現也寥寥無幾。見拓古：《二里頭文化時期的江漢地區》，《江漢考古》，2002 年 1 期。我們認爲，商人對於隨棗走廊南緣也是傾注了較大精力的，而這主要是在商代晚期，即大致在商王武丁以後。這裏在應城、大悟、孝感、安陸、隨州等地發現的大量商代晚期的商式青銅器。見張昌平：《夏商時期中原與長江中游地區的文化聯繫》，《華夏考古》，2006 年 3 期。

〔註 64〕許倬雲：《西周史》第 89～90 頁，三聯書店，2001 年。

〔註 65〕隨州市博物館：《湖北隨縣安居出土青銅器》，《文物》，1982 年 12 期。

〔註 66〕隨州市博物館：《湖北隨縣發現商周青銅器》，《考古》，1984 年 6 期。

〔註 67〕襄樊市博物館等：《襄樊市谷城縣館藏青銅器》，《文物》，1986 年 4 期。

〔註 68〕襄樊市文物管理處：《湖北襄樊揀選的商周青銅器》，《文物》，1982 年 9 期。

〔註 69〕鄂兵：《湖北隨縣發現曾國銅器》，《文物》，1973 年 5 期。

〔註 70〕隨州市博物館：《湖北隨縣新發現古代青銅器》，《考古》，1982 年 2 期。

〔註 71〕襄樊市博物館：《湖北宜城出土蔡國銅器》，《考古》，1989 年 11 期。

〔註 72〕李學勤：《曾國之謎》，《光明日報》，1978 年 10 月 4 日。

前，與宗周關係密切的方國青銅文化是鄂東地區青銅文化的主流。

史籍記載，西周時期的南陽盆地和隨棗走廊地區是所謂的「漢陽諸姬」所在地。以上諸國在東周時期先後被楚國所滅〔註 73〕，但是其立國時間卻史無明載，作爲「漢陽諸姬」的組成部分，應當是在周初兩次分封諸侯時立國的。宋代出於孝感的安州六器中的「中甗」銘記周王南巡時，涉及唐、曾等地，多數學者認爲曾即隨，安州六器被認爲是昭王或成王時器〔註 74〕，這說明隨（曾）、唐在西周前期已在南方立國，很可能在成王時期的大分封中進入江漢地區。考古發掘資料爲這一推測提供了證據，特別是棗陽毛狗洞、隨州廟臺子、安陸曬書臺等遺址都發現有西周早期的文化遺存，其文化面貌與關中地區西周文化非常接近，說明這些地區已被納入姬周文化圈之內。但是，甲組器物在鄂東南地區的分佈實際上大大超過了隨棗走廊的範圍，如果說甲組器物代表的是姬周集團文化，那麼從漢水以東到巴河以西，長江以北的鄂東北廣大地區都是這一文化的分佈範圍〔註 75〕。這一區域與鄂國毗鄰，文化因素互有滲透，但總體上鄂國的文化勢力似乎表現的更爲強烈一些，尤其是在西周中晚期，鄂國勢力一度分佈到隨棗走廊南緣和巴水以西地區，而宗周文化因素並不占主導地位，反映了西周王朝在鄂東南地區的經略在很大程度上是依賴鄂國的。

〔註 73〕葉植：《漢淮間諸侯國及其與楚的關係》，《東南文化》，1994 年 3 期。

〔註 74〕唐蘭：《西周青銅器銘文分代史徵》第 285 頁，中華書局，1986 年版。

〔註 75〕這一「姬周集團文化」泛指西周時期與中原西周文化面貌相同或相近的考古學文化，其國屬有可能是姬姓，也可能是異姓。由於在隨棗走廊以東的鄂東和鄂東北地區相當於西周早期的遺存目前很少發現，其族屬情況不敢遽斷，但從西周中晚期開始這片地區興盛的是包含有宗周文化和楚文化因素的文化遺存，與乙組文化因素並不相同，因此，我們推測在西周早期這片地方也應該屬於「姬周集團文化」，只是族屬可能並不屬於姬姓，很可能是宗周所分封的異姓諸侯。

第三章　贛鄱地區的文化與社會背景

第一節　贛鄱地區文化的變遷及特點

20 世紀 90 年代末期，吳春明先生對東南土著民族中的歷史和文化進行了對比分析，對差異性進行了研究，將東南區文化劃分爲江南湖網平原地帶文化、東南沿海丘陵山地地帶文化和海島地帶文化〔註 1〕。贛鄱地區處於江南湖網平原地帶的西南部，屬於東南地區早期古文化發展的第一地帶。北、東、西三方面分別存在著中原文化、長江下游地區文化、長江中游江漢地區文化的強勢輻射，加之本地區地形平緩，是長江南岸與嶺南地區的自然通道，反映在文化現象上表現爲這一地區的土著文化內涵中共出較多的其他地區的文化因素，文化面貌極爲複雜。

贛鄱地區內發現的萬年仙人洞遺存是東南文化區內迄今發現的年代最早的新石器時代遺存。拾年山文化、鄭家坳遺存，以及其後的山背——樊城堆文化、社山頭上層文化等古代文化遺存，時代上前後銜接，文化因素上傳承發展，自成體系，而清江吳城商代遺存以及與其性質相同的新干商墓的豐富青銅資料則表明了贛鄱地區文明的狀況和發達的青銅文化。

從東南區古文化整體的發展角度來看，贛鄱地區擁有時代最早的新石器時代早期遺存，其新石器時代中晚期文化的發展雖然不如長江下游太湖流域、寧紹平原及錢塘江流域的良渚、河姆渡等新石器時代東南土著文化輝煌

〔註 1〕吳春明：《中國東南土著民族歷史與文化的考古學觀察》，廈門大學出版社，1999 年。

而燦爛，卻在隨後青銅時代中大放異彩。顯示出贛鄱地區古代文化與東南其它地區的古代文化交相輝映，既有聯繫又相對獨立，是東南區古文化的研究中不可或缺的有機部分。

從新石器時代中晚期開始，贛鄱地區文化發展的先進程度滯後於中原文化乃至周邊古文化，與先進文化之間具有不同的發展階段。二里頭文化時期，中原地區已經形成較前期人爲統一的文化格局，文化輻射能力顯著增強，對周邊文化的影響也較以前有所增加。但在中原文化已進入青銅時代的過程中，贛鄱地區仍然處於新石器時代末期階段。直到相當於二里頭文化中晚期時，隨著周邊青銅文化的興起和中原文化的介入，贛鄱地區才加速向青銅時代過渡。也就是說，贛鄱地區的新石器時代向青銅時代的過渡是在外力的干涉下實現的，而這種外力只是輸入了先進的文化模式和建構，在整個二里頭文化時期，贛鄱地區文化獨立的進程並未中斷，文化的主體構成仍然屬於土著文化的延續。從這一時期的經濟形態來看，有以下幾個特點：

1、各個遺址中，生產工具仍以石器爲大宗，器型延續了斧、錛、鑿、刀等，其中作爲土著傳統標誌的有段錛形器段部明顯，段仍位於器中間部位，多呈上大下小扁平狀，屬於前期見到器型，變化很小，表明農業生產的生產力情況相對穩定，生產食物的類型也沒有出現大的變化。在屬於本期的社山頭下層第三期文化遺存中見到了磨棒（社山頭 T1③：6）。磨棒與磨盤是常見於北方粟作農耕文化的一種針對食物籽實的加工工具。這種工具的出現，表明北方農業傳統的產品加工技術已經對贛鄱地區飲食方式產生了影響。與前期不見食物後期加工工具的狀況相比，贛鄱地區這一時期可能已經出現了粉粒類食物。

2、陶器製作表現了兩個趨勢：一是出現少量器物從形態到陶系類型，完全模仿中原夏、早商時代的器型，如高安下陳遺址採集到的時代特徵明顯的白陶斝足，就基本上沒有受到本地因素的影響，而與河南偃師二里頭下層的同類器非常相似；第二個趨勢是土著器物傳統結合了龍山時代的文化因素，將夾砂烹煮器和圜底的特征和龍山的鼎、鬶、壺、豆傳統結合，在本地區內部基本發展成爲一種比較一致的陶器特徵，如該時期各個遺址所見的陶器組合除前述少數中原器物的仿製品外，基本固定在鴨嘴式、扁平式或丁字形足的鼎形器（足部多有印紋、窩紋或刻紋裝飾）、流部封口頸部細長錐狀袋足的鬶形器以及厚胎淺盤圈足少用裝飾的豆形器等器型上。

筆者認爲，與稍早的時期相比，本時期贛鄱地區陶器不論在紋飾上還是在器物造型、組合等方面文化因素的彼此差異都顯著變小，似乎表明了該地區文化正在向著一種內部交流廣泛且相對穩定的文化共同體的方向努力。這個文化上的共同體一方面強化內部交流，促進了陶器的統一，一方面受到中原文化中心的間接壓力，在相對缺乏融合的情況下開始接受中原文化因素中內涵複雜的器型，如白陶斝形器。

3、關於聚落，屬於本時期的社山頭下層第三期文化新見長方形連間式房基（F1），三個房間呈東西向排列，各間等大（均爲 4.3×3.7 米），居住面爲夯土形式，外牆牆體基槽挖掘於夯土層內，牆體內部包含有等距離同樣大小的柱洞，外牆見紅燒土護坡，應是在基槽內立柱，外施火烤泥牆之遺留，是一種進步形態的木骨泥牆構造；內隔牆直接建於居住面之上，牆體內部亦見柱洞，唯柱洞大小不一，間距不等，分佈梳密無序。建築內部各分間亦有多數柱洞，居住面爲白灰面，其中最西部的分間有火塘及竈具，並伴出陶釜、罐、缽、豆、盉及石錛、石矛等器物，表明了該房間爲居住實用建築。這種長度超過 12 米的大型干欄式連間結構居住屋的出現，在本期雖然只是一個孤例，但是考察整個社山頭建築技術的發展，這種連間式建築顯然是由社山頭下層二期文化的方形單間或套間結構房屋發展而來，體現了技術水平的極大提高。這種房屋建築複雜，建築周期長，需要較爲專門的建築人員設計建造，從房屋結構來看，居民的屋內生活空間從前期套間式形式的半間左右擴展到單獨出現的兩個連間形式的房間，面積增加了近四倍。這種建築方面的改變，除了古人改善生活質量方面的原因外，似乎也暗示著古人家庭人口的增加及家族生活的出現。

贛鄱地區新石器時代末期的文化時期，是在中原社會性質發生改變，文化極度發展的時期，這時近鄰的文化勢力迅速衰減，使得贛鄱地區內部不同區域受到的文化離心力減弱，加之中原文化還未開始大規模的進入，使得贛鄱地區土著文化在吸收中原文化和周邊文化因素的基礎上，融合爲一種覆蓋贛鄱地區較大範圍的、具有活力的土著文化內容。

大致在早商時期，贛鄱地區開始進入青銅時代。與新石器時代末期文化的融合統一性不同的是，青銅時代前期贛鄱地區文化出現分裂，到後期又開始融合。

前期爲商文化時期。文化的分裂主要表現爲吳城文化和萬年文化的不同文化來源和文化性質。其間又可以分爲兩個階段：第一個階段從早商二期開始，至中商文化前期，是青銅時代文化形成和初步發展的階段，這一時期吳城文化和萬年文化表現出截然不同並相互對立的文化面貌。

1、在生產工具方面，吳城和萬年兩種類型文化表現有很多的相似點，如仍大量以石器爲主，流行錛、斧形器等，具體器型上二者略有不同，如屬於萬年文化的石斧主要是長條形弧刃斧，而屬於吳城文化的石斧形制則多是長方體、方體手斧；石錛形器都流行有段錛和常型錛，只是萬年文化常型錛有微弓背者，不見於吳城文化。生產工具的相似說明了二者生產經濟的內容有很大的相似性，即二者都注重本地區稻作的農業傳統，得以生存和發展。

2、兵器方面，以石鏃爲大宗，在兩個文化中表現出一定形式的不同。形制上，萬年文化基本是扁棱形有鋌鏃，沿襲了贛鄱地區扁棱形或三棱形鏃的傳統，而吳城文化所見鏃形器則分爲有翼無翼兩種，多爲扁長三角形，有鋌或無鋌，也見三棱體無鋌鏃，帶有較爲濃厚的外來色彩，與中原二里岡時期鏃形器有相同。數量上，萬年文化鏃形器一般發現較少，如齋山遺址僅見兩件石鏃，其餘地點發現也不多，而根據吳城發掘報告，吳城文化的鏃形器不論數量、種類都很多。除石鏃外，吳城文化還見長方形，鋒刃上翹的銅刀一件，似乎爲一種較爲貴重的兵器；而此時的銅質兵器則幾乎不見於任何萬年類型早期文化。

兵器出土情況反映出萬年文化與吳城文化在軍事傳統上可能有著不同。作爲萬年文化武器主體的棱形鏃基本上是由前期本地區新石器時代末期文化的鏃形器發展而來，形制基本無變化，發現數量也比較稀少。與萬年文化相反，吳城文化兵器的代表器物——鏃的數量和種類都很多，表明了對鏃形器的重視程度要遠高於萬年文化。吳城文化銅刀的出現爲孤例，且不能肯定爲實際裝備的實戰兵器，但銅質武器的出現無疑是具有較高戰力的標誌之一。

3、作爲時代性敏感的陶器，本地區的兩類文化也表現出顯著的不同。

萬年文化所見陶器陶系多爲灰色硬陶（含泥質和夾砂質兩種），但炊器仍多保持泥質夾砂紅陶，見少量原始瓷和釉陶。所見器型主要是甗、罐、缸、鬶等器型，鼎類器物較少。炊器中的甗形器是該時期本地區的代表性器物，由前期文化中的釜、圜底罐形器演變而來，是土著飲食傳統的重要載體之一，常見於萬年文化的各個遺址而不見於吳城文化；圜底罐、缽等具有土著圜底特徵的器物所見甚多，作爲新石器時代末期盛行的鼎類器物的數量則大大下降，鬶、三足盤的數量也較少。萬年文化的紋飾以雲雷紋、凸方點紋或凸圓點紋最爲多見，也見部分漩渦紋、菱形紋、席紋等。特別的，萬年文化的部分罐、缽、甗、甕等器物上出現了很多的刻劃符號，但造型多簡單，李家和等認爲屬於標記或計數一類性質的記號，與文字還有一定的差別〔註2〕。

吳城文化所見陶器陶系以夾砂灰色軟陶爲主，次爲夾砂紅色軟陶，印紋硬陶比例很小，見釉陶和原始瓷。所見器形以鬲、豆、罐、盆爲主，其中鬲類器作爲該時期中原文化炊器的典型代表出現在贛鄱地區，與甗形器的土著傳統形成了鮮明的對比，爲本地區土著文化所不見；作爲盛食器的豆（一般爲高圈足假腹豆、高圈足淺盤豆和矮圈足深腹豆等）也是吳城文化區別於萬年文化的重要標誌之一。吳城文化陶器的紋飾流行粗繩紋，次爲方格紋、弦紋、附加堆紋、圓圈紋、S形紋、雲雷紋等。吳城文化所見的陶器上的刻劃符號遠較萬年文化所見的複雜，僅二期一件泥質灰陶缽（74秋T7⑤：51）底部所見的複雜符號就達7個，而另一件泥質黃釉陶罐（74秋T7⑤：58）肩部一周的刻劃符號更是多達 9 個，明顯已經脫離了單純的計數符號的作用，報告認爲是早於殷墟甲骨卜辭文字的一種商代前期文字〔註3〕。

萬年文化與吳城文化在陶器群體組合上的差異是明顯的，在製陶工藝上也有所不同。萬年類型罐類器多盛行慢輪拉坯一次成型，然後加裝口頸；吳城文化則盛行罐、尊類器物的分別成型，然後在肩、腹部位粘合總成一體的工藝。由此我們可以見到吳城文化的罐、尊類器物肩腹結合部位的結合痕迹清晰可辨，而萬年文化罐類器無此現象；吳城文化罐、尊類器物肩腹結合處上下、多行單個戳印的圓圈紋或圈點紋裝飾，而萬年文化罐類器物則通體拍印一種或兩種紋飾。兩種文化在製陶中還使用了不同的製陶工具：萬年文化普遍使用前代土著文化所見的蘑菇形陶墊和扁平長方體帶長把或長方形印章式無把和有把錐體傘狀等花紋陶拍；而吳城文化則多使用三角形、扁管狀和中空錐形陶墊，與陝西、河南龍山晚期和商文化遺址中同類器物相似，且目前爲止尚未見到幾何形花紋陶拍。

吳城與萬年文化陶器因素的差異，體現了這兩種文化具有不同的文化來源：萬年文化所見陶器基本上都可以在本地區早些時候的遺址中找到原型，表現了一種與土著文化傳承發展的關係；吳城文化所見的以鬲形器爲主的陶

〔註2〕李家和、楊巨源、劉詩中：《江西萬年類型商文化研究》，《東南文化》，1990年3期。

〔註3〕江西省博物館等：《江西清江吳城商代遺址發掘簡報》，《文物》，1975年7期。

器因素，與同時期中原商文化因素具有很強的一致性，而對於本地區文化則表現出顯著的外來特徵。從陶器上文字的複雜程度來看，吳城文化所代表的文化與中原商代文化有密切的關聯，文字所反映出的文明程度要高於萬年文化。

4、本期兩種文化聚落遺迹所見甚少，很難判斷具體聚落發展情況。唯從遺址數量和所處的地理位置分析，我們可以看到，吳城文化遺址數量較少，而重要的分佈地點由九江而德安而樟樹，均位於水上交通便利的鄱陽湖西岸主要支流之上，組成了以鄱陽湖爲中心，沿水道向西岸輻射，呈點狀分佈的布局；萬年文化的遺址數量很多，密佈贛鄱地區，呈片狀分佈，對吳城文化顯示出包圍的態勢。筆者認爲，吳城文化與萬年文化的分佈情況再一次表明了兩種文化的性質：即吳城文化屬於從長江－鄱陽湖方向向西進入的外來文化，而萬年文化則是久居於鄱陽湖地區，較少受到中原文化影響的土著文化。

總結該時期文化特點，可以看出：萬年文化是由贛鄱地區早期土著文化結合周邊文化因素發展而來，是土著文化的傳承和發展，基本未受到中原文化的重大影響；吳城文化則很可能是沿水路而侵入贛鄱地區的具有濃重中原特色的文化，該文化一方面保持了鬲形器、粗繩紋乃至先進的文字系統等獨特的外來特徵，一方面則採用該地區流行的斧、錛形器等進行生產活動，開始適應當地文化背景，但總的來看，二者的文化因素是對立的。從吳城文化的大量鏃形器以及銅質兵器出土來看，當時的吳城文化是擁有一定軍事實力的，唯目前所見的遺存情況還看不出吳城文化與萬年文化有直接衝突的迹象。

前期的第二個階段自中商二期至晚商時期，這一時期吳城文化和萬年文化仍沿著各自的趨勢發展，但由於中原商文化的衰弱，吳城文化表現出的地方性越來越明顯，開始較多的吸收來自萬年文化的因素。萬年文化吸收吳城文化的先進因素，但頑固的保持著自己的土著文化特色。

1、由於與前期時間接近，在石器工具這種不甚敏感的器物上，兩種類型文化體現不出更大的區別，發現的器物類型形制也與前期大體相同。

2、陶器方面，兩種文化表現了不同的發展態勢。

本期萬年文化穩步發展，在陶器內涵上略有變化。萬年文化的陶器在保持了前期的甗形器傳統和一次拉坯成型工藝的基礎上，開始吸收吳城文化和周邊文化的因素。前期幾何形印紋陶器的內壁凹凸不平的現象得到了改善，普遍變的像吳城文化陶器那樣內壁平整光滑，且厚薄均勻，美觀；角山遺址出土了大量帶有刻劃符號的陶片，除前期所見的刻劃符號（主要是指甲形刻符）外，也可以見到相當數量的陶文內容，顯然來源於吳城系統（即中原商代甲骨卜辭文字刻劃系統）。除了繼續保持印紋硬陶的土著傳統之外，角山遺址作爲我國目前發現最早的原始青瓷燒造場所，出土的大量土著印紋陶與新興的原始青瓷內涵，不僅說明了本地青瓷內容的土著性質，還表明本地原始文化在陶器向瓷器演化進程中邁出了可貴的一步。

本期吳城文化陶器內容相對前期有了較大的改變。前期所見以鬲形器爲代表的中原文化因素在本期繼續沿商周器物變化規律進行演變，如鬲形器由早期的高頸、高襠、分襠、頸腹之間無折度向短頸、矮襠、微分襠、頸腹之間有折度演變，以至出現聯襠；假腹豆逐漸演變爲眞腹豆；小口折肩罐由溜肩到廣弧折肩、廣平折肩演變等等，唯該類器物數量逐漸減少。相對的，贛鄱土著陶器因素數量大大增加，如吳城三期文化開始出現土著文化標誌性器物甗形器，至三期末段，甗形器的數量已經在吳城文化炊器中佔有重要地位；早期盛行的中原風格尊形器等器物的折肩作風，在本期則逐漸減少或不見。陶系中，印紋硬陶的比例增多，釉陶和原始瓷出土也增多，三者所佔比重至三期末段可以達到總數的三分之一強，具有明顯的南方陶系演化規律。陶器紋飾方面，吳城文化三、四期基本上不見前期流行的粗繩紋和圓圈紋，而以細繩紋和帶有土著文化色彩的圈點紋最爲普遍，其他紋樣種類增多，如大方格紋、鋸齒狀附加堆紋、人字紋、葉脈紋、席紋、水波紋、米字波紋以及二、三種紋飾同飾於一件器物之上的組合紋飾等。吳城一、二期的高級文字系統在三、四期階段有所退化，如三期陶器和石範等器物上的文字不僅數量較一、二期爲少，而且多是單字，四期文字出土更少。吳城三、四期的製陶手工業相當發達，印紋陶拍印技術成熟，幾何形印紋陶在該階段已處於「鼎盛時期」，其印紋紋飾往往清晰平整，拍印痕深，銜接緊密，與土著萬年文化拍印雜亂、重疊的印紋陶形成明顯對比。

3、吳城三、四期出土了大量銅質生產工具和禮器等內容，並體現了高超的鑄造技術水平，使該文化成爲贛鄱地區青銅內涵文化的典型代表；而同期的萬年文化則基本未發現銅器鑄造現象，零星所見的銅器也基本上是小型生產工具內容，是爲兩種文化的不同特點。

特別的，屬於吳城三期的新干大洋洲商墓一處就出土青銅器物 483 件，主要包括鼎、斝、卣、罍、鬲、豆、鉞、戈、胄等造型上具有中原商周風格的器物，可以集中體現贛鄱地區這一時期青銅內涵文化的特點。該遺址所見的青銅器物中，以禮器爲大宗，其次是武器和生產工具。武器主要是矛、戈、鉞、刀、劍、匕首、鏃等，形制與中原地區同類器物大體相似；農業生產工具可以確定的有犁、鍤、耒、耜、銍、鐮、鏟、鎒、钁等 10 種 36 件，另外還見一定數量的刀、斧、鑿等多用途工具，大型農具只有部分有使用痕迹，筆者認爲這些器物屬於祭祀用禮器的可能性比較大；青銅禮器主要是各種鼎形器，如與偃師二里頭文化相似的錐足鼎，與二里岡文化同類器相似的柱足圓腹鼎、方鼎和夔足鼎，以及不見於其他地方的扁圓虎足鼎、扁鰭狀足鼎、半環形足鼎、實心圓柱足鬲鼎等。禮器是一個文明最重要的標誌。大洋洲商墓的禮器內容，既有屬於中原商代早期、中期的內容，也有本地特有的內涵，這種複雜的內涵情況表明大洋洲商墓所代表的文化是一種不完全類同於中原商周文化傳統的復合文化。既表明中原王朝加強了文化滲透，也表明了地方勢力的發展和變遷。

除完整銅器之外，1974 年還清理了一處屬於吳城三、四期文化的鑄銅作坊遺址，出土了一批青銅鑄造工具——石範，比較成型的共計 103 件，能辯明器型的有戈、矛、鉞、鏃、斧、刀、鑿和斝足等，證明了吳城文化小型青銅器物生產的本地化〔註 4〕。蘇榮譽、彭適凡二位先生通過大型青銅禮器的鑄造技術分析，判定這一時期贛鄱地區青銅鑄造術大量採用同於中原傳統的泥範塊範法鑄造工藝〔註 5〕，雖然在紋飾和造型上融入了土著文化的因素，但很明顯器物的成型和澆鑄技術來源於中原。這就說明了贛鄱地區的青銅文明受到了中原王朝的極大制約。

綜合本期的考古文化特徵，萬年文化和吳城文化，贛鄱地區古文化的社會經濟形態發生了一定的變化，表現爲：石質農業生產工具不再進入隨葬品行列，農業經濟在社會生活中的主導地位有所下降；印紋陶和瓷器製造業開始興盛發達，繼承了龍山時代陶器交換的因素，開始大規模生產，爲商品交換的主流；特別的，吳城文化具有殷商文化特色的青銅製造業非常發達，與萬年文化形成鮮明對比，仍然表明了兩個文化在來源上的不一致。從文化發展趨勢上看，本期的萬年文化基本保持了贛鄱地區的土著傳統，只是在吸收

〔註 4〕 李昆：《試論吳城遺址文化類型與分佈》，《東南文化》，1993 年 3 期。

〔註 5〕 蘇榮譽、彭適凡：《新干青銅器群技術文化屬性研究——兼論中國青銅文化的統一性和獨立性》，《南方文物》，1994 年 2 期。

吳城先進因素的基礎上有所改良；吳城類型文化則大量吸收土著文化因素，不論在銅器還是陶器上都表現出了趨同於土著文化的強烈色彩，相對於前期來說可能是代表了一種文化本質的改變。土著文化對吳城青銅等先進因素的揞棄，表明了土著因素頑固的封閉性特徵。

後期大致是在西周時期。這一時期隨著吳城文化和萬年文化的消亡以及宗周文化和鄂東南地區文化的南進，贛鄱地區的青銅文化先表現出複雜的面貌，然後漸趨統一，並體現出明顯的南方文化特色。到西周中晚期，以幾何印紋陶、釉陶系的罐、壇、甑、釜和釉陶系的豆、碗、盆、盤爲代表的土著文化因素成爲包括贛鄱地區在內的整個南方地區的統一文化特色。

第二節　贛鄱地區勢力集團的變遷

中原正統的古史觀將江南地區籠統的稱爲「荒蠻腹地」，對於這裏的文獻記載少之又少。通過上面的討論，贛鄱地區在三代時期並不屬於華夏、東夷和苗蠻系統，雖然在不同的時期不同程度的受到過他們的影響。這裏主要是屬於江南地區的百越文化系統。對於贛鄱地區土著文化究竟屬於百越文化系統的哪一個支系，學者們多偏向於揚越和幹越。

對於揚越，已如上文所述，主要分佈在鄱陽湖西岸的贛鄱地區西部。

而對於幹越族的活動中心和分佈範圍學者們有不同看法，劉美崧先生力主其活動中心在贛東北餘干一帶〔註6〕；蒙文通先生認爲其在臨淮〔註7〕；俞靜安先生則主張在邗（今揚州市附近）〔註8〕等。近年來，有的學者開始運用地下實物資料，試圖探究古代民族的蹤迹，如提出皖南土墩墓－屯溪西周墓的主人爲幹越說〔註9〕。彭適凡先生從皖南、蘇南和浙北、贛東北部分地區較廣泛分佈著的土墩墓以及幾何印紋陶等諸種文化因素相同或相近等特徵分析，「約當商周時期，贛東北和蘇南、浙北以及皖南地區是自成一個文化系統，

〔註6〕劉美崧：《試論江西古代越族的幾個問題》，《百越民族史論集》，中國社會科學出版社，1982年版；劉美崧：《幹越續論》，《百越源流研究專輯》，《中南民族學院學報》，1986年增刊。

〔註7〕蒙文通：《越史從考》，人民出版社，1985年版。

〔註8〕俞靜安：《「幹越」考》，《山西師範學院學報》，1957年3期。

〔註9〕劉玉堂：《論屯溪西周墓的族屬》，《楚史論叢》，湖北人民出版社，1986年版；盧茂村：《談談皖南土墩墓及其族屬》，《百越民族研究》，江西教育出版社，1990年版。

同屬於一個古代族系的文化。這個族系，應該就是古代的幹越」〔註 10〕。另外，它通過萬年文化和吳城文化的因素對比，指出吳城文化應屬揚越〔註 11〕。實際上，如果我們認定商代晚期形成於鄂東南地區的大路鋪遺存爲揚越族遺存的話，那麼吳城文化的主體就明顯不應屬於揚越，如果萬年文化爲幹越族創造的文化的話，那麼在商代它僅分佈在贛東北地區，不會延續到皖南、浙西北乃至蘇南等地。況且，近年來有學者專門論述黃山－天目山以南的新安江流域和錢塘江流域的越族爲於越的觀點，是頗有見地的〔註 12〕，這樣也就否認了浙西北、黃山－天目山以南的皖南地區爲幹越族的說法。因此，我們大致可以把幹越族的時間定爲商周時期，早於揚越族在贛鄱地區的存在，活動範圍一直都位於贛東和贛東北地區。而揚越族自商代晚期開始形成於鄂東南地區，並逐漸影響到贛北一帶，西周時期廣泛分佈到贛西和贛中北一帶，成爲一個分佈範圍較大的勢力圈，因此，贛鄱地區在西周時期雖然都屬於百越文化圈內，但其中也存在著族屬及地域的差異。西周早期以後隨著中原王朝勢力的退出，地方文化勢力開始在不同分封勢力和地方勢力的影響下，形成不同的文化勢力圈，揚越、幹越、於越等百越族系的稱呼也許正是從西周中後期開始存在的。

另外，對於吳城文化的創立者，學界也主要分爲三種觀點：一部分學者認爲吳城是商人南進的橋頭堡，是對南方實行統治的軍事據點，是一支商文化；另一部分人認爲吳城文化是一支受到商文化影響的土著青銅文化，他們分歧的焦點在於中原文化因素在吳城文化中是主流還是末流。還有學者認爲吳城文化的民族有一部分來自中原地區氐羌族團的夏人、虎人、灌頭人、戈人，他們分批南遷，與當地的土著民族相結合，吳城文化就是它們在商代創造的文化，其中的中原文化因素主要是他們從中原帶來的，是對夏文化的保留〔註 13〕。當然，吳城文化作爲一種商代文化，在政治和文化上受到商文化的影響，接受其先進、合理的成分，因而也體現出與商文化相同的特徵〔註 14〕。通過以上關於吳城文

〔註 10〕彭適凡：《試論武夷山地區懸棺葬制的族屬》，《江西師範大學學報（社科版）》，1988 年 2 期。

〔註 11〕彭適凡等：《江西瑞昌商周礦冶遺存與古揚越族》，《江西文物》，1990 年 3 期。

〔註 12〕毛穎、張敏：《長江下游的徐舒和吳越》，湖北教育出版社，2005 年。

〔註 13〕有學者就認爲吳城文化有戀舊情結，保留了許多夏文化因素，見杜金鵬：《江西吳城文化探討》，《南方文物》，1994 年 2 期。

〔註 14〕彭明瀚：《梟陽新考》，《殷都學刊》，2003 年 2 期；彭明瀚：《商代贛境戈人考》，

化的因素分析，筆者認為，吳城文化是商人融合南遷族群和當地土著族群的文化而形成的。只是隨著中原商文化的衰弱，吳城文化逐漸表現出地方化的發展趨勢，逐漸固定為一支受到商文化影響的地方文化，並在一定程度上受到商王朝的控制。

《南方文物》，1996 年 4 期；彭明瀚：《商代虎方文化初探》，《中國史研究》，1995 年 3 期。

第四章　夏商西周王朝對江淮之間、鄂東南和贛鄱地區經略的時間和地域差異

通過對長江中下游三個地區夏商西周時期青銅文化發展進程的研究可以看出，夏商西周文化在三個區域內的文化擴張和滲透力度存在明顯區別。這種區別主要表現在兩個方面：一個是各自對三個區域進行文化擴張和滲透的縱向的時間差異；另一個是各自對離中原文化核心區遠近不同的地區進行文化擴張和滲透的橫向的地域差異。另外，根據夏商西周王朝在長江中下游地區經略的目的和原因的不同，我們分別用影響、直接控制和分封聯盟來描述它們的統治方式、經略力度和影響程度的差異。

第一節　夏王朝對長江中下游的影響

中原地區二里頭文化確曾有過向長江流域的傳播，如在安徽江淮地區、鄂東南地區、四川成都平原、上海和浙北地區，都發現過二里頭文化的蹤迹，而這些地方恰巧都有關於夏人的傳說。這些考古發現和古史傳說，有的與夏王朝建立之初的聯盟關係和文化交往有關，有的與夏王朝與地方勢力的戰爭有關，而有的也與夏商之際以桀奔南巢爲代表的夏遺民向長江流域的遷逃史實有關〔註 1〕。

夏王朝在建立之初就對江淮地區進行了十分強烈的文化滲透，這裏的鬥

〔註 1〕杜金鵬：《試論江西商文化的幾個問題》，《南方文物》，1994 年 2 期。

雞臺文化鬥雞臺類型自產生之初就與二里頭文化保持著密切的關係，並且與二里頭文化的前身——河南龍山文化的關係也很密切。二里頭文化的整個發展過程都與鬥雞臺文化息息相關。它們之間可能存在著一種聯盟關係，鬥雞臺文化是夏王朝得以建立和發展的重要支持力量。

大致自二里頭文化二期晚段開始，至三期早段二里頭文化因素開始在長江中下游地區大範圍出現。在江淮地區繼續將其勢力推進到巢湖周邊地區，取代了此前在此地分佈的岳石文化塘崗遺存，形成鬥雞臺文化一個新的地方類型即巢湖類型，通過巢湖類型，二里頭文化甚至與更東南的點將臺文化和馬橋文化有著一定的聯繫〔註2〕（圖 1.2）。在鄂東南地區沿漢江和隨棗走廊推進到長江北岸，在這裏形成了以地方因素爲主的盤龍城遺存，盤龍城遺存的二里頭文化因素沿長江北岸分佈，一直到達江淮西部地區，形成薛家崗遺存。並有證據表明，二里頭文化因素還跨越長江繼續向南深入到贛鄱地區。夏文化的蹤迹在贛鄱流域的廣豐、高安、樟樹、萍鄉、新餘、鉛山、樂平、九江等地均有發現。廣豐社山頭遺存的第三期文化最爲典型〔註3〕，這些遺存均與二里頭二、三期同類器較接近〔註4〕。

二里頭文化三期晚段，夏王朝的經略重點在江淮地區，這裏的鬥雞臺文化達到最強盛的時期，江淮之間中部連爲一片。而鄂東南、贛鄱地區以及江淮西部地區的二里頭文化因素則出現了中斷。

二里頭文化四期，夏王朝的經略重點重新回到鄂東南地區，盤龍城和荊南寺遺址的二里頭文化因素重新豐富，說明在此時，夏王朝又經過了一次大規模向長江中游擴張的過程。一直到二里頭文化的四期晚段，這個過程未停止。江淮地區的鬥雞臺文化巢湖類型消亡，夏王朝的影響重新退回到北部沿淮地區。但江淮西部和江淮之間沿淮地區的二里頭文化因素較鄂東南地區延續的時間更長，一直到早商一期，鄂東南地區在早商偏早的時候即已被商文化所取代。說明早商王朝在佔領了鄂東南地區形成盤龍城類型之後並沒有急於向江淮西部地區擴展。

〔註 2〕 張敏：《試論點將臺文化》，《東南文化》，1989 年 3 期；上海市文物管理委員會編著：《馬橋——1993～1997 年發掘報告》，上海書畫出版社，2002 年；鄒衡：《江南地區諸印紋陶遺址與夏商周文化的關係》，《文物集刊》，1981 年第 3 輯。

〔註 3〕 徐長青等：《廣豐社山頭遺址發掘》，《東南文化》，1993 年 4 期。

〔註 4〕 彭振聲：《江西新餘發現夏時期文化遺物》，《南方文物》，1992 年 3 期；劉林等：《高安下陳遺址的調查》，《文物工作資料》，1976 年 6 期。

已有的研究和文獻記載表明，夏人向長江中下游進行文化擴張和滲透的這種橫向的地域差異並不是偶然的，是有其深刻的歷史原因的。據文獻記載，夏人和東方的夷人是存在聯盟關係的〔註 5〕。在古史傳說中，夏代由大禹開國。禹死，本應有東夷族的伯益相繼，但被禹子夏后啓爭得統位。啓、益爭統事反映出夏、夷兩大集團本是結爲聯盟而輪流執長的，而大禹死後這個傳統制度發生了劇變。古史傳說又謂啓子太康失國，東夷族的后羿代夏政。其後，羿相寒浞殺羿，夏的遺臣靡又聯合有鬲氏滅浞，復立太康子輩少康爲夏王〔註6〕。自夏后啓破壞了夏、夷的聯盟後，這兩集團顯然長期在激烈爭鬥中，當夏王朝勢力強盛時，東夷族便服從，而當夏王「德衰」，處於困境時，便相互攻伐。上文已經說過，夏王啓是大禹與塗山氏女所生，而塗山氏即是鬥雞臺文化鬥雞臺類型的創造者，他們之間的這種關係保證了夏人在其他地區與夷人的爭奪中塗山氏能堅定的站在夏人一邊，從而在鬥雞臺文化的整個延續過程中，都沒有脫離二里頭文化的影響。據《史記・夏本紀》記載，自夏朝開國，至少康中興，是夏王朝內憂外患的時期，這一時期，並沒有向外作大範圍的擴張。少康中興之後，歷經予、槐、芒、泄、不降、扃、廑六世七王，夏朝處於穩定發展的時期，也是夏王朝極力向外擴張的時期，江淮的南部、西部、鄂東南地區甚至贛鄱地區和太湖周邊都發現了此時期的二里頭文化因素。史書記載，從孔甲開始，歷經皐、發、癸（桀）四世夏朝而亡，孔甲是夏朝由盛轉衰的轉折點。這時的王朝勢力逐漸式微。據《古本竹書紀年》記載：「後發即位，元年，諸夷賓於王門，再保庸會上於池，諸夷入舞。(《北堂書鈔》卷八二禮儀部引)」這表明此時國力可能有短暫恢復，諸夷又來夏朝拜。而到夏桀時，「桀爲暴虐，諸夷內侵。」(《後漢書・東夷列傳》)「後桀之亂，畎夷入居邠、岐之間。」(《後漢書・西羌傳》)。以至最終造成了「桀克有緡以喪其國」(《左傳・昭公十一年》) 的後果，這時的夏王再也無力迴天。

江淮地區處於二里頭文化與岳石文化兩大文化影響的漩渦地帶，這個地區受到了繼河南龍山文化而起的二里頭文化的侵襲；同時，北方的岳石文化亦加入到了對該地區的爭奪之中。本地區的土著文化受到了二里頭文化和岳

〔註 5〕 俞偉超：《早期中國的四大聯盟集團》，《古史的考古學探索》第 124～137 頁，文物出版社，2002 年。

〔註 6〕 見阮刻本：《左傳注疏》，卷二十九，二十二頁至二十四頁；卷五十七，二頁至四頁。

石文化的影響，從而形成了鬥雞臺文化的複雜面貌。鬥雞臺文化的發展變化深刻的反映了夷夏關係的變化，也反映了夏王朝勢力的前後變化。

二里頭文化因素在贛鄱地區和太湖地區的出現，當是二里頭這支先進的中原文化在其勢力最強盛時期向長江流域擴張的組成部分。這次擴張持續的時間並不長。當夏朝晚期勢力有所恢復時，其勢力也再也未到達這些地區。夏桀奔南巢的傳說也正如考古學文化所反映的盤龍城遺存和薛家崗遺存的年代相當。

當然，正如有學者所論述的夏王朝在鄂東南地區的擴張可能與取得這裏豐富的銅礦資源有關〔註 7〕，但從考古材料上，我們還無法分辨出此時期已經對這裏的銅礦資源有所利用，對這裏的勢力擴張很可能主要還是一種戰爭的原因，即對三苗餘緒的討伐（圖 2.4.1）。

第二節　商王朝對長江中下游的控制

正如上文中所論述的，商王朝勢力在夏代末期即隨桀的足迹進入到了鄂東南地區，這裏存在有不少的先商文化南關外類型和二里崗下層一期偏早階段的因素。商王朝的直接統治勢力在這裏一直延續到中商時期，隨著盤龍城城址的廢棄而退出。晚商時期，這裏仍然是商王朝的重點關注地區，商王朝通過控制方國——鄂國的方式對此地進行間接統治。說明荊地不僅是夏王朝著力經營的地區，也為商王朝所看重。

早商一期時，商王朝重點經略了鄂東南地區，這一點不僅在考古學文化中可以得到證明，古代文獻中也早有記載。古本《竹書紀年》中所謂：「（夏末）商師征有洛，克之，遂征荊，荊降」。而對於江淮地區和贛鄱地區還未進行有力的滲透。

大約自早商文化第二期至中商文化第一期，商王朝的勢力開始分別通過淮河支流和盤龍城類型分佈區而進入到江淮地區。這裏的皖西類型和大城墩類型都大致形成於這一時期。與此同時，也通過盤龍城類型而繼續進入到贛鄱地區北部，創造了吳城文化。這一個階段，是商王朝勢力大擴張的時期，它們通過盤龍城城址牢牢的控制了長江中下游之交的地帶，並將勢力延伸到

〔註 7〕劉莉、陳星燦：《中國早期國家的形成——從二里頭和二里崗時期的中心和邊緣之間的關係談起》，北京大學古代文明研究中心編：《古代文明》第 1 卷，文物出版社，2002 年。

長江以南的贛鄱地區，繼而在那裏扶持地方勢力而創建了吳城城址。

中商文化二期至晚商文化一期早段，隨著盤龍城城址的廢棄，商王朝勢力在長江中游處於一個低潮時期。在鄂東南地區，盤龍城類型僅剩下一些規模較小的商文化據點。江淮西部的薛家崗商遺存中也開始出現了一些鄂東南長江南岸、寧鎮地區以及贛鄱地區的文化因素。吳城文化自北向南發展，逐漸成爲一支受到商文化扶持而自身特徵明顯的地方文化。而在江淮之間，商王朝卻進行了較大範圍的地域擴張，一直向東將其勢力擴展至江淮東部地區，表現出一種與東方進攻，而南方收縮的態勢，一直到晚商四期，這種在東方的經略始終沒有停止。

晚商一期晚段至晚商三期時，商王朝曾經加強了對長江中下游的經略，但這一過程並不長。這時的吳城文化中所包含的商文化因素有過一次明顯的增加過程，並且也大致在同時，包含有大量商文化和地方文化因素的青銅器遺存出現，吳城文化的控制地域進一步向贛江東部拓展。這一時期，鄂東南地區的大路鋪遺存——即鄂國勢力開始形成，在鄂國的勢力範圍內發現了一些具有晚商文化風格的青銅器，可能表明一個在商王朝晚期歷史上具有重要作用的地方政權的形成，同時，根據卜辭的記載，此時在鄂東南地區形成的還有「舉」國等方國。

晚商三期以後，商王朝的勢力在長江中游大幅度後撤，典型的商文化遺存僅在鄂東北地區有少量發現。鄂東南地區的鄂方、舉方和贛鄱地區的吳城文化雖然名義上仍然保持著與商王朝的密切關係，但商王朝已經不對其有絕對的控制權，這裏的商文化因素極少。而鄂方的勢力範圍此時大大擴展，進入了一個大發展的時期。江淮地區的大城墩類型和皖西類型中也僅見晚商青銅器，典型的遺址極少，並且主要分佈在皖西類型區域內的滁河北岸，滁河南岸已不見商文化因素的存在。在滁河北岸和江淮東部地區，仍表現出與夷族勢力爭奪的態勢，直到「紂克東夷而殞其身」——商朝滅亡的時候。

商人取代夏王朝後不僅立即佔領了原先夏人統治的全部區域，而且在其強大的軍事征服下，鄂東南地區基本同時納入到了商王朝的控制之下，勢力迅速擴展至整個鄂東南地區的長江沿岸。由於商夷之間的聯盟關係〔註 8〕，商王朝此時並沒有將其勢力繼續向江淮地區擴展。當商王朝在鄂東南地區站穩

〔註 8〕張國碩：《論夏末早商的商夷聯盟》，《鄭州大學學報》（哲社版），2002 年第 35 卷 2 期。

腳跟，並獲取了當地豐富的銅礦資源之後，爲了保證對銅礦資源的佔有，他們繼續沿礦脈向東南進發〔註 9〕，一直到達了贛北地區，與當地文化融合，逐漸形成了吳城文化。爲了開拓新的交通路線和控制更多的土地、人口等資源，也爲了達到最大限度控制夷人勢力擴張的目的，商人至遲在早商二期時即開始向江淮地區推進。

商代中期，由於商王朝內部政局不穩，「自仲丁以來，廢適而更立諸弟子，弟子或爭相代立，比九世亂，於是諸侯莫朝」(《史記・殷本紀》)，都城遷徙不定，商文化勢力迅速衰落，對外征服的力度減弱，表現在各地所出土的文化遺存中屬於中商時期的文化因素不明顯，多數遺址似乎在二里崗上層文化之後直接就進入了殷墟文化，器物分期顯示它們之間是銜接的，沒有中間階段，這一點在吳城遺址中表現最爲明顯。也正是在這一時期，地方文化中的土著文化因素開始增多，商王朝勢力在地方的發展受到強烈的抑制。

武丁時期，國力增強，又開始了南征北討。其中武丁三十二年，「伐鬼方。次於荊。」(《今本竹書紀年》〔註 10〕)，《詩・商頌》:「撻彼殷武，奮伐荊楚。」，說明了武丁對南方地區的控制力又有所增強。主要表現就是在吳城文化中的中原殷墟期的文化因素明顯增多，吳城文化和鄂東南地區晚商時期的青銅器也增多。

商代晚期，商王朝的對外經略的重點在於東方與夷人的爭奪，因此對於鄂東南地區的控制主要是通過當地土著所實現的，此時的鄂侯甚至與西伯、九侯共爲商三公，可見其對於商王朝的重要意義（圖 2.4.2)。

以上商王朝的勢力擴展涉及到青銅器和青銅器製作技術的傳播、對銅礦的佔有和因銅礦運輸之便而新的交通路線的開闢以及商夷關係等方面原因。

1、青銅器和青銅器製作技術的傳播

商王朝王權的強大，對地方的優勢最主要表現在經濟、軍事和意識形態等 3 個方面，這 3 個方面都與青銅器的控制有關〔註 11〕。擁有了青銅器，就擁有了強大的經濟、軍事力量，並且在宗教、社會組織等意識形態上也具有

〔註 9〕彭適凡：《論揚越、幹越和於越族對我國青銅文化的傑出貢獻》，《東南文化》，1991 年 5 期。

〔註 10〕《今本竹書紀年》已被證僞，此條記載有《詩經》作補充，當有其事。

〔註 11〕陳洪波：《商王權政治基礎的人類學觀察——另一視角下的商代青銅器》，《東南文化》，2006 年 6 期。

舊的生產力所無法比擬的優越性。正所謂是生產力決定生產關係。青銅禮器對於商人來說具有政治和宗教意義，自然不會贈與外族人；又，這些銅禮器一般置於廟堂之內，處於商人控制的重心地區，除非滅國，不可能在一般的戰爭中爲外族所獲，更不會交換或買賣，而且商人也不會在普通的征戰或貿易活動中將這些銅器帶在身邊〔註 12〕。因此早商王權的對外擴張，很大程度上在於對於青銅器製作技術（包括形制、紋飾）等的獨佔和深層意義的詮釋，也決定了商王朝不會輕易的將這些技術傳給「外族」。從這個層面上說，在早商王朝的周邊地區發現的青銅器要不就是零星的，不具有技術和意識內涵的，單純的審美和稀有方面的擁有，是商王朝的賜予或者是流傳也或者是戰爭的遺留。

而隨著商王朝勢力的減弱，晚商時期情況卻發生了較大的變化，以前零星出土青銅器的地點，比如吳城文化區域、鄂東南長江沿岸和江淮西部地區，卻集中出現了大量的青銅器。吳城區域此時出土的青銅器說明商王朝對於吳城文化的控制方式發生了變化，只有借助於象徵著王權的青銅器才能重新恢復對當地土著文化的控制，當然這種大量青銅器的出土是否已經在技術層面或者意識形態方面傳入了當地人之中，仍然不能做出肯定的回答，但可以肯定的是，吳城文化範圍內發現的大量石質青銅工具和兵器鑄範說明至少在一定程度上已經接受了中原王朝的鑄造技術。對於青銅禮器來說，則可能是商王朝派出了王室的工匠，幫助當地人製作的（因爲我們至今尚未見到製作它們的鑄範），在製作的過程中也融入了當地文化的因素，以起到安撫和控制的最大作用和利益。

而對於江淮地區，雖然自早商時期這裏就已經成爲商文化的地方類型，納入商文化直接統治的範圍之內，但很明顯，早商時期這裏並不是商王朝重點經略的地區，這裏發現的早商銅器少且零星，且主要分佈在滁河上游較小的區域內。這同吳城文化範圍內的情況較爲一致。伴隨著商王控制夷人的步伐，商王朝在江淮地區的經略範圍大大擴展，包含有中商時期青銅器的墓葬分佈到了淮河下游一帶。但是晚商時期，大量青銅器則主要分佈在江淮西部地區，以及通過江淮西部而進入淮河支流淠河、穎河和汝河流域一帶，這些青銅器上大多還帶有族徽，說明這一帶可能是晚商時期重點經略的地區。

〔註 12〕向桃初：《炭河裏城址的發現與寧鄉銅器群再研究》，《文物》，2006 年 8 期。

在屬於商文化亞區的盤龍城類型和附庸區的鄂東南、吳城文化地區〔註13〕、江淮西部地區所發現的大量中原風格的青銅器無疑指出了這些地方對於商王朝統治的重要意義。盤龍城類型大量青銅器的出現要大大早於吳城文化區域和江淮西部地區，這正反映了商王朝對於直接控制區域和間接控制區域的不同政策。商代晚期大量青銅器在吳城文化區域和江淮西部以及鄂東南長江以南地區的出現，表明商王朝在勢力衰弱的情況下利用青銅器以達到最大程度籠絡地方勢力的目的，後三者的穩定合作與否對於晚商時期商王朝的統治意義重大。

2、對銅礦的佔有和因銅礦運輸之便而開闢新的交通路線

銅的發現和利用是人類歷史上具有劃時代意義的進步，被視爲文明的重要標誌之一，開創了文明的新紀元，使人類由石器時代進入青銅時代。新中國的田野考古工作證明我國至遲在夏代已成熟地掌握了青銅的冶煉、鑄造技術，進入了早期青銅時代〔註14〕，在此後的整個青銅時代，銅極爲珍貴，被視爲最主要的財富之一，對銅的佔有、掠奪往往需要付諸武力，用軍事手段

〔註13〕商代社會疆域地理的政治架構，是通過四個層次來體現的，由裏及表，它依次分爲：1.商文化中心區（或叫商、中商、中土、大邑商等）；2.商文化亞區（與中心地區商文化同源，而後異化。有臺西類型；盤龍城類型；老牛坡類型；垣曲類型；東下馮類型等，後期又包括了河南大別山羅山縣蟒張鄉天湖商代墓地和湖南寧鄉等地商代遺址和墓葬以及大辛莊類型、丘灣類型等，這可能包括了諸多方國。同上面所引宋鎭豪所提的四土範圍）；3.商文化附庸區（有相對獨立性但又臣服於商王室的諸侯方國組成，都有自己族源和獨特的發展體系，它們與商文化並不同源，但並行發展，且在相當長的階段內歸順臣服於商。範圍極爲廣泛，向東可能已延伸到渤海和黃海區；向西，進入隴山東西；向北可達燕山南北；向南已深入長江以南的鄱陽湖、洞庭湖和太湖流域，地方類型可以分爲：先周文化；蜀文化；巴文化；吳城文化；荊南－石門－皂市文化；湖熟文化；岳石文化等。這些文化類型在各自獨特的自然生態地理環境中孕育、形成，都有著自己根本不同於商文化的發展序列和考古學的文化特徵，都有自己的中心文化區，中心區域或有城牆環繞，或由山川作障，中心區域多設有象徵著權力和等級的宮室、祭臺、大型墓地和用於宗教祭祀禮儀的青銅禮樂器，它們的青銅文明都已達到了相當的高度。但在其發展過程中又和中心地區商文化密切相關，息息相連；4.商文化周邊地區青銅文化（分佈在商文化附庸區之外的周邊地區青銅文化諸類型）。這種疆域地理的政治架構猶如一座巨大的金字塔，歷代商王室居於塔尖，通過政治控制，軍事征服、宗教影響、文化傳播、商業往來等渠道，把商代疆域與文明推進拓展到十分遼闊的邊遠地區。見盧連成：《商代社會疆域地理的政治架構與周邊地區的青銅文化》，《中國歷史地理論從》，1994年4期。

〔註14〕張忠培：《中國早期青銅器的發現與研究》，《史學集刊》，1985年3期。

來解決；銅礦的開採，銅的冶煉、鑄造、運輸往往也處於軍隊的監督、保護之下〔註 15〕，從某種意義上說，對銅的佔有成了權力的象徵，也是權力的保障，統治者把銅鑄成禮器祭天享神、鑄成武器殺敵伐有罪，青銅武器遠比竹木石質武器鋒利，在當時是一種先進的武器，因而銅成了一種戰略資源，對銅的佔有、掠奪往往成爲戰爭的原因之一。

從文獻記載來看，我國的古銅礦主要集中在江淮流域，《管子》:「蚩尤受廬山之金而作五兵」。《尚書・禹貢》云：荊揚二州，「厥貢惟金三品」。王肅注:「金、銀、銅也」。《周禮・考工記》云:「燕之角，荊之幹，粉胡之箭，吳粵之金錫，此材之美者也。」新中國的田野考古工作也印證了這一史實。考古工作者陸續在湖北大冶〔註 16〕、陽新〔註 17〕、安徽南部〔註 18〕、江西瑞昌〔註 19〕等地發現了商周時期的古銅礦遺址，也探明有豐富的錫礦資源〔註 20〕。以大量遺存和豐富的實物資料說明中國青銅文化有自己的源頭和發展系列，也爲解決商周時期中原大宗銅的來源提供了重要線索。

商周時期王朝的政治中心均在中原，奴隸主貴族對象徵著權力和財富的銅需求量很大，鑄造祭祖享神的禮器、作戰用的兵器及其它生活用具都需要銅，銅還是賞賜臣下的重要物品之一。此外，青銅器還被作爲榮耀、地位、權力財富的象徵埋入墳墓中，僅婦好墓隨葬青銅器就達 400 多件，重達 1625 公斤〔註 21〕。新干商墓隨葬 480 多件，重量也超過 1000 公斤〔註 22〕。可見，中原王朝對銅的需求量是很大的。

可是，由於地質構造的關係，銅礦資源集中在江淮流域，中原地區很貧乏。有的學者也認爲中原地區也產銅，如日本學者天野元之助曾認爲古代河南境內有 6 處銅礦，6 處錫礦；山東境內有 2 處銅礦，2 處錫礦；山西境內有

〔註 15〕張光直:《美術、祭祀、神話》，遼寧教育出版社，1988 年版。

〔註 16〕黃石市博物館:《銅綠山古礦冶遺址》，文物出版社，1999 年。

〔註 17〕港下古銅礦遺址發掘小組:《湖北陽新古礦井遺址發掘報告》,《考古》，1988 年 1 期。

〔註 18〕楊立新:《皖南古代銅礦初步考察與研究》,《文物研究》總第 3 期，黃山書社，1988 年。

〔註 19〕江西省文物考古研究所、瑞昌博物館:《銅嶺古銅礦遺址發現與研究》，江西科學技術出版社，1997 年版。

〔註 20〕廖蘇平:《試論中國青銅時代錫礦的來源》,《南方文物》，2002 年 2 期。

〔註 21〕中國社會科學院考古研究所:《殷墟婦好墓》，文物出版社，1980 年版。

〔註 22〕江西省文物考古研究所、江西省博物館、新干縣博物館:《新干商代大墓》，文物出版社，1997 年。

15 處銅礦和 6 處錫礦；河北境內有 4 處銅礦和 1 處錫礦〔註 23〕。中國學者石璋如根據古代地方志與近代礦業地志查出全國 124 縣有出銅的記錄，其中位於中原的，山西有 12 處，河南有 7 處，河北省有 4 處，山東省有 3 處。如果以安陽爲中心，則在兩百公里之內的銅礦，山東有 1 處（濟南），河南有 3 處（魯山、禹縣、登封），山西有 7 處（垣曲、聞喜、夏縣、絳縣、曲沃、翼城、太原）。據此他認爲「商代銅礦砂之來源，可以不必在長江流域去找，甚至不必過黃河以南。〔註 24〕」但上述二位學者基本上是根據漢代以後的文獻記載而得出的結論，根本無法確認這些礦是否在商代即已被利用。美國學者張光直即曾指出，天野元之助和石璋如的研究「令人信服地表明商代的礦工有可供利用的銅錫礦，但是他們都並未證明這些銅錫礦是否確實已被商人開採。爲了證實這一點，我們必須在礦區找到考古學的證據或者能將在安陽發現的礦石與某一礦區聯繫起來的科學證據。迄今爲止，此種證據尙告闕如〔註 25〕。」事實上，這些地區的銅礦儲量既不大，品位也不高，以當時的技術條件，即使開採也難以滿足大規模鑄造的需要。況且此類貧礦，即使開採得早，枯竭得也必快。商代青銅器的冶鑄那麼繁盛，豈能取足於此。商王朝就勢必尋找其它的出路，盛產銅錫的長江流域也就理所當然地爲其勢所必爭了。因而尋找、掠奪銅成了統治者政治生活中的一件大事，江淮流域的銅礦資源必定成爲他們注意的重點。

盤龍城修築於商代早中期之際，此時長江中游地區土著族類複雜，尙沒有較強實力的政權實體存在，因此這裏不可能對商王朝構成威脅。事實上，包括甲骨文在內的各種文獻所記載的殷人用兵對象主要是東土和西土，其次爲北土，對南土則殊少問津。殷人在地處長江中游的鄂東南地區較早地修築據點，主要的原因就是獲取這裏的銅礦資源，另外，相對於長江上下游而言，這裏距商王朝最近，交通較方便，又有夏王朝的開拓，因此成爲了商王朝勢力擴張的首選之地。殷人在長江中游建立了旨在掠取銅錫的據點——盤龍城是商王朝伸向長江流域的橋頭堡，也是銅錫運輸線上的中轉站。通過盤龍城的開拓，以及盤龍城類型勢力範圍的確定，商王朝勢力逐漸向長江以南和長江中下游地區擴展，構成了一個以銅礦資源和運輸路線爲主要媒介的商文化

〔註 23〕萬全文：《商周王朝南進掠銅論》，1992 年 3 期。
〔註 24〕石璋如：《殷代的鑄銅工藝》，《歷史語言研究所集刊》第 26 期，1955 年。
〔註 25〕Chang, KC. Shang Civilization. Yale University Press,1980, P153.

分佈和影響區。

但是，江淮流域的銅礦資源在整個先秦時代一直掌握在土著的古越人之手〔註 26〕，當古越人勢力較弱，對銅的認識力低下的時候，對商王朝的開採並沒有什麼大的阻礙，商王朝也可以比較順利的進行勢力擴張和對土著文化（如吳城文化）進行控制。但是當在商代中晚期，隨著商王朝自身勢力的減弱，古越族文明化進程加劇，一個較統一的勢力範圍逐漸形成（大路鋪遺存）以後，它們對商王朝的依附力就會大大減弱，成爲威脅商王朝礦冶安全的重要力量。殷人曾經控制過的銅礦很有可能爲當地勢力集團所覬覦，或者甚至商王朝對這些銅礦一度失去控制〔註 27〕，這樣武丁「撻彼殷武、奮發荊楚。」（《詩經・商頌・殷武》）也就具有了現實意義。但終究，此時盤龍城城址已經廢棄，盤龍城類型也已名存實亡，地方上的大路鋪遺存勢力又迅速發展，單純依靠王朝力量已無法滿足對當地的長期統治，正是在這種情況下，商王不得不把分佈在此地的土著勢力，即大路鋪遺存納入到中原王朝的聯盟之下，這裏並逐漸發展成爲商晚期最重要的方國之一（鄂國）。而在更南的贛鄱地區通過大量賜予或扶持其鑄造青銅器來做爲最大程度安撫的手段。

無論是鄂東南地區，還是贛鄱地區北部的銅礦都找到了至遲在商代早期晚段已經被開採的證據，但是皖南地區的古銅礦目前僅可確定爲西周中期才被開採〔註 28〕，因此，商王朝對於江淮地區的用兵史籍較少，這裏主要還是

〔註 26〕彭適凡、劉詩中：《關於瑞昌商周銅礦遺存與古揚越人》，《江西文物》，1990 年 8 期；江西省文物考古研究所、江西省新干縣博物館：《江西新干大洋洲商墓發掘簡報》，《文物》，1991 年 10 期。

〔註 27〕科技考古工作者選取大洋洲遺存的 11 件銅器進行鉛同位素比值研究，證明其中含有來自於某一特殊礦鉛產地的高放射性成因的異常鉛。而這種異常鉛與殷墟，甚至三星堆的青銅器中所含一致，說明可能有著同樣的來源。但是殷墟晚期的銅器中這種異常鉛則突然減少，西周銅器中則明顯減少。研究這認爲，這種鉛可能是兩種鉛的混合，其中一種是常見的南方鉛鋅礦，另一種是目前還沒有發現的鉛（見：金正耀等：《江西新干大洋洲商墓青銅器的鉛同位素比值研究》，《考古》，1994 年 8 期）。如果這種情況屬實，那麼，說明殷墟晚期至少對於鉛礦的南方來源已經出現了某些變化，或者南方地區的鉛礦的供應減少，或者不再完全依賴於這裏的鉛礦資源了。文獻記載，宋代的河南和陝西就有 6 處鉛礦，商人也可能直接從中原地區直接獲得鉛礦（陳光祖：《殷墟出土金屬錠之分析及相關問題研究》，《考古與歷史文化》，臺北中正出版公司，1991 年）。

〔註 28〕安徽省文物考古研究所、南陵縣文物管理所：《安徽南陵縣古銅礦採冶遺址調查與試掘》，《考古》，2002 年 2 期。

商夷文化的融合分佈區，商代中晚期商王朝的東向經略則反映了商夷關係的惡化。

有學者論述，商代早中期商人南下掠銅的主要路線是翻越桐柏山與大別山的隘口，即所謂的「義陽三關」到達長江之畔，然後順江而下經過現今的鄂州、大冶等地（均有水路可通），從鄱陽湖口進入贛江，從而到達今天的江西境內的〔註 29〕。筆者認爲此說不無道理。首先此線路據商王都最近，除大別山系外地勢均較平坦，且有多道河流可資利用，長江支流的灄水就在盤龍城附近，發源於湖北大悟縣的竹杆河就位於灄水上游 6 公里處，後經河南省的羅山縣流入淮河；其次在此線附近，有多處的早中商時期的遺址分佈，在盤龍城以北的大悟、黃陂、孝感、應山等地就有 30 多處商代遺址，其中僅黃陂境內的灄水流域就有數處商代早、中期遺址。河南羅山天湖發現的商代息國貴族墓地也是處於這條路線上的重要地點〔註 30〕。而經漢水和南陽盆地進入中原的西線因爲路線過長，又大多處於蠻荒之地，且附近商代遺址大多闕如，因此不太可能作爲紅銅北運的主要通道。

但是，隨著盤龍城類型的逐漸沒落和盤龍城城址的廢棄以及地方土著文化的興起，商代晚期商王朝已不能順暢的通過這條路線。另外，銅綠山、港下、銅嶺等江南古銅礦遺址都位於盤龍城的下游地區，在這些地方開採出來的銅礦石或冶煉出來的金屬銅必須逆水而上才能運到盤龍城，通過灄水等運到大別山的南麓，經陸路翻越「義陽三關」等隘口，再通過淮河的支流才能運到中原地區。水路一陸路一水路，困難可想而知。而通過長江中下游進行運輸，不僅是順流而下，而且有水路可達中原地區。當是商代晚期所著重開闢的新的運銅路線。這條路線的存在大致有四點可以證明：

1、二里頭文化時期盤龍城遺存就與江淮西部地區聯繫密切，而夏桀可能就利用了先人開闢的這條路線。商代盤龍城類型和吳城文化與大城墩類型有相似的文化因素存在。水濤先生在 2001 年長江流域青銅文化國際學術討論會上提出了中原傳統要素進入寧鎮地區的路線問題。由於江西新干大洋洲

〔註 29〕后德俊：《商王朝勢力的南下與江南古銅礦》，《南方文物》，1996 年 1 期。

〔註 30〕河南信陽文管會、河南省羅山縣文化館：《羅山天湖商周墓地》，《考古學報》，1986 年 2 期。經研究，這處地點主要是屬於武丁及以後的商代方國遺存，但報告中也指出，可能有早於武丁時期的遺存存在，考慮到此地對於南土方國的重要地理位置，在商代早中期，盤龍城類型強大時，這裏的重要性並不突出，而在商代晚期，隨著盤龍城據點的衰亡，這裏的重要性才日益凸顯。

大墓顯示出高度發達的青銅文化，長江中游地區商時期文化的輻射能力可以重新加以評估。它推測中原地區商文化可能從長江中游的贛江、鄱陽湖地區越過長江，然後擴散到長江下游的寧鎮及其他地區〔註31〕。2007年他又補充到：「在吳地偏西的皖南銅陵和郎溪兩地，我們已經發現了典型的中原早商式銅器，這似乎說明，早商文化向長江流域的擴展首先是從長江中游突破，然後到達皖南地區的。」〔註32〕。說明自夏代開始，經長江由中游到江淮西部的路線就是相通的，而自中游到下游的路線至遲在早商時期即已存在。

2、李國梁先生認爲以湖北黃陂盤龍城爲中心的鄂豫皖區〔註33〕（大略北以桐柏、大別二山爲界，西至漢水東岸，南達長江，東部可能達到皖南丘陵西緣的巢湖、銅陵一帶）商代青銅文化的內涵基本一致，屬於一個統一的大的青銅文化區，從青銅器器物組合、形制、紋飾風格，均強烈地顯示出與中原商文化相同的面貌，基本上屬於中原文化系統。

3、正如我們上文所論述的，商代晚期在這條路線附近有較多的青銅器發現。另外從湖口下石鍾山和彭澤團山遺址表現出的與吳城文化的一致性和鄂東南大路鋪遺存文化因素在江淮西部地區的出現都可以看出，大致在晚商一期之後吳城文化和大路鋪遺存都曾明顯的沿長江東向發展。同時也表明這裏必定是商王朝重點經略的地區之一。另外，則是在淮河以北與中原聯繫的重要的淮河支流沿線也發現了大量商代晚期的青銅器，使得這條路線有了通往中原腹地的可行性。

4、由太伯、仲雍奔吳的路線也可證明在商代晚期長江中游到下游的長江水道是通暢的（見下文詳述）。

那麼，商代晚期經江淮地區的這條路線大致是怎樣的呢？

「金道錫行」是春秋時期《曾伯霥簠》銘文中的一個詞語，「克狄淮夷，印燮繁湯。金道錫行，具既卑方」。郭沫若先生釋云：「金道錫行者，言以金錫入貢或交易之路」〔註34〕。而在這條運輸貴重物資的道路上，有著一個重要的據點，即銘文中提到的繁湯（今河南新蔡的繁陽），它是連接南北的主要

〔註31〕水濤：《試論商末周初寧鎮地區長江兩岸文化發展的異同》，高崇文、安田喜憲主編：《長江流域青銅文化研究》，科學出版社，2002年。

〔註32〕水濤：《中國南方商周青銅器研究的新階段——評《皖南出土商周青銅器》，《文物》，2007年8期。

〔註33〕李國梁：《皖南出土的青銅器》，《文物研究》，第4輯，1988年。

〔註34〕《郭沫若全集》（考古編）第8卷第398頁，科學出版社，2002年。

通道〔註 35〕。從東周的《晉姜鼎》及《戎生編鍾》的銘文記載來看，繁湯很可能是東周時期長江流域所產銅錠的集散地〔註 36〕。繁湯的位置就在汝河的沿岸，汝河上與黃河相接，下通淮河，河流在戰時常成爲入侵之路，而和平狀態下則又是重要物資的運輸通道的作用由此不言而喻。商王朝正是通過經過繁陽這條路線來運輸江南銅礦區出產的銅礦石和金屬銅的〔註 37〕。

江淮大地延袤廣漠，主幹支流縱橫交錯，湖泊塘汊星羅棋佈。《史記·河渠書》云「於楚……東方則鴻溝江淮之間」，這同《漢書》所稱之「東方則通江淮之間」是同一層意思，指的是那個南通長江，北連淮河的江淮水系。在這個水系裏，淝水、施水是兩條最主要的自然河道，通過它，往南可接巢湖，經柵水（今裕溪河）直達長江，向北經壽縣而入淮河，同時跨淮後又與汝、穎、渦、夏肥諸水相連，組成更廣寬的水網，甚至同黃河水系也有一定的歷史關係〔註 38〕。關於壽縣的重要位置，有學者論述說：「特別是位於淮河中游的州來。由此溯淮西上，連通荊楚；順淮東下，通過淮水、泗水北上，交通東方齊魯；北經焦（安徽亳州）、夷（亳州城父集），抵達宋（都城在河南商丘）、鄭（河南新鄭）；南出淮汭，經施、肥二水和巢湖南下而達於江上，通向吳越。」〔註 39〕。關於合肥，《史記·貨殖列傳》記：「而合肥受南北潮，皮革、鮑、木輸會也。」《正義》云：「合肥，縣，廬州治也。言江淮之潮，南北俱至廬州也。」〔註 40〕《漢書·地理志》將「南北潮」改爲「南北湖」〔註 41〕，很明顯，這指的就是南面的巢湖和北面的瓦埠湖。可見廬州一帶在江淮間的重要地位。

以上所論，可見壽縣和新蔡在這條南銅北運道路上的重要意義。

然而，長江中游的南銅北運，不一定要到現在的巢湖以東，實際上古時

〔註 35〕陳公柔：《曾伯霥簠銘中的「金道錫行」及相關問題》，《中國考古學論從》，科學出版社，1995 年。

〔註 36〕李學勤：《戎生編鍾論釋》，《文物》，1999 年 9 期。

〔註 37〕后德俊：《商王朝勢力的南下與江南古銅礦》，《南方文物》，1996 年 1 期。

〔註 38〕金家年：《江淮水道疏證》，《安徽史學》，1984 年 3 期。馬騏、高韻柏、周克來：《將軍嶺古「江淮運河」的考察及發現》，《長江水利史論文集》，河海大學出版社，1990 年版。

〔註 39〕李修松：《試論春秋時期淮河流域之交通》，《安徽史學》，2003 年 1 期。

〔註 40〕〔漢〕司馬遷著，〔唐〕張守節正義：《史記》卷一百二十九，第 3268 頁，中華書局，1959 年版。

〔註 41〕〔漢〕班固著，〔唐〕顏師古注：《漢書》卷二十八下，第 1668 頁，中華書局，1979 年版。

巢湖附近還有一個稱之爲竇湖〔註 42〕的大沼澤，使得巢湖與長江相連，無所謂江湖之隔〔註 43〕，沿長江在巢湖西岸樅陽一帶進入巢湖，自然也就可順利的抵達淮河，況且，在樅陽發現的晚商時期的青銅器也可以證明這種方式的可能性。

江淮地區樅陽縣，相傳先秦時期中原通越，就從樅陽過江，沿河經陵陽，越黃山，由皖南歙縣東出錢塘而抵會稽山，這是江淮通越的捷徑〔註 44〕。

因此，我們認爲，商代晚期自長江中游沿江而下至樅陽北上淮河，順汝、穎等淮河支流經繁陽而抵達中原都城可能是一條除翻越「義陽三關」之外的另一條較方便的道路〔註 45〕。從圖中可以看出，兩條道路在繁湯一地匯合（圖 1.2 和圖 2.4.2）。

第三節　西周王朝對長江中下游的分封及擴張

商代末期，在武王克商以前，先周文化的勢力可能就已經深入到江漢和贛鄱地區。棗陽毛狗洞遺址出土的大口癟襠鬲，特徵明顯，爲大口，直腹很深，襠較矮，錐形袋足或小柱足。三足內聚，癟襠深陷，襠線很高，器形較大。該式鬲顯現某些較早的時代特徵，如與陝西扶風北呂周人墓地所出先周陶鬲十分相似〔註 46〕。毛狗洞遺址其它共存器物，如陶甗、廣肩罐、深腹缸等器都具有較早的時代特徵。徐仲舒先生認爲，文武王之時周已視南國爲疆土，周人的勢力已迂迴到商王國的南面〔註 47〕。在贛鄱地區的吳城文化晚期和大洋洲墓葬中也可見到先周時期的文化因素存在，比如大洋洲商墓中的青

〔註 42〕〔北魏〕酈道元注：《水經注》卷二十九，沔水下。

〔註 43〕金家年：《巢湖史迹鈎沉》，《安徽大學學報》，1981 年 3 期；程裕鈞：《評〈禹貢〉「九江」地望說異》，《中國歷史地理論叢》，2004 年 2 期。這點也是巢湖南岸遺址稀少的原因。

〔註 44〕張國茂：《安徽銅陵地區先秦青銅文化簡論》，《東南文化》，1991 年 2 期。

〔註 45〕張愛冰先生也有過相同的觀點。見張愛冰：《皖南商周青銅容器初步研究》，安徽大學 2008 年博士畢業論文。

〔註 46〕扶風縣博物館：《扶風北呂周人墓地發掘簡報》，《文物》，1984 年 7 期。襄樊市博物館：《湖北棗陽毛狗洞遺址調查》，《江漢考古》，1988 年 3 期。毛狗洞遺址 H1 中出土的鬲聯襠、瘦高體、腹較直的造型特徵與北呂墓中出土的先周期陶器非常相似。毛狗洞報告中將 H1 的年代定爲周初成康之時，略早於魯臺山墓葬，從毛狗洞遺址的其他遺物看，時代可能可早到商代末期。

〔註 47〕徐仲舒：《殷周之際史迹之探討》，《歷史語言研究所集刊》，第 7 本第 2 分，140～145 頁，1936 年。

銅兵器勾戟、雙面人頭形器、圈點紋廣折肩罐、長條形刀、三足卣、神人獸面紋玉飾等，吳城文化遺址中出土的扁體瘍襠鬲等〔註 48〕。太伯、仲雍奔吳的史迹也說明了在先周時期即已經開始了對江漢地區的經略（見下文）。

克商後，武王雖有可能乘勝追擊，掃滅附近殷商殘餘反抗勢力，進一步擴大戰果，但是，事實上克商後的一段時期內，武王和周公所面對的主要不是擴大戰果，而是如何鞏固、消化現有戰果的問題。牧野一戰後，商人雖已亡國，但其殘餘勢力卻不容低估，目前全國很多地方都發現了很可能是商遺民的文化遺存。為了對付這股勢力，武王和周公比較成功的運用了德與威、懷柔與鎮壓的兩手，即一方面吸收願意效忠周王朝的殷貴族人物參與政事，並「以殷餘民封紂子武庚祿父，比諸侯，以奉其先祀勿絕」，但又「恐其有賊心，武王乃令其弟管叔、蔡叔傅相武庚祿父」（《史記・衛康叔世家》）。名曰「傅相」，實為「監管」。史稱，周既滅殷，遂分其畿內之地為邶、墉、衛三國，由三人監之，謂之「三監」。但是，這種相安局面沒幾年便被打破了。克商後沒幾年武王去世，成王年少，周公恐天下聞武王崩而畔，乃踐祚代成王攝行政當國。管叔、蔡叔等不服，遂聯合武庚等作亂叛周，東夷中的徐、奄、薄姑、熊、盈等亦乘機而起，一時間形勢非常嚴峻，建立不久的西周王朝面臨被顛覆的危險。

於是，周公在召公的支持下，開始了東征平叛的鬥爭。《尚書・大傳》謂：「周公居攝，一年救亂，二年克殷，三年踐奄。」即第一年就基本控制了局面，第二年平定了三監之亂，第三年平定了以奄為代表的東夷諸國叛亂。

那麼，東夷諸國為啥會反叛周的統治呢，這是因為西周初年西周王朝的勢力在東方還相對比較薄弱，殷商的大批軍隊因為商末的克夷戰爭而留在了東方。那麼，到底有多少方國部落參加了這次叛亂，現已無法弄清。《呂氏春秋・察微》言管、蔡「流言作亂，東夷八國附從。……奄，八國之中最大」。《逸周書・作雒》謂：武王崩，「周公立，相天下，三叔及殷東徐、奄及熊、盈以畔。周公……征熊、盈族十有七國」。顧頡剛說：「反周的國數不詳」，「除管、蔡、商、奄是主角外，隨從的有徐、淮夷、薄姑以及熊、盈諸族的國家如楚、秦等」，「總之國數和人數都是相當多的。〔註 49〕」可見，周公東征

〔註 48〕彭明瀚：《太伯奔吳新考》，《殷都學刊》，1999 年 3 期；袁進：《吳城文化族屬勾吳說》，《南方文物》，1993 年 2 期。

〔註 49〕顧頡剛：《三監及東方諸國的反周軍事行動和周公的對策——周公東征史事考

的勝利，勢必導致東方大批的部族人群南下江淮地區，這也就是爲什麼商末西周初年有大批東夷文化因素在江淮地區出現的原因所在。

還有一點，就是有學者認爲周公在平定了管、蔡、武庚的叛亂後，並沒有立即向實力較強的東夷諸國進軍，而是先向南征伐虎方、楚、錄等國，解除了「後顧之憂」後，才「全力以赴的向叛亂的頑固堡壘東夷國家進剿。〔註 50〕」筆者認爲此說不無道理。理由之一在金文：中國國家博物館 2005 年徵集入藏的柞伯鼎，銘文中就有「周公南征」的記載〔註 51〕。理由之二在考古材料：近年來在鄂東地區發現的西周初年的遺存爲此提供了依據。比如黄陂魯臺山發現的成王前後的西周貴族墓葬，蘄春新屋壪的商遺民青銅器窖藏和毛家嘴的大型木構建築、金寨斑竹園的商遺民青銅器窖藏、湖南湘江流域的黃材盆地的炭河裏也發現了西周初年由商遺民和地方集團共同建立的城址（或是方國）〔註 52〕，甚至遠在長江以南的贛鄱地區也發現了許多西周初年的青銅器。這些遺存都可能是由於西周初年的南征而形成的。正如上文所論，這次南征的目的並不是爲了肅清南方勢力集團，而主要的是爲了穩定後方，從考古學文化現象來看，這一時期無論是墓葬還是窖藏均表現出西周文化和商文化融合共存的迹象，甚至也表現出與土著文化融合共存的迹象，從上文中我們對「長子」國和鄂國的論述，我們可以認爲此時的西周王朝主要是通過聯姻的方式來最大程度安撫這裏的勢力集團的。

自此，西周王朝基本上清剿了東方的強敵，周人開始有目的的施行自己的治國方略。「成周八師」的設立和分封制（齊、魯、漢陽諸姬等）的實行進一步加強了對殷人、東方和南方廣大地區的控制。南方和東南方的反叛勢力暫時進入了一個蕭條和整頓期，沒有能力進行比較大的反撲，西周王朝進入了一個相對穩定期，史稱成康之治。成康之時仍有少量的邊境戰事，比如成王之伐錄〔註 53〕、康王時伯懋父對東夷的征伐（《小臣謎簋》）、明公遣三族伐

證之三》，《文史》第 26 輯，1986 年。

〔註 50〕楊善群：《周公東征時間和路線的考察》，《中國史研究》，1988 年 3 期。

〔註 51〕朱鳳瀚：《柞伯鼎與周公南征》，《文物》，2006 年 5 期。

〔註 52〕向桃初：《揭開江南青銅王國的神秘面紗——湖南寧鄉炭河裏西周城址》，《中國年度十大考古新發現 2004 年卷》，三聯書店，2006 年。

〔註 53〕《大保簋》。郭沫若以爲「錄」即群舒之「六」，在今安徽六安。筆者注：六安堰墩遺址中可見較多的宗周文化因素，除了六安以北江淮分水嶺以北的地域是屬於西周文化範圍的原因外，西周王朝時常對其南部近鄰的攻伐或「六」本就是歸屬西周王朝的夷人集團也是重要的原因。

東國（《明公簋》）康王十六年「南巡狩至九江廬山」（《古本竹書紀年》）和改封夨至宜地反映出的對東南地區的拓展等。但施政方向主要轉向了內部。

但是周公的肅叛鬥爭只是把反叛者趕出了原居地，並沒有徹底肅清，逃亡的反叛者在江淮地區和長江中游地區站穩腳跟後，屢次興風作浪，嚴重的威脅著西周王朝的邊境安全、銅料來源和王朝穩定。有學者認爲接下來執政的昭王是不甘寂寞〔註54〕，實際上是不得不爲之的。

據《古本竹書紀年》，昭王曾有兩次大規模南征（南巡）行動〔註55〕，一次在十六年，「伐楚荊，涉漢，遇大兕」；一次在十九年，「天大曀，雉兔皆震，喪六師於漢」，「王南巡不返」〔註56〕。第一次取得了勝利，參戰者紛紛受到賞賜，這在《過伯鼎》、《㲃簋》、《作冊夨令簋》、《䣄馭簋》、《史牆盤》、《啓尊》、《小子生方鼎》等器銘中有明確反映。第二次很明顯是得到了大慘敗，不僅喪了六師，而且王也斃命於江漢。昭王死於誰手，史無明載，當今學者多有研究，盧連成認爲「南征的對象並不一定是楚荊，有可能是漢水流域的一些方國、部落，西周晚期至春秋時期，這些小國先後被楚國吞併。〔註57〕」龔維英猜測「周公東征，成王踐奄，殷人及其同盟部落（原東夷集團之徐戎、淮夷等），紛紛避往南鄙江漢、淮海一帶。周昭王南征，當是主要對付這些夙敵，不料竟爲其所害」，「昭王死於夙敵殷商遺族之手。〔註58〕」筆者認爲，不管如何，昭王對江漢地區的征伐既是周初對東夷和商遺族勢力征伐的繼續，又是爲了擴張疆土，佔有資源，迫使當地土著徹底臣服的重大舉措。但結果卻是第二次南征之後，廣大江漢地區，包括鄂東和贛北，非但沒有被納入西周王朝旗下，地方勢力反倒迅猛發展，原來已經深入到贛鄱地區的西周勢力和在鄂東南地區取得的勢力均衡也喪失殆盡，上文所論鄂東南地區的大路鋪遺存就是這種地方勢力的典型代表。因此，筆者認爲：昭王的

〔註54〕張廣志：《西周史與西周文明》第64頁，上海科學技術文獻出版社，2007年。

〔註55〕關於這兩次南征，在青銅器銘文中也有記載。這批青銅器出土於隨棗走廊的南部出口處，正是周師南征必經之地。包括北宋宣和年間出土於孝感市的安州六器，其中的中甗和3件中方鼎（見中國社會科學院考古研究所：《殷周金文集成》第949；2751～2752；2785頁，中華書局，1984～1994年）對這次戰爭有記載；另一批是1980年出土於隨縣的18件青銅器（隨州市博物館：《湖北隨縣安居出土青銅器》，《文物》，1982年12期），這兩批青銅器的時代都被定在西周早期末。

〔註56〕《初學記》卷七、《太平御覽》卷八七四引。

〔註57〕盧連成：《序 地與昭王十九年南征》，《考古與文物》，1984年6期。

〔註58〕龔維英：《周昭王南征史實索隱》，《人文雜誌》，1984年6期。

第一次南征的主要對象是商遺族勢力，基於對地方土著勢力採取聯合的策略〔註 59〕，這次取得了勝利，基本上達到了預期的結果〔註 60〕。很明顯，昭王並沒有滿足第一次的勝利成果，畢竟只是肅清了商遺族勢力，對於那些地方的地盤和資源仍不能全力佔有，因此，很快便實施了第二次南征。正如上述，這次是徹底的失敗了，以前已經分佈到蘄水流域的典型宗周因素，不得不又退回到巴水以西地區。以後雖然有「穆王伐大越，起九師，東至九江」的壯舉，也未能完全取得對鄂東、鄂東南和贛北地區的主導權。

昭王南征，既是一次軍事失利，同時更是一次重大的政治打擊。更爲嚴重的是，對他們的敵人而言，周人不再是常勝軍，只要有機會，他們就敢向周挑釁。自此以後，周人再也不敢輕易涉足南方長江中游〔註 61〕。

隨著周王朝在長江中游經略的失利，他們就不能獲得那裏穩定大量的銅礦料了，爲了尋找新的礦源，再加上此時東方徐淮夷的盛勢，因此，自穆王開始，周王朝的戰略重點轉向了東南方〔註 62〕。在東南，被周公和成王所逼偏居江淮的夷人重新開始強盛起來，它們屢次進犯周土，甚至曾經攻到成周城下。它們對於宗周王朝的威脅要大大強於南方部族。《班簋》載，穆王曾令毛公班伐東國厭戎，三年才平定下來。這個毛公班，亦見於《穆天子傳》卷四、卷五，作「毛班」、「毛公」。「厭戎」，郭沫若謂「當即奄人」〔註 63〕；唐蘭認爲，厭字「疑與偃通，偃戎即徐戎……傳說徐偃王當穆王時，當由徐戎又稱偃戎，所以稱偃王。徐又稱偃，如荊又稱楚，吳又稱邗之類。〔註 64〕」《錄𢦏卣》、《𢦏方鼎》、《𢦏簋》記述淮夷內侵，穆王命𢦏率成周師氏從伯雍父抵禦

〔註 59〕對於土著勢力採取聯合的策略，我們可以從鄂東南地區西周早期遺址分佈圖中的甲、乙組混合地點和宗周式青銅器的分佈地點得出土著勢力對於宗周勢力是接受的，宗周勢力也沒有完全取代地方勢力。而屬於地方集團的鄂國的青銅器也大多數都是西周早期器。

〔註 60〕並且西周王朝的政治統治範圍很可能已經抵達到了漢水東部的長江北岸，魯臺山發現的西周早期之末，相當於昭王時的貴族墓葬出土的周王室貴族的墓葬就說明了這裏很可能充當了周擴張前線上的一個政治和軍事基地，其功能同商朝時的盤龍城相似。見李鋒：《西周的滅亡——中國早期國家的地理和政治危機》第 369 頁，上海古籍出版社，2007 年。

〔註 61〕李鋒：《西周的滅亡～中國早期國家的地理和政治危機》第 110 頁，上海古籍出版社，2007 年。

〔註 62〕皖南地區的銅礦目前可確定最早的開採年代在西周中期，大致正是穆王時開始的。

〔註 63〕郭沫若：《兩周金文辭大系考釋》第 21 頁，上海書店出版社，1999 年。

〔註 64〕唐蘭：《西周青銅器銘文分代史徵》第 351 頁，中華書局，1986 年。

淮夷入侵事。文獻和考古材料證明，穆王對徐淮夷的征伐基本上是成功的，徐夷此時大致被肢解到了淮河上游地區〔註65〕。

穆王之後，西周王朝國勢漸衰，後雖有「宣王中興」之回光返照，但終究無補大局。

共、懿、孝、夷四世時內憂外患，王室內部爭權奪利、王室與諸侯之間的矛盾日趨尖銳，對外征伐較少。《史密簋》記載：「南夷（夷）膚虎會杞夷（夷）、舟夷（夷）、雚（觀）不折，廣伐東國」，周王乃命「師俗、史密」率「齊師」、「族人」、「釐（萊）白（伯）」等予以討伐，並取得勝利。

厲王時期的戰事頗多，銅器銘文中有較多記載，其中的《㝬鍾》（宗周鍾）、《虢仲盨》、《天𥎦簋》、《敔簋》、《翏生盨》、《禹鼎》等都有關於向東南用兵抵禦或者征伐夷人的戰事，但與以前不同的是，此時的夷人均不稱淮夷，而稱爲南淮夷和少量的東夷了。看來，周人對於夷人所征伐的對象和區域均發生了變化。從《敔簋》銘文可以看出，此時夷人的勢力已深入伊水、洛水流域（南淮夷來犯，「王命敔追御於上洛烅谷，至於伊、班。……俘人四百」）。此時，厲王與南淮夷的戰爭勝負互見。

此外，《禹鼎》銘文中也記述了周王朝同南國鄂侯的鬥爭，以鄂國被消滅結局，王朝也蒙受了難以彌補的損失。實際上，在西周中期的大部分時間裏，並且一直到西周晚期早段，長江中游眞正有實力的似乎是周人賴以捍衛南方安全的就是這個鄂國政權〔註66〕。鄂侯在商末同西伯侯和九侯共同被稱爲三公，勢力可見一斑。在西周銘文中，鄂侯又同在北方與玁狁作戰的不嬰共同被稱爲「御方」（見：《鄂侯御方鼎》和《禹鼎》銘文），可見鄂侯在周人同長江中游的關係中擔任著一個非常重要的角色，他可能是西周國家的同盟和地方代理者之一，並且擁有自己獨特的文化來源。那麼，西周時期，鄂侯是如何保持與西周王朝的關係的呢？現藏於臺北故宮博物院的鄂侯簋〔註67〕銘文記

〔註65〕拙作：《徐國史迹鉤沉》，《東南文化》，2006年1期。

〔註66〕徐少華認爲，鄂原在成周附近，於西周早期末年遷至南陽盆地。見徐少華：《周代南土歷史地理與文化》第88～91頁，武漢大學出版社，1994年。也有學者認爲鄂國位於今長江南岸鄂東的鄂州市，見劉翔：《西周鄂國考》，《地名知識》，1982年3期；劉翔：《周夷王經營南淮夷及其與鄂之關係》，《江漢考古》，1983年3期；李學勤：《論周初的鄂國》，《中華文化論從》，2008年總第92輯，上海古籍出版社，2008年。

〔註67〕見中國社會科學院考古研究所：《殷周金文集成》第3929頁，中華書局，1984～1994年。

載，鄂與周王室保持著通婚關係〔註68〕。並且，另一件《鄂侯馭方鼎》〔註69〕的銘文記載了夷王或厲王曾攻伐南淮夷的角和遹，在回程途中於壞接見了鄂侯且給予其豐厚的賞賜〔註70〕。但就在這次賞賜之後不久，鄂侯即攜南淮夷和東夷叛周了，征服的過程在《禹鼎》中有詳細記載，「勿遺壽幼」可見戰爭的慘烈〔註71〕。鄂國消亡的時候也是西周王朝徹底在走下坡路之時，西周王朝無力控制，楚文化便在西周晚期趁虛而入，逐漸取得對鄂東地區的主導地位。

宣王被認爲是中興之主，「宣王中興」主要表現在一系列勝利的對外戰爭上。

《詩經・大雅・江漢》敘宣王命召虎伐南淮夷，取得勝利。且做《召公考（簋）》和《召伯虎簋》用以銘記〔註72〕。比較具體的反映這次征伐南淮夷戰爭的還有《師寰簋》。器銘記師寰率齊師、曩、萊、僰、屍、左右虎臣參加這次征伐，折首執訊，俘士女牛羊吉金的情況。另據《兮甲盤》，宣王還曾於對南淮夷戰爭勝利後任命兮甲（同銘又作「兮伯吉父」，即《詩經・小雅・六月》之「吉甫」，尹吉甫）主管成周周圍、包括南淮夷在內的財政收入，並授權兮甲如果南淮夷不按規定繳納貢賦、提供力役，可興兵討伐〔註73〕。

又據《詩經・大雅・常武》，宣王時還曾令執政大臣南仲等率六師伐徐方，激戰於淮水邊，迫使徐方歸順朝廷。

〔註68〕鄂侯簋是鄂侯爲王姞所作之媵器，王姞乃鄂侯之女，嫁給了周王。見《故宮銅器圖錄》2，圖版一八三，臺北故宮博物院，1958年。

〔註69〕見中國社會科學院考古研究所：《殷周金文集成》第2810頁，中華書局，1984～1994年。

〔註70〕從這裏也可以看出，鄂地與南淮夷地相距不遠，南淮夷地在淮河上游及巢湖以西地區。

〔註71〕對鄂國銅器及其文化背景的詳細研究，可以參見李鋒：《西周的滅亡——中國早期國家的地理和政治危機》第373頁，上海古籍出版社，2007年和 Li Feng. Literacy Crossing Cultural Borders: Evidence from the Bronze Inscriptions of the Western Zhou Period（1045-771 B.C.）, Bulletin of the Museum of Far Eastern Antiquity 74 （2002）, 210-42. P22-30,

〔註72〕郭沫若認爲這裏的召公及召伯虎即指的是詩經中的召虎，見《郭沫若全集》（考古編）第8卷第301～304頁，科學出版社，2002年版。

〔註73〕王人聰、杜迺松：《香港中文大學文物館藏「兮甲盤」及相關問題研究》，《故宮博物院院刊》，1992年2期；李學勤：《兮甲盤與駒父盨》，《人文雜誌叢刊》第二輯《西周史研究》，收入其《新出青銅器研究》第144～145頁，文物出版社，1990年版。

《詩經・小雅・採芑》寫宣王令大臣方叔率師伐楚。是役，使楚畏服。

但是，在宣王後期，與姜戎的千畝之戰敗績以後，王朝勢力急劇直下，連吃敗仗，南征不勝，「喪南國之師」（《國語・周語上・仲山父諫料民》）。

之後的幽王之時，天災人禍、內憂外患，亡國已不在話下了。

總體上看，西周王朝對東部和南部的控制基本上是成功的，雖然戰事不斷，但還是在王朝或各諸侯國的掌控之下，或聯合，或滅國，這些地方的考古學文化呈現出複雜的現象也就不足爲奇了。

從以上的敘述中我們可以看出，西周王朝對鄂東南、贛鄱和江淮地區的政治和軍事關係大致可以昭王中期爲界分爲前後兩個階段。

1、昭王中期以前

周以蕞爾小國而能克商，既不能以經濟力強弱做理由，又不能由軍事力量的優劣來分高低，周之勝利完全是戰略的運用和統治方式的得當而決定的。

實際上，周人爲了最終取得對商王朝的勝利，經過了長時間的準備。這種準備對於長江中下游來說最重要的莫過於商代末年太伯、仲雍奔吳的事件。這一事件對於西周王朝在鄂東南、贛鄱地區和江淮西部乃至江南的經略都有關係。關於它的來歷，史籍有載。《史記・周本紀》曰：「古公有長子曰太伯，次子曰虞仲。太姜生少子季歷，季歷娶太任，皆賢婦人，生昌，有聖瑞。古公曰：『我世當有興者，其在昌乎？』長子太伯、虞仲知古公欲立季歷以傳昌，乃二人亡如荊蠻，文身斷髮，示不可用，以讓季歷。」《史記・吳太伯世家》亦載：「吳太伯、太伯弟仲雍，皆周太王之子，而王季歷之兄也。季歷賢，而有聖子昌，太王欲立季歷以及昌。於是太伯、仲雍二人乃奔荊蠻，文身斷髮，示不可用，以避季歷。季歷果立，是爲王季，而昌爲文王。太伯之奔荊蠻，自號句吳。荊蠻義之，從而歸之千餘家，立爲吳太伯。」《左傳・哀公七年》載：「太伯端委以治周禮，仲雍嗣之，斷髮文身，贏以爲飾。」另外，《國語》、《穆天子傳》等先秦典籍對太伯奔吳之事亦都有記載。學者多奉爲信史。那麼，太伯、仲雍果如文獻中所記載的是「出奔」嗎？《詩經・魯頌・閟宮》云：「后稷之孫，實維太王，居岐之陽，實始翦商。」太王居岐之後，便計劃克商而代之。徐仲舒先生認爲「太伯、仲雍之奔吳，即周人經營南土之始，亦即太王翦商之開端」〔註 74〕。如果他們眞是「出奔」，斷不會在

〔註 74〕徐仲舒：《殷周之際史迹之探討》，《歷史語言研究所集刊》，第 7 本第 2 分，140～145 頁，1936 年。

交通不便的情況下逃奔到如此遙遠的江南。

實際上，審視當時的天下局勢，岐山之東爲「大邑商」，此時，周人的軍事勢力還很弱小，尙不足與商人正面對抗。岐山西北爲戎狄等游牧民族，周人即是被戎狄逼到岐山的，且西北地區不利於農業的發展，周人不可能向西北發展。惟有東南長江流域諸方國勢力較弱，且與殷商王朝關係較爲疏遠，又與西伯同時並列爲商代末期的「三公」，這時的殷商勢力主要集中在東方與東夷作戰，無暇顧及南方地區，故太伯、仲雍是把東南作爲「出奔」的方向的。太伯、仲雍屬於周人，但殷商時期周人在名義上還是商王國統治下的一個方國，周人的文化在許多方面仍是受商文化影響的，與商文化有許多共同之處。因此，在這樣的歷史背景下，商代末期太伯、仲雍遷徙到長江流域商文化的影響範圍內是完全有可能的。

論證古籍上記載的太伯、仲雍奔吳的確實存在，不外以下幾點，一是太伯之吳國爲姬周之後；二是商末的社會形勢是否對於太伯奔吳有可行性；三是太伯奔吳的路線和具體地望是否有考古學材料的證據。關於太伯、仲雍是否爲姬周之後，近代學界多有不同意見〔註 75〕。我們認爲吳爲姬周之後，是沒有問題的，許多先秦典籍資料可以爲證〔註 76〕。第二點已如上述，並且很

〔註 75〕衛聚賢就非常懷疑「太伯奔吳」一事，並進而否認吳爲姬周之後裔（見衛聚賢：《太伯之封在西吳》，《吳越文化論叢》，1937 年版）。童書業先生曾認爲，吳王室或許是楚的支族，而楚爲羋姓（童書業：《春秋史》，山東大學出版社，1987 年版）。陳橋驛先生亦曾認爲「吳爲周後說是完全不可信的，是在吳成爲中原大國的吳王夫差時代造出來的」（陳橋驛：《「越爲禹後說」溯源》，《浙江學刊》，1985 年 3 期）。

〔註 76〕《左傳・僖公五年》：「太伯、虞仲，太王之昭也，太伯不從，是以不嗣。」《左傳・襄公二十五年》：「秋，吳子壽夢卒。臨於周廟，禮也。凡諸侯之喪，異姓臨於外，同姓於宗廟，同宗於祖廟，同族於禰廟。是故魯爲諸姬，臨於周廟。爲邢、凡、蔣、茅、胙、祭臨於周公之廟。」魯國最重周禮，吳國如果不是姬周之後，魯襄公是不可能因吳君壽夢之死而前往周廟弔唁的。《左傳・昭公三十年》：「子西諫曰：『吳，周之胄裔也，而棄在海濱，不與姬通。今而始大，比於諸華。光又甚文，將自同於先王。』」這裏子西顯然認爲吳國乃是姬周之後。《左傳・哀公元年》載伍員諫吳王夫差語云：「姬（指吳）之衰也，日可俟也。介在蠻夷而長寇讎，以是求伯，必不行矣。」另《左傳・哀公十三年》載黃池之盟云：「吳晉爭先，吳人曰：『於周室我爲長』；晉人曰：『於姬姓我爲伯』。」《國語・吳語》對吳王夫差與晉公在黃池之會爭長一事亦有記載。晉國當時稱吳國爲兄弟之國，盟誓後，吳國向周敬王報功，周敬王亦屢次稱夫差爲伯父。這說明春秋時周王室及晉國已是承認吳爲同姓的。《論語・述而》曰：「陳司敗問昭公知禮乎？孔子曰：『知禮』。孔子退，揖巫馬期

有可能不僅不是「出奔」，而是周王朝實施翦商的重要步驟。《尚書・牧誓》載武王伐紂之時，微、盧、彭、濮、庸、蜀、羌、髦 8 國皆是周人的同盟軍。此 8 個國族，據童書業先生研究「皆近漢水〔註 77〕」。顧頡剛先生亦指出，「武王伐紂而率八國之師，自當爲周人政治勢力向東南發展之結果」〔註 78〕。此 8 國之歸順於周，也當有太伯、仲雍之功勞，當是他們自渭河流域出發遠征至江漢流域時打下的基礎。至文王時大概已結成了同盟。另外，鄂國是商末商王朝在南方的重要屏障，也是獲取銅料的重要依靠，對於商王朝的統治具有舉足輕重的地位。對鄂國的拉攏也是周人南向經略的重要組成部分，從武王滅商時作爲商王朝三公之一的鄂公的中立和西周初年周文化與鄂國文化的交錯分佈的態勢可以看出，這種拉攏是收到了較好的成果的。於此，太伯、仲雍不可能在江漢和鄂東南地區立足，他們繼續沿長江東下，江淮西部是商代晚期商王朝「南銅北運」所經過的重要地區，周人爲了維持商周之間的穩定，自然不能過多干涉，他們繼續東下，最後在寧鎮地區停留了下來〔註 79〕。實

而進之，曰：『吾聞君子不黨，君子亦黨乎？君取於吳，爲同姓，謂之吳孟子。君而知禮，孰不知禮？』巫馬期以告。子曰：『丘也幸，苟有過，人必知之。』」這裏孔子亦承認吳同爲姬姓，而按周禮，同姓不婚，因此孔子、陳司敗均認爲昭公娶妻於姬姓之吳不合禮制。昭公娶於吳之事，《左傳・哀公十二年》亦有載。「夏五月，昭夫人孟子。昭公娶於吳，故不書姓。」因同爲姬姓，故不書姓。從此角度講吳爲姬姓應當不會錯。金文資料中，《伯頵父鼎》銘曰：「白（伯）頵父作朕皇考屖白（伯）、吳姬寶鼎，其萬年子子孫孫永寶用。」（羅振玉：《三代吉金文存》4・1・1，中華書局，1983 年版）此器是伯頵父爲其父母所做之祭器。在周代，女子死稱亦即子女在做祭器時對先妣、先母採用的稱謂方式之一就是「父家氏名」加上「父家族姓」。此處之「吳姬」爲其母，「吳」就是父家氏名，「姬」就是父家族姓。

〔註 77〕童書業：《古巴國辨》，《中國古代地理考證論文集》，中華書局，1962 年版。

〔註 78〕顧頡剛：《牧誓八國》，《史林雜識初編》，中華書局，2005 年版。

〔註 79〕《楚辭・天問》云：「吳獲迄古，南嶽是止，孰期去斯？得兩男子。」《吳越春秋・吳太伯傳》：「二人託名採藥於衡山，遂之荊蠻。」因此，對於衡山地望的正確理解對於確定太伯立國於何地無疑是最重要的。《吳越春秋・吳王壽夢傳》：「十六年，楚恭王伐吳，至衡山而還。」《左傳・襄公三年（公元前 571 年）》：「楚子重伐吳，爲簡之師。克鳩茲，至於衡山。」以上可見，衡山在春秋時期吳國範圍內，並且在鳩茲以東，距離鳩茲（即今蕪湖）不遠。南朝梁人劉昭《後漢書・郡國志》：「丹陽縣之橫山，去鳩茲不遠。」此丹陽縣秦時設置，屬江蘇省江寧縣。古橫、衡通用。橫山即衡山。錢大昕《廿二史考異》卷四指出，太伯所奔之衡山即安徽當塗縣東北的橫山。高士奇《地名考略》亦謂當塗縣東北 30 公里之橫山即衡山。錢大昕、高士奇所謂的當塗橫山亦即劉昭所謂的丹陽衡山。此橫山位於南京以南，與吳楚交戰時的地理形勢亦相

際上對於他們最終抵達何處，並不是本書所要討論的方面，但太伯、仲雍的繼續東下，所創立的吳國對於以後的江淮之間、鄂東南和贛鄱地區都產生了重要的影響，因此，太伯仲雍奔吳實際上是周人所刻意設置的戰略決策，對於周翦商、中原文明在江南地區的傳播和中華文明的人一統都具有重要的意義。

武王滅商後，經周公、成王、康王三世的經略，國體一改商王朝時異姓國族林立而臣服與商的運作模式，逐漸在「九州夷裔」的廣袤地域範圍內，建起一個「溥天之下，莫非王土，率土之濱，莫非王臣」（《詩經・小雅・北山》）的以姬姓周室宗族體系為主幹框架而融合諸侯的華夏國家社會。這一在中國古代國家發展史上具有劃時代意義的變革，即非取決於社會性質是否有所變化，也非由何種新的經濟生產方式之導發，主要是通過周初國家社會構成條件下的「分君億疆」（《史牆盤》銘文），即在上層統治者的宏觀政治決策下，進行分封同姓包括部分異姓諸侯來鞏固周疆，建立一個大小相繫、上下遞為藩屏抵達的全國政治網絡而得以實現。也就是周人常申述的「昔武王克殷，成王靖四方，康王息民，並建母弟，以藩屏周」（《左傳・昭公二十六年》），由此造就了具有華夏國家性質的西周王朝的誕生〔註 80〕。

周代的分封諸侯完全是一個有目的的自覺政治過程，它是周人在新佔領的廣大領土上以推行封國的方式，用政治手段人為地建立經過設計的統治格局。這與商代外服諸侯從組織形式到邦國分佈，基本仍未脫離舊的傳統自然格局相比，存在極大的區別。其次，周人為使諸侯國成為中央控制下的地方政權，在法律程序與行政建置方面都採取了有效的深入措施〔註 81〕，使之具有一定的約束力與組織保證，這與商代同外服諸侯主要建立在武力控制基礎上的關係相比，顯示出周人在制度上措置的嚴密。周代的國家結構與王權也

符，故此衡山應當是太伯所奔之衡山。

〔註 80〕李學勤主編：《中國古代文明與國家形成研究》第 535 頁，雲南人民出版社，1997 年版。

〔註 81〕這些措施包括宗法制的履行；「監國」制度的設立和定期向周王述職等，參見李峰：《西周的滅亡——中國早期國家的地理和政治危機》第 130～135 頁，2007 年，上海古籍出版社；任偉：《西周封國考疑》第 272～278 頁，社會科學文獻出版社，2004 年版。另外還要舉行策命儀式，明確諸侯和君臣間的權力義務關係，使諸侯的政治地位得到天子的承認，諸侯成為代表天子行使政權的地方派出機構首腦，參見：葛志毅：《周代分封制度研究》第 1～24 頁，黑龍江人民出版社，2005 年版。

因此較夏商爲集中。

西周初年，周王朝即在隨棗走廊一帶分封了「漢陽諸姬」，而對於鄂東南地區的鄂國和商遺民等勢力集團則主要採取的是聯姻的方式進行籠絡和安撫〔註 82〕，可是因爲它們是異族，又與商族有密切的關係，集數百年之功，勢力也較強大，因此他們一直沒有成爲西周王朝的地方封國。此時周人在此地採取了比較軟弱的方式，但畢竟是達到了安撫和獲取紅銅的目的。在長江以南的贛鄱地區，西周王朝可能分封有異族封國，上文所提到的「應監甗」可能即是被周王派往贛鄱地區的應國的貴族所擁有〔註 83〕。

而對於江淮地區，在西周初年就在淮河上游分封了蔡、息（今河南息縣西南）、蔣（今河南淮濱東南）等姬姓國和黃（今河南潢川西北）、江（今河南正陽南）等嬴姓國〔註 84〕。從考古學文化面貌上看，當時可能還有六、英、蓼等嬴姓國也已經接受了周王朝的分封。還在商王朝勢力較薄弱的滁河下游一帶分封了邗國。這樣實際上就僅剩下巢湖西南的江淮西部地區未被納入西周王朝的版圖之內了。這片地區在商時屬於薛家崗商遺存和大城墩類型商文化的分佈區，大城墩類型商文化退出後，薛家崗商遺存向東北擴張，一度到達了滁河南岸，這正如上述。薛家崗商遺存即代表的是巢國的遺存，從西周初期「征巢」的甲骨文記載中，我們可以推知當時周人曾經試圖控制「巢」地，並把巢的地域向巢湖以西擠壓，但似乎巢同鄂一樣與周王朝也僅是一種聯盟的關係，並沒有接受周王的分封。巢和鄂在西周早期時地域相鄰，可以說唇齒相依，西周王朝的勢力在此顯的較爲薄弱（圖 2.4.3-1）。

2、昭王中期以後

昭王第二次南征之後，周人在鄂東南地區的勢力喪失殆盡，贛鄱地區的可能封國也曇花一現。因此對此地銅礦資源的獲取也就不再順暢。開闢新的銅源和銅路勢在必行。《古本竹書紀年》有周穆王「三十七年，伐越，大起九

〔註 82〕李學勤、徐吉軍主編：《長江文化史》第 142～144 頁，江西教育出版社，1995 年版。

〔註 83〕應監甗和其它西周早期的青銅器均發現於贛鄱地區東北部，與商時期吳城文化的分佈區域不同，可能正是代表了周人避開殷商遺民轉而扶持其對立方的策略，其目的也是爲了獲取那裏的銅資源和形成對殷遺民的控制局面，但畢竟這片前萬年文化的區域離贛北的銅礦較遠，不可能作爲西周王朝獲得銅礦資源的長久之計，僅是西周初年限制地方和擴張疆土的必要手段。

〔註 84〕楊寬：《西周史》第 388～391 頁，上海人民出版社，1999 年版。

師，東至於九江」語（《文選・恨賦注》引）〔註 85〕當是指穆王時曾經有過對鄂東南地區大的軍事行動，這次軍事行動，一是為了恢復對鄂東南地區的控制，二也是為了打通通過鄂東南與江淮之間交往的通道，以後厲王時期與南淮夷發生戰爭之後借道鄂國回到中原的事實說明穆王的此次征伐是取得了一定成功的。但從鄂國隨後即聯合東夷和南淮夷而反叛宗周，繼而被周人滅國的金文資料也可以看出，鄂國與西周王朝的關係並不穩固。鄂東南地區大路鋪遺存的分佈範圍在西周中期時一度西過巴水，甚至一度與「漢陽諸姬」為鄰，稍後雖然有過短時間的向東部收縮，但明顯是佔據著鄂東南地區的主導地位的，它的文化面貌與宗周文化一直相距較大，說明鄂國並沒有徹底的臣服過宗周王朝，頂多只能算是一種聯盟關係，這種以武力或聯姻方式維持的關係是相當不穩固的，金文中的記載正反映了這種情況。

正是因為鄂國在昭王南征後所表現出的不合作，周王朝在極力維持與鄂國關係的前提下，把經略的重點轉移到了江淮地區。穆王在與徐淮夷大戰後，徐夷被遷徙或逃亡到淮河上游一帶，而其他支系則分佈到了江淮西部地區，依附於巢國，逐漸演化成與周抗衡的南淮夷集團。因此西周中晚期的政治和軍事歷史，一大部分是表現在與淮夷、南淮夷和南夷的交往中。而對於他們的戰爭，除了一部分是因為徐淮夷的主動進攻而被迫的防禦外，其主要的目的還是為了獲取他們的臣服和獲得豐富的銅礦資源。這一時期凡是記載周王朝與淮夷、南淮夷戰爭的銘文，大部分都涉及到「俘金」之事，並且涉及「俘金」之事，也只有在南征的銘文中才有記述，說明淮夷之地是產銅區，並且是周王朝重點經略的內容〔註 86〕。西周王朝為了確保從淮夷那裏獲得的銅源

〔註 85〕關於九江地望，說法不一，顧頡剛先生等以為即今湖北武穴、黃梅一帶（參顧頡剛、劉起釪：《尚書校釋譯論》（第二冊）第 641 頁，中華書局，2005 年版）。然據《史記・河渠書》「太史公曰：余南登廬山，觀禹疏九江」，九江當距廬山不遠，大體在吳城文化分佈範圍左近。「伐越」，《路史・國名紀》作「伐紆」，朱右曾謂「紆當作紓，形近而僞。紓、舒通用，……古群舒地」。然據《史記・楚世家》、《索隱》，楊粵「有本作楊雩，音吁，地名也，今音越」。則雩、紆、越可通。紆不必即為舒。筆者認為，無論是哪種說法，穆王此次征伐的重點地區都應為長江中下游之交的地區，可能與越和舒均有關係。

〔註 86〕彭明瀚：《銅與青銅時代中原王朝的南侵》，《江漢考古》，1992 年 3 期；唐蘭：《西周銅器斷代中的「康宮問題」》，《考古學報》，1962 年 1 期；裘士京：《古皖方國、淮夷與夏商周王朝關係》，《周秦社會與文化研究——紀念中國先秦史學會成立 20 週年學術研討會論文集》，陝西師範大學出版社，2003 年 11 期。

源不斷的由淮河支流運回中原，在汝水流域的葉（河南葉縣）、胡（安徽阜陽附近）、蔡（河南新蔡）等地設立軍事據點，同時也起到了防禦、懾服淮夷的作用，爲銅的獲取提供了軍事保障〔註 87〕。近年，陳星燦和劉莉繪製了早期中國時期將銅從長江流域運往中原地區的三條路線〔註 88〕：西路、中路和東路，這三條路線，無一例外地都借助了河流之便。如果我們將這三條路線放在西周的時代背景下來考慮，便會提出這樣一個疑問，即這三條路線能在多大程度上完全爲周人所控制？我們有理由相信，長期以來圍繞著這三條路線而展開的競爭是從未中斷過的。先看西路和中路，從它們的路線來看，大部分行程都在周的南方境內，而周的南方當年也是族群龐雜，其中最顯著的就是楚。在西周早期晚段周人向長江中游地區的擴張中，貴爲天子的昭王殞喪於「南蠻」之手。可見，爲了資源而開闢（更重要的是長期保護）運輸線路無疑是艱辛異常的。東路的情形更是如此，東路穿過長江、淮河和泗河經荷澤和洛水、黃河，達到都城。從地圖上看得很清楚，這條路線不僅途經淮夷領地，而且遇到的是「淮夷集團」中最強悍、反叛最激烈的一個區域和族群，即今天的蘇北。這條路線，對於當時的周人而言，基本上是不會被考慮的。除這三條路線之外，筆者以爲還可以再增添一條（圖 1.2），起點是安徽長江南岸的礦源，這不但對於周人是起點，對於南淮夷亦是。這條路線貫穿江淮，根據歷史地理重建，途中會經過這樣幾個點：桐（桐城）、六（六安）、胡（阜陽附近）、繁湯（新蔡），最後抵達都城。上文中提到的「金道錫行」大致也指的是這條路線。爲了保護這條路線的暢通，宗周王朝與淮夷、南淮夷之間進行了長期的分分合合（圖 2.4.3-2）。

可見，不僅是在西周早期還是西周中晚期，西周王朝的分封制度在江淮南部、鄂東南和贛鄱地區都沒有進行過有效的實施，因爲這裏擁有關係國家命脈的銅礦資源，同時又是異族控制的地區，分封自不可能，並且即使分封國家也不能眞正爲周王室著想，只有將其控制在王室手中，才是最終解決國之所需。雖然在銅源區未能進行有效的分封和直接的統治，西周王朝在周邊

〔註 87〕李學勤：《從新出青銅器看長江下游文化的發展》，《文物》，1980 年 8 期；裘錫圭：《說㦰簋的兩個地名——棫林和胡》，《古文字論集》第 386～392 頁，中華書局，1992 年版。

〔註 88〕劉莉、陳星燦：《中國早期國家的形成——從二里頭和二里崗時期的中心和邊緣之間的關係談起》，北京大學古代文明研究中心編：《古代文明》第 1 卷，文物出版社，2002 年。

地區卻分封了眾多的諸侯國，這些諸侯國有的是爲了保證周王室的安全，有的是爲了保證銅路的順暢。當吳國和楚國逐漸強大起來之後，皖南和鄂東南地區的銅礦資源就漸漸被納入到了他們的勢力範圍之內。

結　語

夏商西周時代，中原已有了國家，但並不意味著中國已經統一在一個政治體系之下。甚至也還不在一個文化體系之下。史籍中記載了不少有關古代部族系統的資料。近代學者各自整理了一套分類法，區分古代的部族爲若干大系統或大集團。例如蒙文通先生以爲古代有江漢民族、河洛民族、海岱民族三大系統〔註1〕；徐旭生先生以爲有西方的華夏、東方的東夷及南方的苗蠻三個集團〔註2〕；而傅斯年先生以爲東夷和華夏兩大集團的勢力消長，實是古史上的一大關鍵〔註3〕。蒙、徐兩位前輩在區分部族所屬時，意見頗有異同，但其著眼點均在古史的資料，而未曾十分注意考古資料。傅氏的學說，在七十年前，以爲仰韶與龍山爲對立的兩個文化時，能鎔鑄文獻與考古資料，頗具說服力。三者均以爲，三代時期，江南均爲蠻荒之地，實則，近些年的考古學材料證實江南也是中華文明發展的重要組成部分，一個淹沒史籍的古代百越族越來越成爲古史學界和考古學界等關注的焦點。越族在中國史籍中進入舞臺的時間甚晚，到戰國時期，始見越人參加各種活動。但考古學資料證明，那種春秋戰國時期廣泛分佈在江南地區被確認爲百越族所創造的印紋硬陶文化實際上在中原夏代就已經存在。這個現象足以說明江南有一個相當具有活力的百越集團與江北的三大勢力集團在三代時期共存，只是此時的百越集團地處偏遠，與中原的接觸較少，也沒有勢力與中原抗衡，仍處於一種被

〔註1〕蒙文通：《古史甄微》，商務印書館，1933年版。

〔註2〕徐旭生：《中國古史的傳說時代》，科學出版社，1960年版。

〔註3〕傅斯年：《夷夏東西說》，《慶祝蔡元培先生六十五歲論文集》下册，第1093～1134頁，中央研究院歷史語言研究所，1935年。

中原文化所隔離的自發的發展過程，所以在文獻中不見提及。

江淮之間、鄂東南和贛鄱地區正處於華夏系統和東夷、苗蠻、百越系統交彙的區域，又有豐富的資源。因此，都成爲王朝重點關注的地區。

江淮之間地區是華夏系統和東夷系統的交彙地域。三代王朝都與夷人發生過許多衝突，「桀克有緍以喪其國，紂克東夷而殞其身」，周與淮夷的戰爭更是頻繁。這些都説明了夷夏之間的鬥爭之烈及其影響之人。但另一方面，夷夏之間也時有聯合。在這些聯合中，東夷與商族關係密切，而夏族與淮夷關係密切。西周時期，東夷勢力基本被肅清，西周王朝與夷人的關係主要表現在與淮夷之間對銅礦資源的爭奪上。

夏王朝借助與淮夷集團的聯盟關係，將其勢力從江淮分水嶺以北一度擴展到巢湖周邊地區，取代了原來分佈在這裏的東夷文化勢力，並有證據表明，它們曾經跨過長江沿古老的中江抵達江南寧鎮地區和太湖流域。但在短時間內，夏王朝勢力便又退回到了江淮分水嶺以北。與向巢湖地區擴張的時間大致同時，分佈在鄂東南地區的夏文化也擴張至江淮西部地區，後來這一地區成爲了夏末夏桀逃亡的主要去向。

商王朝勢力在江淮地區則表現的更爲強勢，他們在中原政權穩固和鄂東南地區的勢力強大後，即分別從中原通過淮河支流和從鄂東南通過長江水道向江淮之間進行勢力擴張，將這裏納入到王朝的統治區域，並在商代後期，其勢力一度向東伸入到東夷文化區內，在這裏與東夷文化的焦灼正是商晚期主要的政治軍事行爲。由於商代晚期商王朝的主要經略地區在偏東部的東夷文化區內，因此江淮中部地區則顯得勢力較爲薄弱，此時，也由於江淮西部地區成爲了南銅北運的重要交通要道，這就引起了江淮西部地區的土著文化向東遷徙，逐漸佔據了江淮中部商勢力較爲薄弱的地區，其勢力一度達到了滁河南岸地區。

西周早期王朝利用分封和建立聯盟的方式，牢牢控制了江淮分水嶺以北和滁河下游一帶，乃至滁河南岸和巢湖之間的區域也成爲了西周王朝的實際控制區域，部分恢復了商王朝的勢力範圍，並將勢力擴展到江淮東部地區。西周早期，這裏相對安寧。隨著西周中期王朝在鄂東南地區經略的失利，它們不再方便的獲取那裏的銅礦資源，爲了獲取皖南地區的銅礦和保護南銅北運的線路，江淮西部和巢湖周邊地區成爲了西周王朝重點經略的地區，這裏成爲了以後各王努力爭取的地區，但由於徐夷和淮夷集團一直威脅王朝的安全，並在戰敗後殘餘勢力充實到這些地區，使得這裏與西周王朝的關係時斷時續，一直也沒有完全歸屬到西周王朝的直接統治之下，與這一地區淮夷的戰爭也成爲了西周中後期王朝政治的重要內容。

鄂東南和贛鄱地區是華夏、苗蠻和百越系統的交彙地域。龍山時代末期，苗蠻集團便同華夏集團之間發生過劇烈的碰撞，最終被排擠出南陽盆地和鄂西北區的原居地，逐漸向鄂東南和贛鄱地區遷徙。經過夏代的繼續擴張，鄂東南區的苗蠻集團的殘餘勢力逐漸被肅清。夏王朝的勢力也逐漸分佈到江淮西部和更南的贛鄱地區。到商代，鄂東南地區基本上沒有可以與商王朝抗衡的勢力，商王朝借助強大的軍事實力，牢牢的控制了鄂東南地區的銅礦資源。並通過鄂東南地區，將其勢力迅速向長江下游和贛鄱地區擴張。商代晚期，商王朝的勢力衰弱，鄂東南地區長江南岸的土著文化開始出現並逐漸壯大，爲了維持對這裏銅礦資源的繼續佔有，商王朝不得不將這支土著勢力納入到商王朝的政治體系之中，並將其作爲商晚期三大最重要的方國之一。商王朝在鄂東南地區積數百年之功培植起來的地方勢力成爲了西周時期對此地經略的重大障礙，爲了繼續取得鄂東南地區的銅礦資源，西周初年西周王朝不得不採取較爲舒緩的方式，通過與商末方國和商遺民聯姻來達到對銅料的獲取。很明顯，西周王朝並不滿足於這種「委曲求全」的方式，在王朝安定之後，即發動了大規模的戰爭，結果大敗而歸。西周中期穆王時的大規模軍事行動取得了一定的成功，自商代晚期一直傳承下來的鄂國勢力不再大規模擴張，暫時退縮並安定下來，但無疑銅料來源也無法再得到保證。正是在這種情況下，正如上述，西周王朝將目光轉向了江淮地區。鄂國的安定是西周王朝與淮夷和南淮夷戰爭以及取得南淮夷地區銅礦資源的重要保證，西周中晚期的金文資料顯示，周王在進行完與南淮夷的戰爭後途經鄂國，大大的封賞了鄂王，表明了周王對於鄂國態度的肯定和重視。但是這種安定只是暫時的，封賞後不久，即爆發了鄂國聯合淮夷、南淮夷反叛西周王朝的重大事件。這次，周王沒有再姑息鄂國，對其進行了致命的打擊。按《史記・楚世家》的記載，此時的楚國勢力開始強盛，周夷王時楚熊渠「甚得江漢間民和」，興兵伐庸、揚粵（越），至於鄂，「乃立其長子康爲句亶王，中子紅爲鄂王，少子執疵爲越章王，皆在江上楚蠻之地」，也許正是在此時，受西周分封的楚國開始介入到鄂東南地區。

苗蠻集團和夏代文化先後進入贛鄱地區，加速了贛鄱地區的文明化進程，使其迅速的從新石器時代末期階段進入到青銅文明階段，到夏代晚期，其獨具特色的以印紋陶爲主要特徵的文化系統便開始出現於贛東北地區，其後借助於商文化的擴張，這支在贛東北地區率先發展起來的土著文化也隨之壯大爲地域廣闊，文化內涵豐富的萬年文化，其便是百越系統文化的典型代表。隨著商代中晚期商王朝勢力的衰退，原來在商王朝支持下形成的吳城文化地方化越來越強烈，雖然經歷了商王武丁時期與商王朝關係的強化，但最終也未能逃脫出土著文化的融合趨勢。西周早期贛鄱地區的文化仍然以鄱陽湖爲界分爲東西兩區，西區的文化與鄂東南地區的關係較爲密切，而東區文化則相對衰弱。西周王朝可能曾經試圖經略這一地區，並且可能分封了封國，設置了「應監」，但由於在鄂東南地區經略的失利，對這裏的控制也只是曇花一現。西周中晚期，隨著西周勢力的退出，贛鄱地區的文化漸趨統一，文化因素互相融合和吸收，總體上看，東區的文化面貌更接近於寧鎮皖南地區，而西區仍然與鄂東南地區關係較密切，這可能正是分別代表了百越集團中的不同支系。

中原三代王朝在江淮之間、鄂東南和贛鄱地區的經略是在完成著一個由多元的小世界逐漸融合統一爲一個多元一體的大世界的過程。在考古學文化面貌上，雖然西周時期的華夏邊緣地帶遠不如商時期的中原文化因素更爲強烈，但誰也不能否認，西周時代的韜光養晦，分封制的實行，正是以後中華民族大一統的重要保證，分封的國家作爲中原王朝的派出機構，在各地履行著中央王朝所不能全力履行的政治一體和文化統一，而在政治和族源認同上又與中央保持高度一致，殆至政治一體和文化融合完成時，也就完成了最終的歷史記憶與華夏認同〔註 4〕，鄂東南、贛鄱和江淮之間最終歸於楚國和吳國的事實正表明了西周王朝所進行的統治策略變遷的重要意義。

〔註 4〕王明珂：《華夏邊緣——歷史記憶與族群認同》，社會科學文獻出版社，2006 年版。

參考文獻

一、古代文獻徵引目

1.〔漢〕孔安國傳、〔唐〕孔穎達疏《尚書注疏》，阮刻十三經注疏本。
2.〔漢〕毛亨傳、鄭玄箋、〔唐〕孔穎達疏《毛詩注疏》，阮刻十三經注疏本。
3.〔漢〕鄭玄注、〔唐〕孔穎達疏《禮記注疏》，阮刻十三經注疏本。
4.〔漢〕鄭玄注、〔唐〕賈公彥疏《周禮注疏》，阮刻十三經注疏本。
5.〔晉〕杜預注、〔唐〕孔穎達疏《春秋左傳注疏》，阮刻十三經注疏本。
6.〔清〕顧棟高撰《春秋大事表》，陝西求友齋本。
7.〔漢〕趙岐注、〔宋〕孫奭疏《孟子注疏》，阮刻十三經注疏本。
8.〔漢〕司馬遷撰、〔劉宋〕裴駰集解、〔唐〕司馬貞索隱、〔唐〕張守節正義《史記》，中華書局標點本，1959 年。
9.〔漢〕班固撰、〔唐〕顏師古注《漢書》,中華書局標點本，1962 年。
10.〔劉宋〕范曄撰、〔唐〕李賢注《後漢書》，中華書局標點本，1982 年。
11.〔漢〕高誘注《戰國策》，黃氏士禮居叢書本。
12.〔晉〕孔晁注、〔清〕盧文弨校《逸周書》，抱經堂叢書本。
13.〔清〕宋右曾輯、王國維校補《古本竹書紀年輯校》，海寧王靜安先生遺書本。
14.〔晉〕郭璞傳、〔清〕郝懿行箋疏《山海經箋疏》，郝氏遺書本。
15.〔晉〕郭璞傳、〔宋〕邢昺疏《爾雅注疏》，阮刻十三經注疏本。
16.〔宋〕羅泌纂、羅蘋注《路史》，乾隆元年羅氏刻本。
17.〔北魏〕酈道元注《水經注》，王先謙合校本。
18.〔宋〕樂史撰《太平寰宇記》，光緒八年金陵書局刊本。

19. 〔漢〕高誘注、許維遹集釋《呂氏春秋集釋》，文學古籍刊行社，1955 年。
20. 〔漢〕高誘注《淮南子》，《諸子集成》，上海書店影印出版，1986 年。
21. 〔清〕孫同元輯《六韜逸文》，《清史稿・藝文志》著錄，中華書局標點本，2006 年。
22. 〔清〕黃濬輯《鄴中片羽》，北平遵古齋琉璃廠通古齋，1935、1942 年影印本。
23. 〔宋〕朱熹集注《楚辭集注》，人民文學出版社影印本，1953 年。
24. 〔唐〕徐堅等撰《初學記》，中華書局點校本，1962 年
25. 〔宋〕李昉等編《太平御覽》，中華書局影印本，1963 年。
26. 〔清〕梁詩正等編《西清古鑒》，光緒十四年邁宋書館銅版影印本。
27. 〔清〕顧祖禹撰《讀史方輿紀要》，中華書局標點本，2005 年。
28. 〔吳〕韋昭著《國語》，黃氏士禮居從書本。
29. 〔漢〕劉向撰、〔晉〕顧愷之圖畫《新刊古列女傳》，清道光五年揚州阮氏影刻本。
30. 〔魏〕何晏等等集解、〔宋〕邢昺疏《論語注疏》，阮刻十三經注疏本。
31. 〔宋〕蘇軾撰《東坡集》，中華再造善本叢書影印本。
32. 〔唐〕柳宗元著、〔宋〕廖瑩中編注《柳河東集》，上海古籍出版社，2008 年標點本。
33. 〔日〕瀧川資言考證、水澤利忠校補《史記會注考證附校補》，上海古籍出版社，1986 年。
34. 游國恩主編、金開誠等補輯《天問纂義》，中華書局，1982 年。
35. 〔漢〕趙曄撰、周生春著《吳越春秋輯校彙考》，上海古籍出版社，1997 年。
36. 楊伯峻譯注《孟子譯注》，中華書局，1960 年。
37. 〔晉〕常璩撰、任乃強校注《華陽國志校補圖注》，上海古籍出版社，1987 年。
38. 〔唐〕李泰撰、賀次君輯校《括地志輯校》，中華書局，1980 年。
39. 郭沫若、聞一多、許維遹撰《管子集注》，科學出版社，1955 年。
40. 〔北魏〕酈道元著、陳橋驛校證《水經注校證》，中華書局，2007 年。
41. 雒江生編著《詩經通詁》，三秦出版社，1998 年。
42. 孫詒讓撰《墨子閒詁》，中華書局，1986 年。
43. 方詩銘、王修齡輯《古本竹書紀年輯證》，上海古籍出版社，1981 年。
44. 〔晉〕郭璞注《穆天子傳》，上海書店，1989 年影印本。
45. 〔梁〕蕭統編、〔唐〕李善注《文選》，中華書局，1977 年。

46. 〔清〕錢大昕撰《廿二史考異》，潛研堂從書本。
47. 顧頡剛、劉起釪：《尚書校釋譯論》，中華書局，2005 年。
48. 安徽省舊志整理出版委員會重排標點清同治《六安州志》刻本，黄山書社，2008 年。

二、近人著作及工具書（以首字拼音爲序）

1. 安徽省地方志編纂委員會《安徽省志・文物志》，方志出版社，1998 年。
2. 百越民族史研究會編：《百越民族史論集》，中國社會科學出版社，1982 年。
3. 陳夢家：《西周銅器斷代》，中華書局，2004 年。
4. 陳夢家：《殷虛卜辭綜述》，中華書局，1988 年。
5. 陳佩芬：《夏商周青銅器研究》，上海古籍出版社，2004 年。
6. 陳國強：《百越民族史》，中國社會科學出版社，1988 年。
7. 陳秉新、李立芳：《出土夷族史料輯考》，安徽大學出版社，2005 年。
8. 董琦：《虞夏時期的中原》，科學出版社，2000 年。
9. 高崇文、安田喜憲主編：《長江流域青銅文化研究》，科學出版社，2002 年。
10. 葛志毅：《周代分封制度研究》，黑龍江人民出版社，2005 年。
11. 顧頡剛：《史林雜識初編》，中華書局，2005 年。
12. 郭沫若：《郭沫若全集》（考古編），科學出版社，2002 年。
13. 郭沫若主編《甲骨文合集》，中華書局，1980 年版。
14. 郭若愚編著《殷契拾掇》，上海古籍出版社，2005 年。
15. 郭立新：《長江中游地區初期社會複雜化研究》，上海古籍出版社，2005 年。
16. 國家文物局主編：《中國文物地圖集・湖北分册》，西安地圖出版社，2002 年。
17. 國家文物局主編：《中國文物地圖集・江蘇分册》，中國地圖出版社，2008 年。
18. 何介鈞：《湖南先秦考古學研究》，嶽麓書社，1996 年。
19. 科林・倫福儒、保羅・巴恩著，中國社會科學院考古研究所譯：《考古學——理論、方法與實踐》，文物出版社，2004 年。
20. 李學勤：《夏商週年代學札記》，遼寧大學出版社，1999 年。
21. 李學勤主編：《中國古代文明與國家形成研究》，雲南人民出版社，1997 年。

22. 李學勤：《殷代地理簡論》，科學出版社，1959 年。
23. 李伯謙：《中國青銅文化結構體系研究》，科學出版社，1998 年。
24. 李雪山：《商代分封制度研究》，中國社會科學出版社，2004 年。
25. 李峰：《西周的滅亡——中國早期國家的地理和政治危機》，上海古籍出版社，2007 年。
26. 羅振玉編：《三代吉金文存》，中華書局，1983 年版。
27. 蒙文通：《古中江》，《古地甄微》，巴蜀書社，1998 年。
28. 蒙文通：《越史從考》，人民出版社，1985 年。
29. 孟華平：《長江中游史前文化結構》，長江文藝出版社，1997 年。
30. 毛穎、張敏：《長江下游的徐舒和吳越》第 15 頁，湖北教育出版社，2005 年。
31. 彭適凡：《中國南方考古與百越民族研究》，科學出版社，2009 年。
32. 彭裕商：《西周青銅器年代綜合研究》，巴蜀書社，2003 年。
33. 彭明瀚：《吳城文化研究》，文物出版社，2005 年。
34. 齊文心：《甲骨探史錄》，三聯書店，1982 年。
35. 任偉：《西周封國考疑》，社會科學文獻出版社，2004 年。
36. 商承祚輯《殷契佚存》，1933 年南京金陵大學中國文化研究所影印本。
37. 孫作云：《西周王朝經營四土研究》，中州古籍出版社，2000 年。
38. 宋新潮：《殷商文化區域研究》，陝西人民出版社，1991 年。
39. 唐蘭：《西周青銅器銘文分代史徵》，中華書局，1986 年。
40. 童書業：《春秋史》，山東大學出版社，1987 年。
41. 王國維著：《觀堂集林》，中華書局，1959 年。
42. 王國維著：《王國維遺書》，上海古籍書店影印，1983 年。
43. 王迅：《東夷文化與淮夷文化研究》，北京大學出版社，1994 年。
44. 王明珂：《華夏邊緣——歷史記憶與族群認同》，社會科學文獻出版社，2006 年。
45. 王立新：《早商文化研究》，高等教育出版社，1998 年。
46. 文物編輯委員會編著：《文物考古工作三十年》，文物出版社，1979 年。
47. 文物編輯委員會編著：《文物考古工作十年》，文物出版社，1990 年。
48. 文物編輯委員會編著：《新中國考古五十年》，文物出版社，1999 年。
49. 吳春明：《中國東南土著民族歷史與文化的考古學觀察》，廈門大學出版社，1999 年。
50. 吳曉松主編：《鄂東考古發現與研究》，湖北科學技術出版社，1999 年。

51. 徐旭生：《中國古史的傳說時代》，文物出版社，1960 年。
52. 許倬云：《西周史》，三聯書店，2001 年。
53. 徐少華：《周代南土歷史地理與文化》，武漢大學出版社，1994 年。
54. 楊樹達：《積微居金文說》，中華書局，1997 年。
55. 楊寬：《西周史》，上海人民出版社，1999 年。
56. 俞偉超：《古史的考古學探索》，文物出版社，2002 年。
57. 詹子慶：《走進夏代文明》，東北師範大學出版社，2006 年。
58. 張緒球：《長江中游新石器時代文化概論》，湖北科學技術出版社，1992 年版。
59. 張光直：《美術、祭祀、神話》，遼寧教育出版社，1988 年。
60. 中國青銅器全集編輯委員會：《中國青銅器全集》，文物出版社，1996 年。
61. 中國社會科學院考古研究所編著:《殷墟的發現與研究》,科學出版社,2001 年。
62. 中國社會科學院考古研究所編纂:《殷周金文集成》,中華書局,1984～1994 年。
63. 中國社會科學院考古研究所編著：《中國考古學．夏商卷》，中國社會科學出版社，2003 年。
64. 中國社會科學院考古研究所編著：《中國考古學．兩周卷》，中國社會科學出版社，2004 年。
65. 朱鳳瀚：《古代中國青銅器》，南開大學出版社，1995 年。
66. 鄒衡：《夏商周考古學論文集》，文物出版社，1980 年。
67. 鄒衡：《夏商周考古學論文集續集》，科學出版社，1998 年。
68. 鄒厚本主編：《江蘇考古五十年》，南京出版社，2000 年。

三、碩博士論文

1. 李寧：《贛鄱地區早期古文化研究》，廈門大學，2002 年碩士學位論文。
2. 陶治強：《皖西南地區夏商時期的考古學文化》，安徽大學，2007 年碩士論文。
3. 王愛民：《商與東夷關係淺談》，河北師範大學，2006 年碩士學位論文。
4. 徐峰：《西周時期的淮夷》，南京師範大學，2007 年碩士學位論文。
5. 余建立：《何郢遺址出土陶器的初步分析——兼論滁州地區西周時期考古學文化編年譜系及其相關問題》，北京大學，2006 年碩士學位論文。
6. 曹峻：《長江下游文明化進程探析》，中國社會科學院研究生院，2005 年博士學位論文。

7. 段天璟：《二里頭文化時期的文化格局》，吉林大學，2005 年博士學位論文。
8. 蔣剛：《太行山兩翼北方青銅文化的演進及其與夏商西周文化的互動》，吉林大學，2006 年博士學位論文。
9. 林歡：《晚商地理論綱》，中國社會科學院研究生院，2002 年博士學位論文。
10. 張愛冰：《皖南商周青銅容器初步研究》，安徽大學，2008 年博士學位論文。
11. 鄭小爐：《吳越和百越地區周代青銅器研究》，吉林大學，2004 年博士學位論文。
12. 朱光華：《早商青銅器分期與區域類型研究》，鄭州大學，2005 年博士學位論文。

附　圖

圖 1.1　本書所涉及空間範圍及分區示意圖

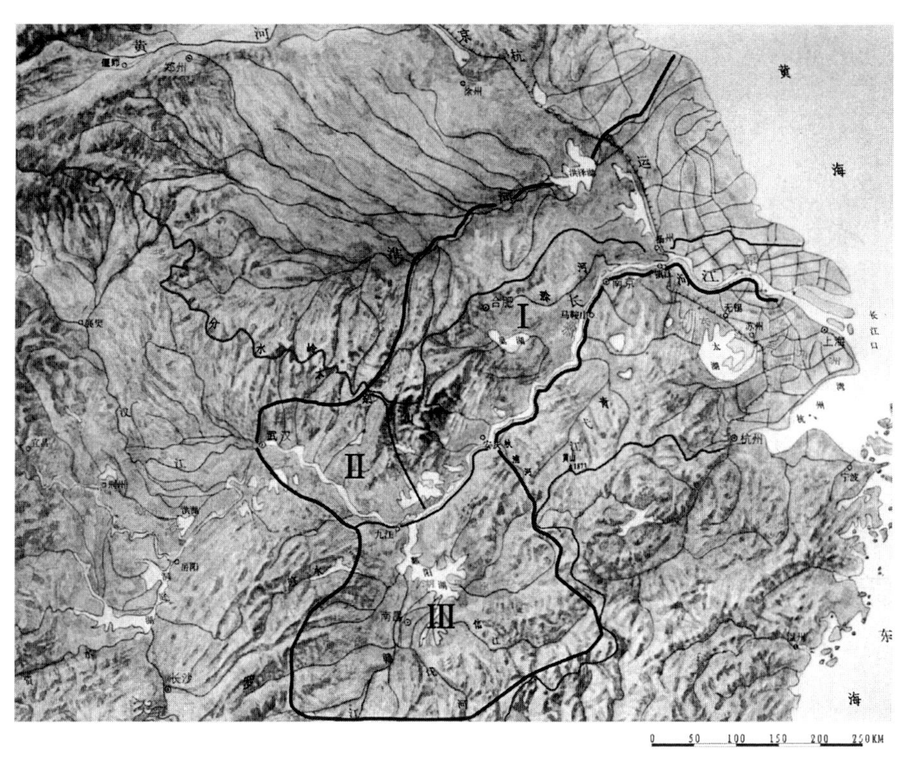

（Ⅰ.江淮之間地區　Ⅱ.鄂東南地區　Ⅲ.贛鄱地區北部）

圖 1.2　三代時期重要交通路線示意圖

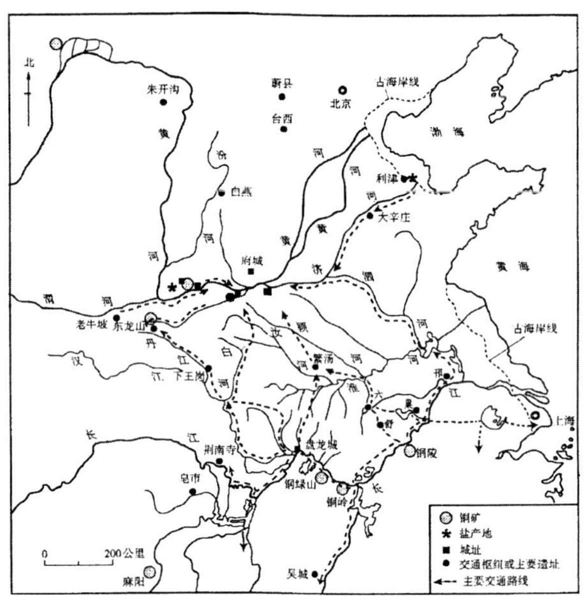

圖 1.1.1　江淮之間地形地貌及分區圖

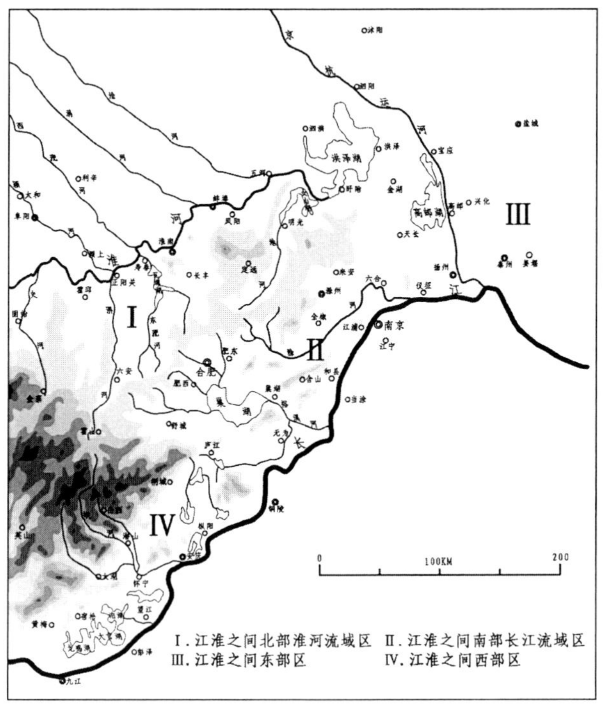

圖 1.1.2-1 壽縣鬥雞臺遺址第一段器物圖

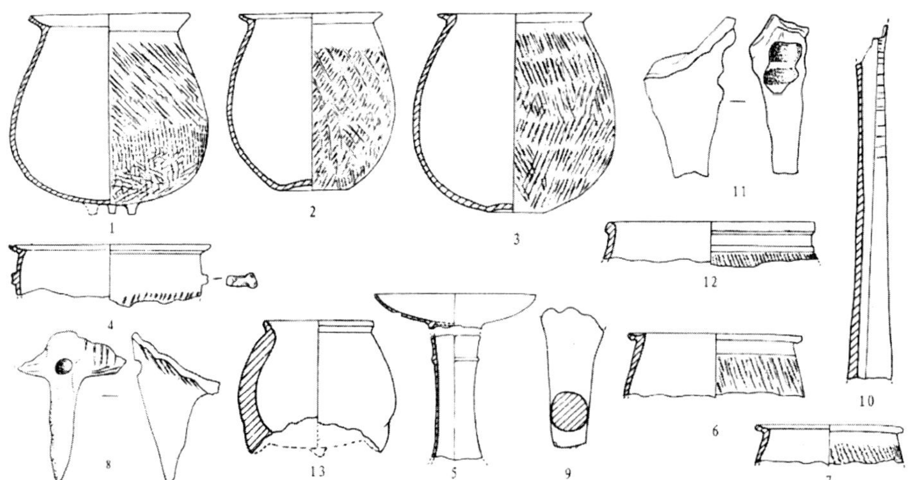

1.罐形鼎（T1⑨：187） 2、3、6、7.罐（T1⑨：186、188、T1⑦：116、T1⑧：112） 4.盆（T1⑧：123） 5.豆（T2⑧：34） 8、9、11.鼎足（T1⑦：110、T1⑨：132、T2⑨：130） 10.高柄杯（T1⑧：128） 12.高領罐（T1⑦：117） 13.小鼎（T1⑦：112）

圖 1.1.2-2 壽縣鬥雞臺遺址第二段器物圖

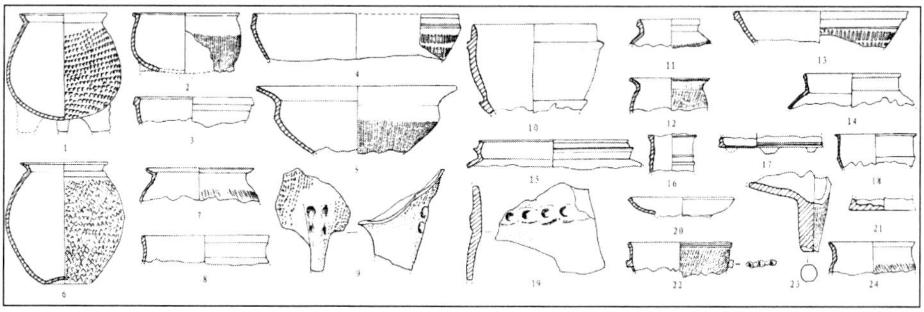

1.罐形鼎（T1⑤：184） 2.盆形鼎（T1⑥：22） 3-5、13、18、22.盆（T1⑤：72、T2⑥：27、T1⑤：71、T2⑥：26、T1⑤：70、T1⑤：74） 6-8、10-12、14、15、24.罐（T1⑤：183、T1⑤：60、T2⑥：24、T1⑤：156、T1⑤：59、T1⑤：57、T1⑤：75、T2⑥：25、T1⑤：68） 9、23.鼎足（T1⑤：50、T1⑤：47） 16.豆柄（T1⑤：79） 17.三足盤（T1⑤：190） 19.甗腰（T1⑤：77） 20.豆盤（T1⑥：101） 21.觚形杯底（T1⑤：80）

圖 1.1.2-3　壽縣鬥雞臺遺址第三段器物圖

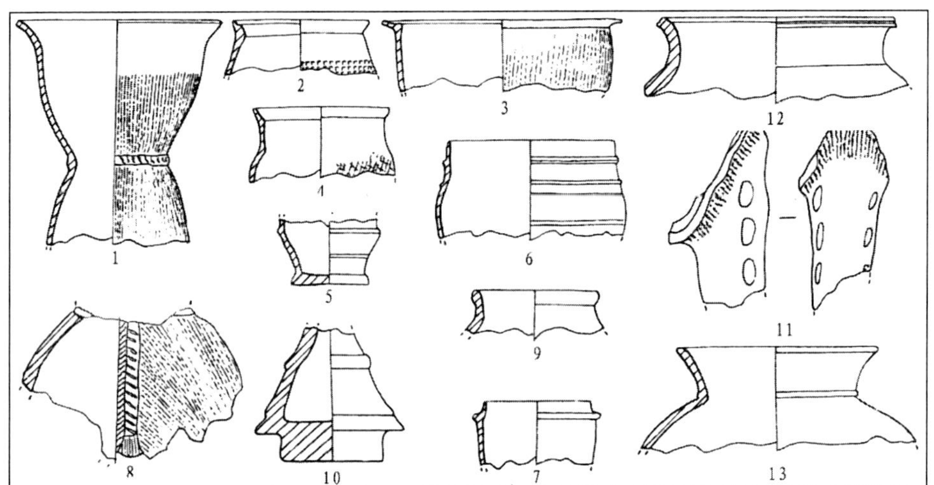

1.甗（H2：104）　2、4、5、6、7、9.罐（T1④：37、39、H2：96、T1④：38、40）　3.盆（H2：95）　5.尊（T1④：35）　8. 甗襠（H2：181）　10. 器蓋（H2：103）　11.鼎足（T1④：33）　12、13.甕（T1④：41、H2：98）

圖 1.1.2-4　壽縣鬥雞臺遺址第四段器物圖

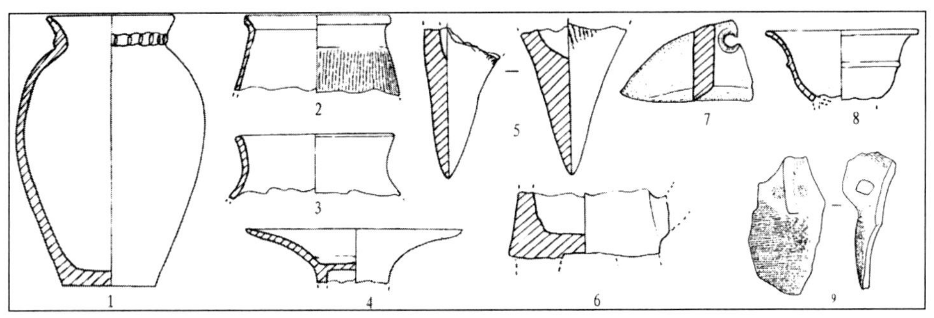

1、3.罐（T2③：6、T1③：15）　2.鬲（T2②：2）　4.豆（T2③：14）　5. 鬲足（T2③：9）　6.爵（T2③：10）　7.石刀（T1③：21）8.碗形豆（T2③：12）　9.罐耳（T1③：26）

圖 1.1.2-5　壽縣鬥雞臺遺址第五段器物圖

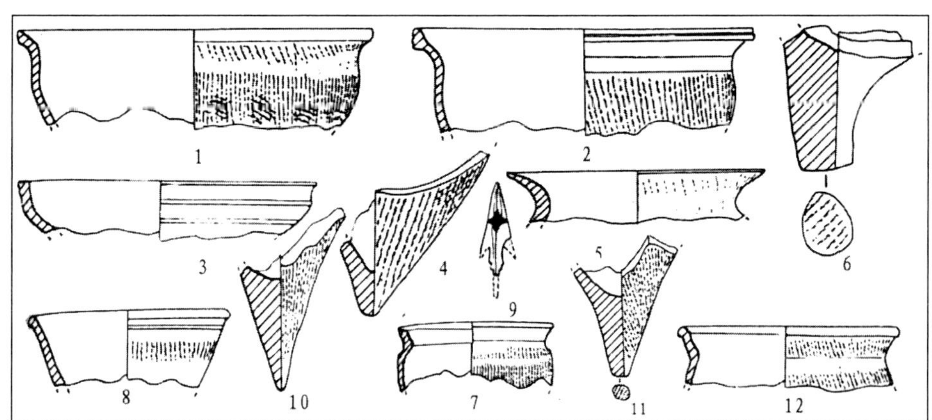

1、2.盆（T1②：3、T1②：13）　3.豆（T1②：15）　4、6、10、11.鬲足（T2②：1、T1②：6、T1②：133、T1②：143）5、12.罐（T2②：5、T1②：10）　7.鬲（T1②：15）　8.簋（T2②：4）　9.銅鏃（H1：189）

圖 1.1.3-1　壽縣青蓮寺遺址第一段器物圖

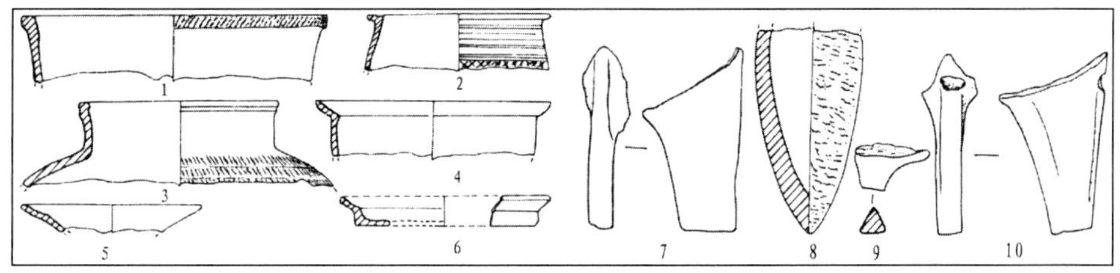

1.缸（T2⑦：80）　2.罐（T2⑦：80）　3.高領甗（T2⑦：64）　4.盆（T2⑦：74）　5.豆（T2⑦：74）　6.平底盆（T2⑦：73）　7、9、10.鬲（T2⑦：64、65、68）　8.斝足（T2⑦：66）

圖 1.1.3-2　壽縣青蓮寺遺址第二段器物圖

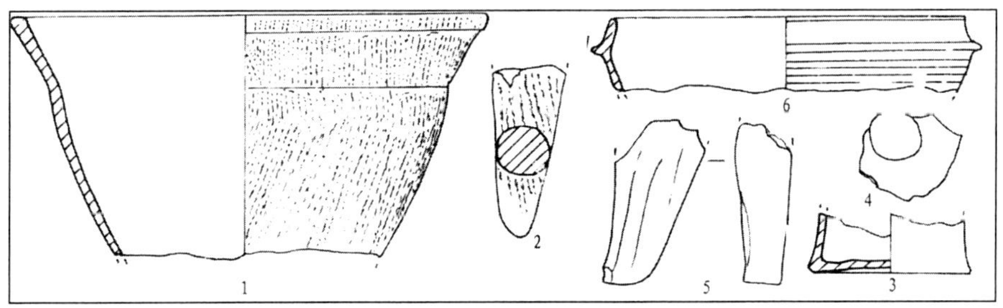

1. 甗（T2⑥：59）　2.鬲足（T2⑥：54）　3.杯底（T2⑥：56）　4.器蓋（T2⑥：60）　5.鼎足（T2⑥：55）　6.尊（T2⑥：57）

圖 1.1.3-3　壽縣青蓮寺遺址第三段器物圖

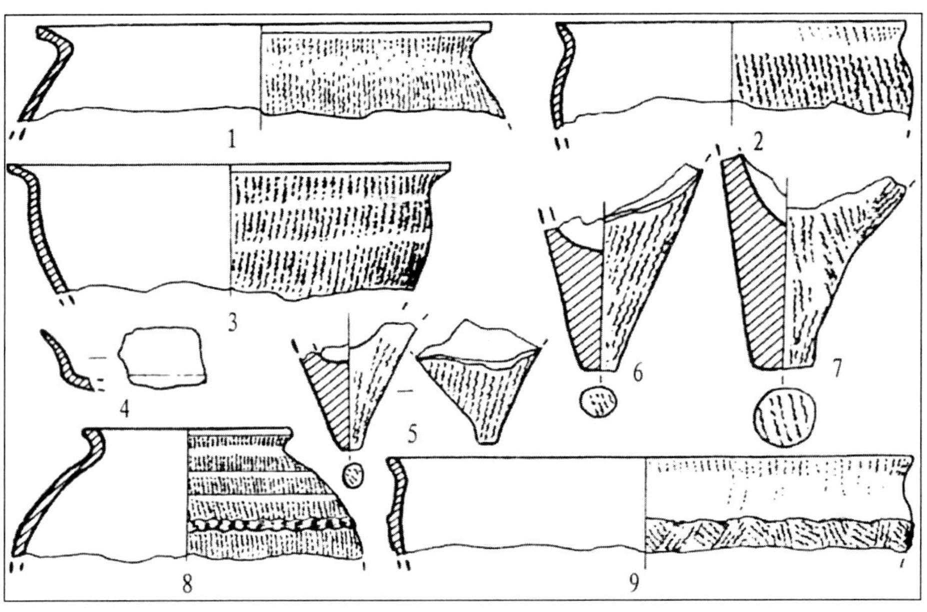

1、2.鬲（T2④：96、20）　3. 甗（T2④：38）　4.豆（T2④：33）　5-7.鬲（T2⑤：55、T2④：51、T2④：52）　8.甕（T2④：24）　9.盆（T2④：39）

圖 1.1.3-4　壽縣青蓮寺遺址第四段器物圖

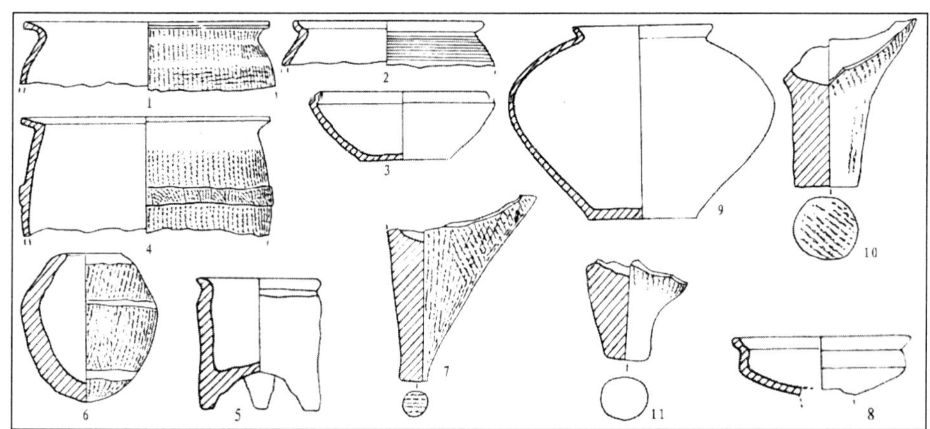

1、5.鬲（T2③b：27、28）　2、6、9.罐（T2③a：22、T2③b：30、T2③b：31）　3.缽（T2③a：25）　4.盆（T2③b：29）　7、10、11.鬲足（T2③a：17、48、11）　8.豆（T2③a：21）

圖 1.1.4-1　含山大城墩遺址第一段器物圖

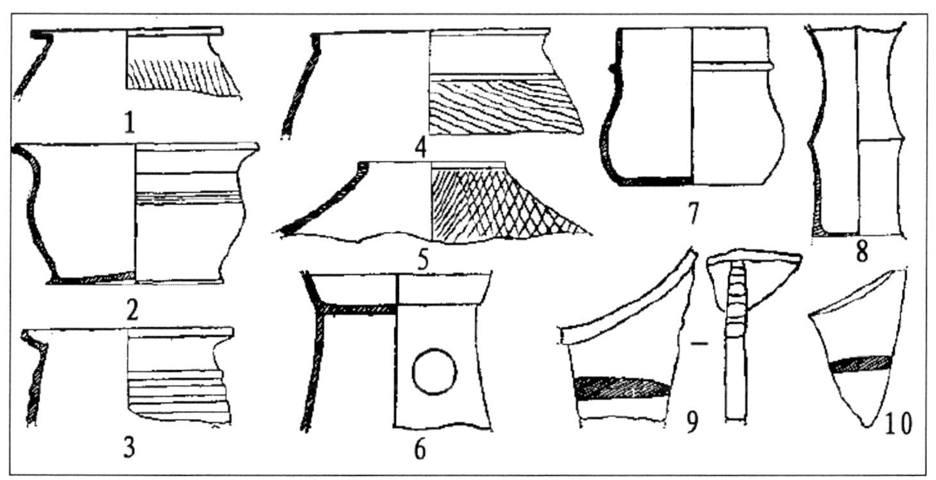

1.鼎（T17⑪：151）　2.碗（T17⑩：201）　3.盆（T17⑪：154）　4.罐（T17⑪：152）　5.甗（T17⑪：150）6.豆（T17⑪：164）　7.尊（T23⑭b：204）　8.杯（T17⑩：202）　9、10.鼎足（T17⑩：133、135）

圖 1.1.4-2　含山大城墩遺址第二段器物圖

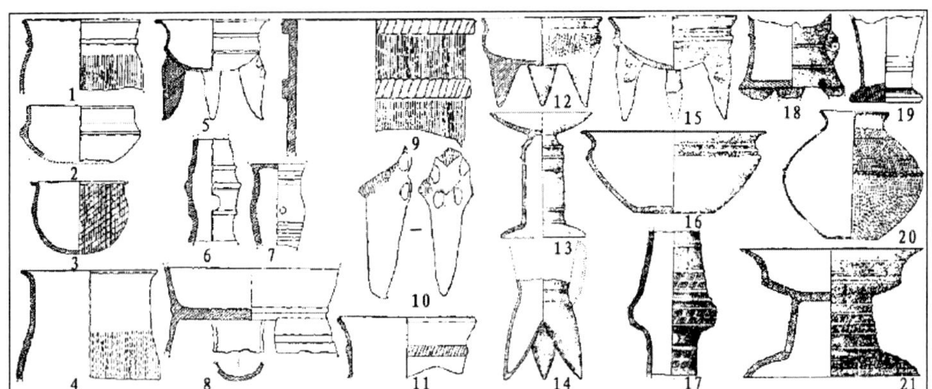

1、3、4.罐（T18⑰：200、T17⑨：215、T18⑰：198）　2.釜（T18⑰：199）　5.鼎（T18⑰：216）　6、7.豆柄（T18⑰：196、T17⑨：184）　8.瓦足器（T17⑨：171）　9.缸（T17⑨：175）　10.鼎足（T17⑨：173）　11.大口尊（T17⑨：181）　12、15.鼎（T1⑥：36、35）　13、17、21.豆（T5⑧：5、T1⑥：2、T5⑧：4）　14.盉（T4⑥：46）　16.盆（T4⑥：11）　18.爵（T4⑥：45）　19.觚（T1⑥：5）　20.甕（T5⑧：15）

圖 1.1.4-3　含山大城墩遺址第三段器物圖

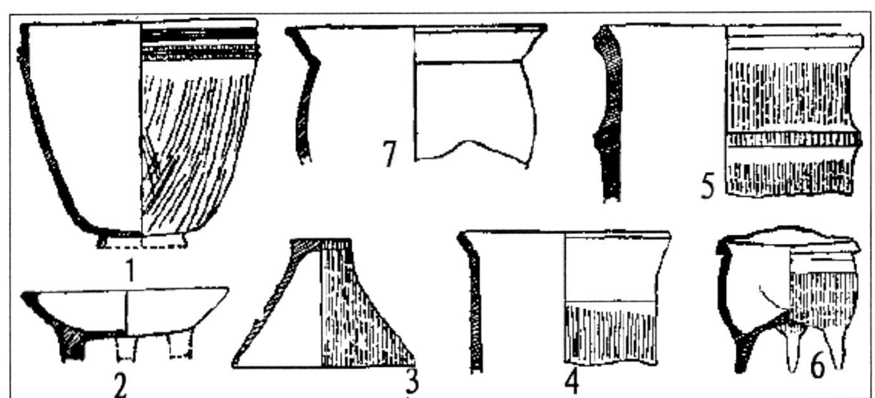

1、5.缸（T18⑮：15、T17⑧：194）　2.三足盤（T17⑧：67）　3.器蓋（T18⑮：227）　4.罐（T17⑧：187）　6.鬲（T18⑮：221）　7.盆（T17⑧：195）

圖 1.1.4-4 含山大城墩遺址第四段器物圖

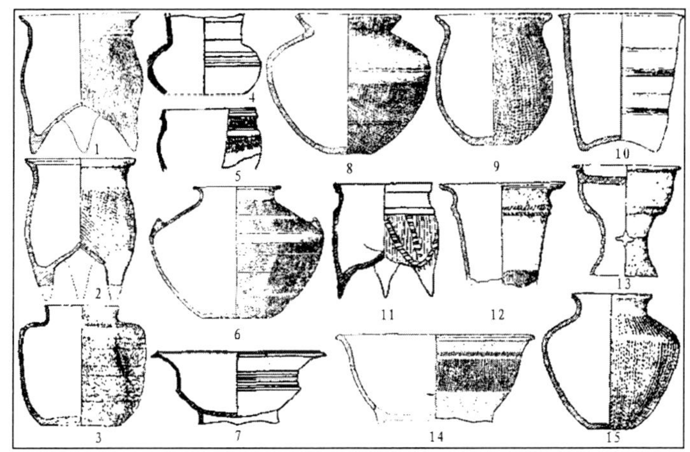

1、2、11.鬲（T5⑦：1、T1⑤：3、T17⑥：222） 3、9.罐（T5⑦：9、T3⑤b：4） 4.壺（T17⑥：225） 5.硬陶罐（T17⑥：226） 6、8、15.甕（T3⑤b：9、T3⑤b：25、T3⑤b：5） 7、13.豆（T17⑥：224、採 10） 10.雙足器（T3⑤b：21） 12.大口尊（T3⑤b：4） 14.簋（T4⑤：40）

圖 1.1.4-5 含山大城墩遺址第五段器物圖

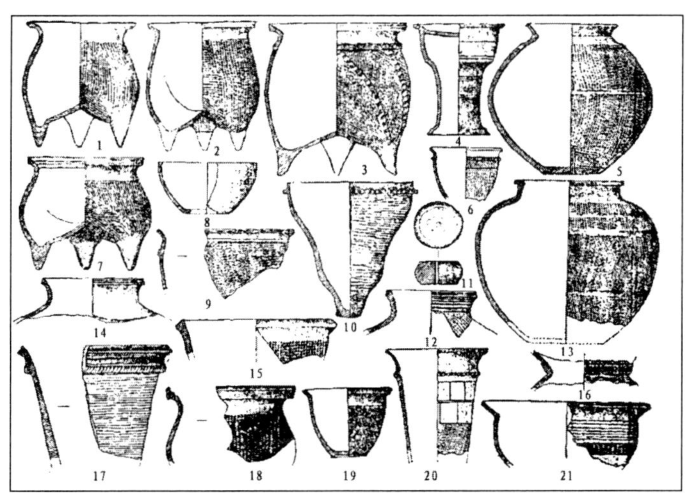

1-3、7.鬲（T3⑤a：51、13、52、10） 4.豆（T3⑤a：12） 5、13.甕（T3⑤a：17、18） 6.甑（T3⑤a：70） 8.缽（T3⑤a：67） 9、12、14、18.罐（T3⑤a：53、54、52、30） 10.坩堝（採 13） 11.紡輪（T3⑤a：5） 15、21.盆（T3⑤a：35、57） 16. 甗（T3⑤a：11） 20.大口尊（T3⑤a：3）

圖 1.1.4-6　含山大城墩遺址第六、七段器物圖

（5、16-20 爲七段，其餘爲六段）

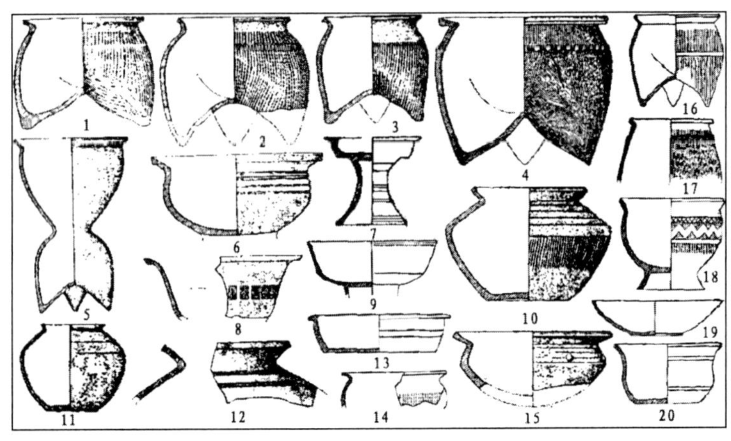

1-4、16.鬲（T4④：4、3、5、T1④：2、T17⑤a：231）　5 甗（T7⑤：12）　6、8、18.簋（T4④：13、37、T17⑤a：241）　7、9.豆（T4④：10、T17⑤b：234）　10-12.甕（T8⑤：1、T4④：19、61）　13、盤（T17⑤b：240）　14.盆（T17⑤b：238）　15.釜（T4④：41）　17.罐（T17⑤a：236）　19.碗（T17⑤a：43）　20.尊（T17⑤a：238）

圖 1.1.4-7　含山大城墩遺址第七段器物圖

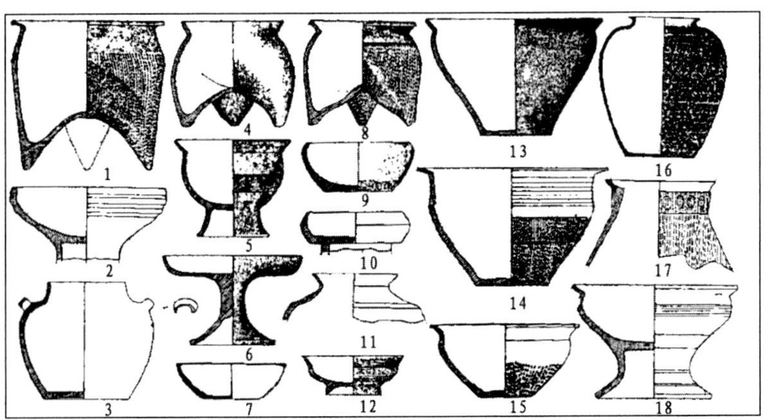

1、4、8.鬲（T7④：2、T3④：17、T5④：20）　2、6、10.豆（T3④：30、T7④：25、T17④：205）　3.罐（T7④：26）　5、18.簋（T3④：20、30）　7.碗（T17④：243）　9.缽（T5④：12）　11、16.甕（T17④：209、T3④：3）　12.原始瓷豆（T3④：7）　13-15.盆（T3④：10、T6④：20、T5④：6）　17.甗（T17④：204）

圖 1.1.4-8　含山大城墩遺址第八段器物圖

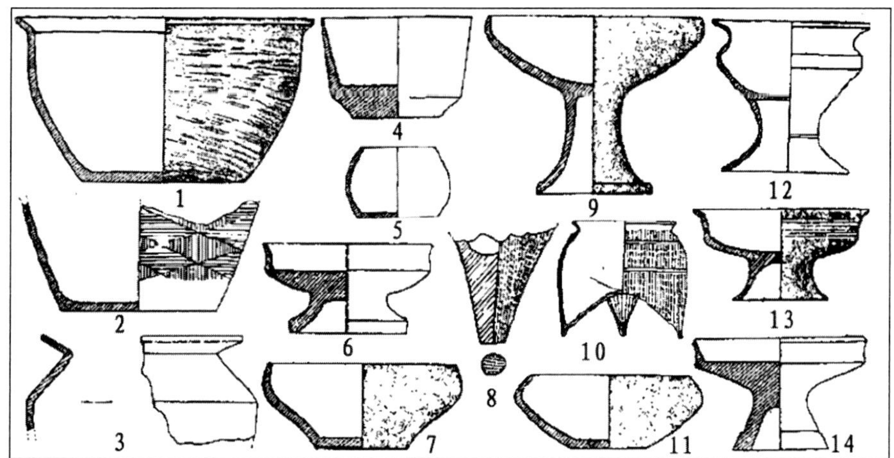

1.盆（T3③：14）　2.印紋硬陶壇（T17③：216）　3.罐（T3③：42）　4.原始瓷盅（T5③：7）　5.盂（T17③：1）　6、13、14.原始瓷豆（T3③：1、T6②：4、T1②：6）　7、11.缽（T3④：28、T3③：11）　8.鬲足（T3③：41）　9.豆（T3③：8）　10.鬲（M12：2）　12.簋（M12：1）

圖 1.1.5-1　肥東古城吳大墩遺址第一期器物圖

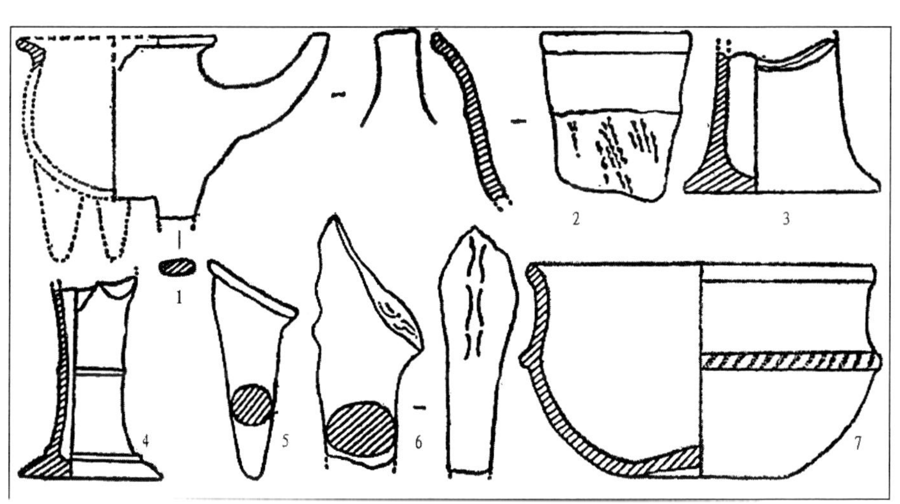

1.帶把鼎（T2⑧：69）　2.尊（T2⑧：86）　3、4.觚（T2⑧：84、83）5、6.鼎足（T2⑧：70、66）7.盆（T2⑧：75）

圖 1.1.5-2　肥東古城吳大墩遺址第二期器物圖

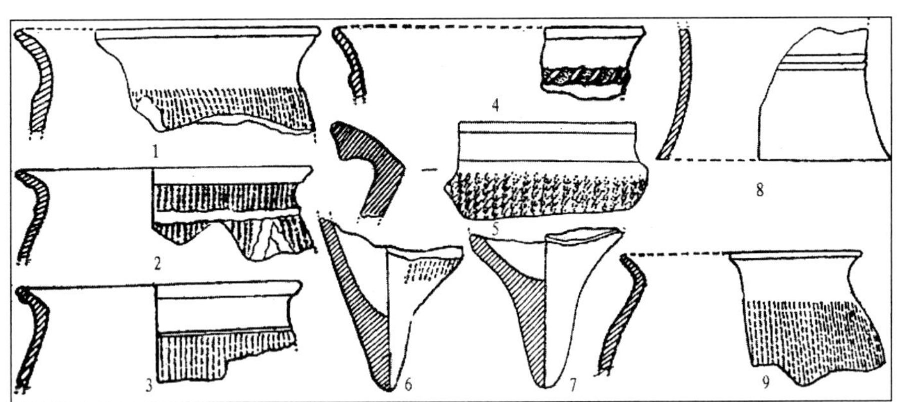

1-3.鬲（T2⑦：102、92、92）　4.大口尊（T2⑦：107）　5、9.罐（T1⑦：94、T2⑦：101）　6、7.鬲足（T2⑦：104、103）　8.豆圈足（T2⑦：59）

圖 1.1.5-3　肥東古城吳大墩遺址第三期器物圖

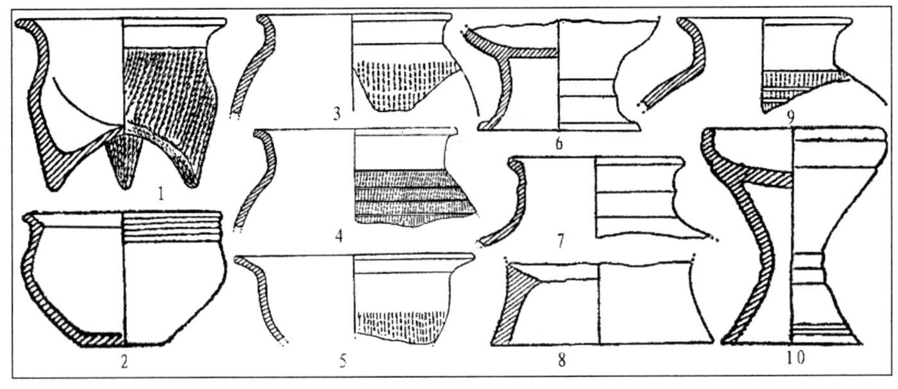

1.鬲（T1⑥：64）　2.碗（T1⑥：13）　3、4、7、9.甗（T1⑥：83、T3⑥：58、T1⑥：76、T1⑥：81）　5、6、8.簋（T1⑥：89、86、T2⑥：49）　10.豆（T3⑦：19）

圖 1.1.5-4　肥東古城吳大墩遺址第四期器物圖

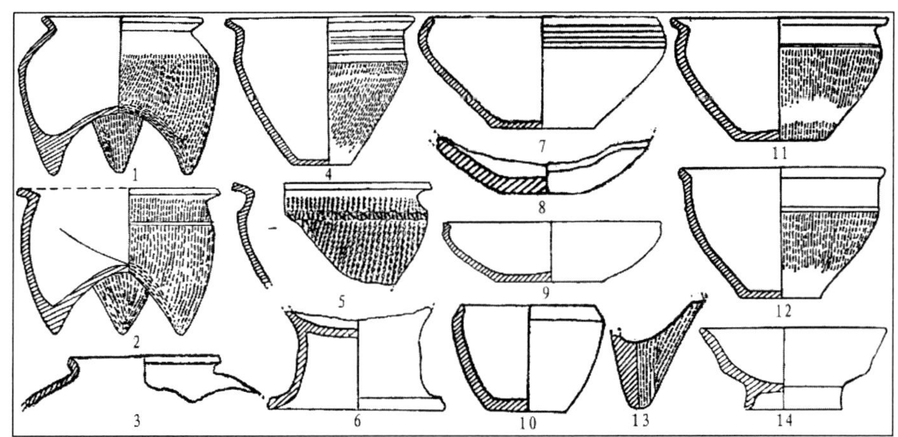

1、2.鬲（T3④：7、T3⑤：15）　3.甗（T3④：30）　4、11、12.盆（T3④：8、T3⑤：36、T3⑤：43）　5.釜（T3⑤：34）　6.簋（T1⑤：54）　7、9、10.缽（T3⑤：37、17、T3④：4）　8.罐（T2④：26）　13.鬲足（T1⑤：62）　14.原始瓷碗（T3④：3）

圖 1.1.5-5　肥東古城吳大墩遺址第五期器物圖

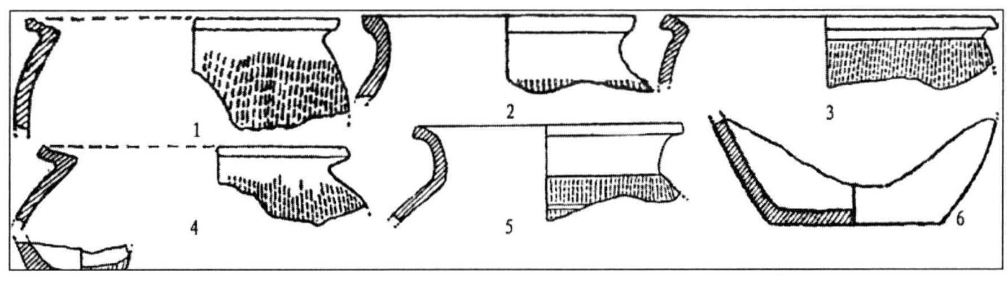

1、3、4.鬲（T2②：11、T3③：21、T2③：16）　2、5.甗（T3③：23、T1③：22）　6.罐（T1②：18）

圖 1.1.6　泗水尹家城遺址岳石文化器物分期圖

（據《中國考古學·夏商卷》445 頁圖改）

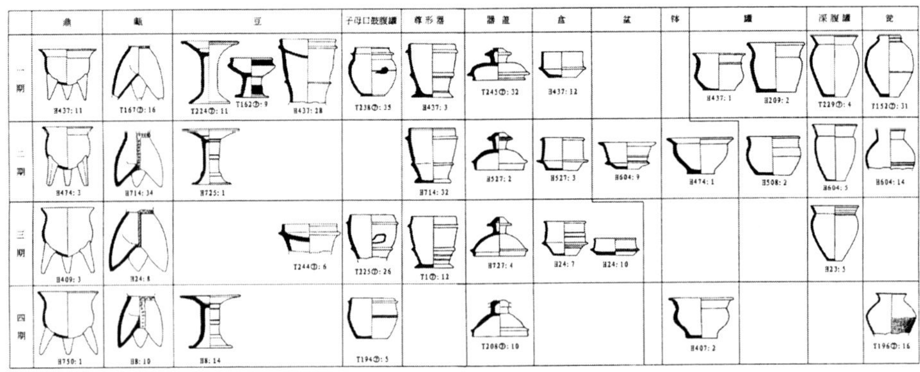

圖 1.1.7　肥西塘崗遺址和尹家城遺址岳石文化早期器物對比圖

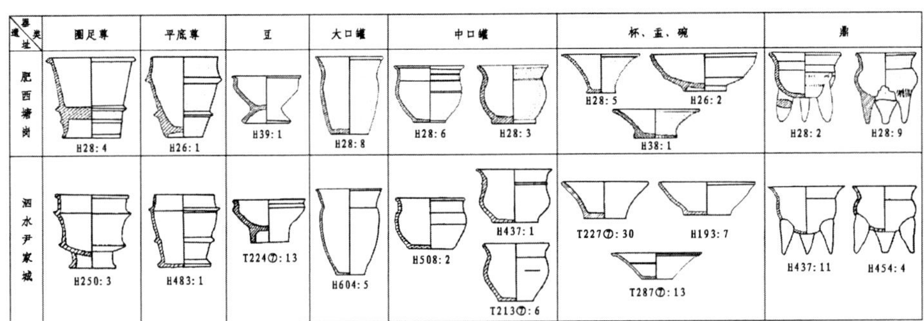

圖 1.1.8　肥西塘崗遺址西周時期器物圖

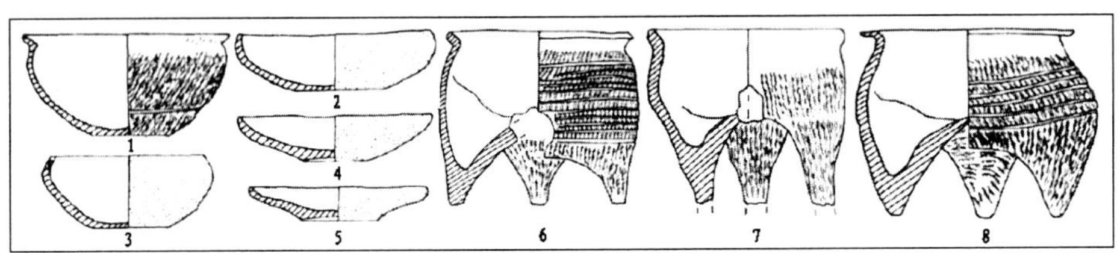

1.盆（H55：5）　2、3.盂（H55：11、12）　4、5.盤（H55：10、6）　6-8.鬲（H55：7、9、8）

圖 1.1.9　六安堰墩遺址器物分期圖

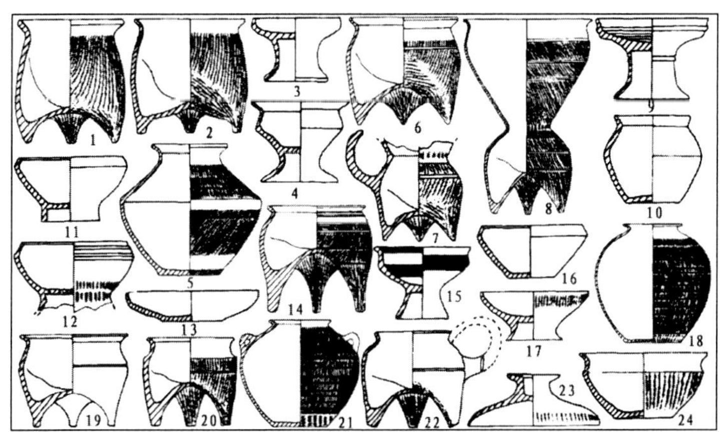

1、2、6、14、19、20、22.鬲（F3：3、11、T606⑦：24、T506②：1、T607⑤：8、T604⑥：6、T605⑤：5）　3、9、15、17.豆（T609⑬：3、T906⑤：7、T707②：3、T706③：2）　4.簋（T1006⑧：10）　5、10、18、21.罐（T907⑩：51、T907⑨：48、T707②：38、T706③：2）　7、12.盉（T906⑧：8、T708⑦：16）　8. 甗（T407⑨：30）　11.碗（T407⑦：6）　13、16.缽（T506②：24、T407⑤：5）　23.器蓋（T707②：2）　24.盆（T408⑤：30）

圖 1.1.10　樅陽湯家墩遺址器物分期圖

（1-16 爲一段；17-25 爲二段；26-37 爲三段）

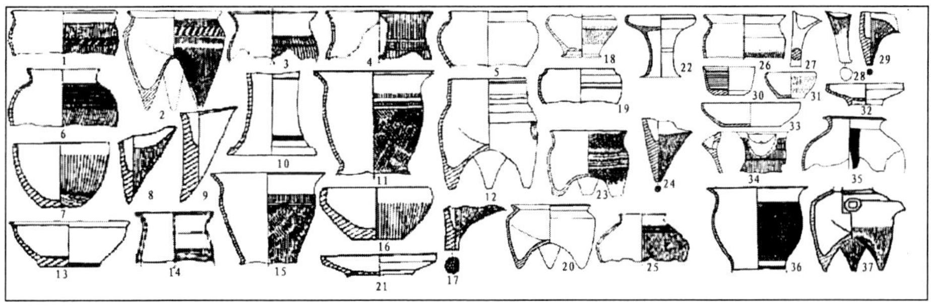

1-4、20、23、26.鬲（T4⑥：9、T6⑨：9、H5：6、T6⑨：16、T3⑥：2、T6⑦：10、T1④：4）　5、6、14、19、25、35.罐（T7⑦：36、T8⑧：25、T6⑨：23、T6⑦：22、T2⑤：12、T7③：42）　7、16、31.缽（T7⑦：15、T4⑥：17、T4③：3）　8、9、17、24、27-29.鬲足（T4⑥：10、T6⑨：17、H3：8、T6⑥：20、T3③：12、T1③：7、T2④：11）　10、21、22、32.豆（T6⑨：24、T8⑥：27、T7⑤：8、T7③：41）　11、15、34、36. 甗（T7⑦：18、H5：7、T4③：15、T7④：33）　12.斝（H5：5）　13.原始瓷碗（T7⑦：13）　18.簋（T5⑥：5）　30.盅（T1⑤：1）　33.盤（T8③：14）　37.盉（採：6）

圖 1.1.11　江浦曹王塍子和儀徵甘草山遺址器物分期圖

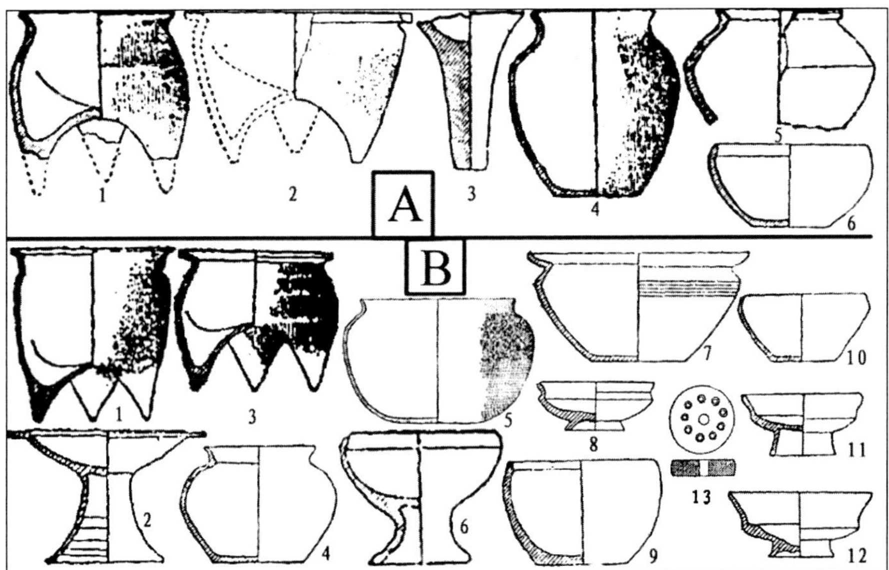

A.江浦曹王塍子 1、2.鬲（T206：④b：5、T2④b：9）　3.鬲足（T2④c：40）　4、5.罐（T2④b：4、T2④a：42）　6.缽（T2④a：3）

B.儀徵甘草山（1、2.一段；3-8.二段；9-12.三段）1、3.鬲（H2：敍、T202④：32）　2、6、8、11、12.豆（H2：敍、T101④：51、48、T202④：12、T202④：8）　4、5.罐（T202④：4、18）　7.盆（T202④：6）　9、10.缽（T202④：2、1）　13.紡輪（T202④：20）

圖 1.1.12　江浦蔣城子遺址器物分期圖（1-12 爲早段；13-25 爲晚段）

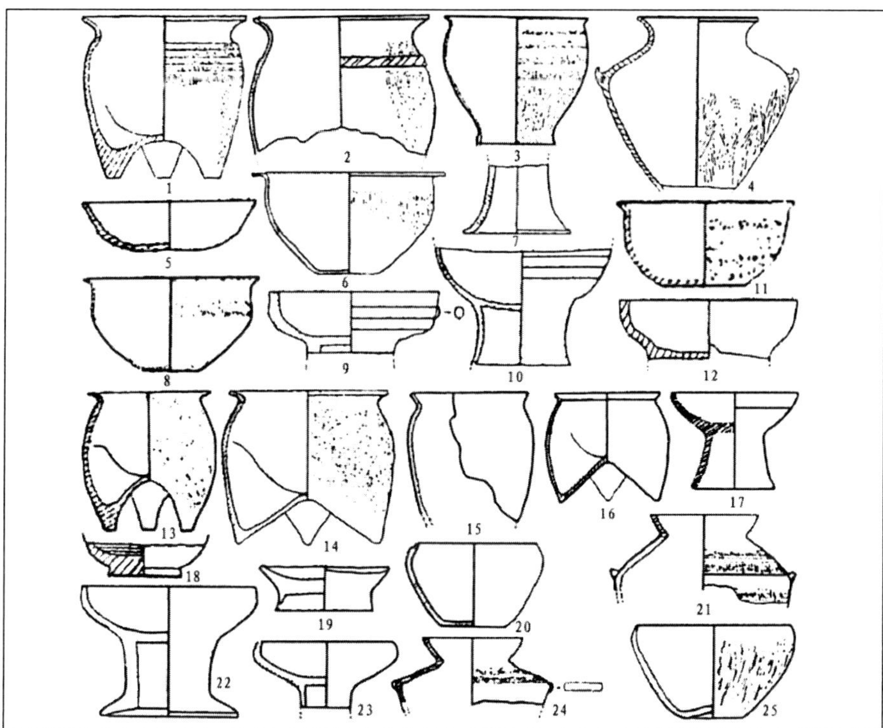

1、2、13-16 鬲（T201⑨：2、T106⑧a：5、T102⑥：8、T108③：5、T01④：8、T10⑥：9）． 3.甗（T202⑧：1） 4.罍（T106⑧a：5） 5、6、8、11.盆（T106⑦：1、T106⑧a：2、T202⑨：1、T206⑥：3） 7、9、12、17、22、23. 豆（T106⑧a：3、T103⑧：2、T203⑧：2、T205④：2、T201⑤：3、T107④：4） 10、19.簋（T106⑧a：4、T102⑥：6） 18.原始瓷碗（T206④：5） 20、25.缽（T102⑥：5、T02⑤：7） 21、24.罐（T103：⑤：5、T102⑥：7）

圖 1.1.13　岳石文化早晚器器物對比圖（引自《泗水尹家城》）

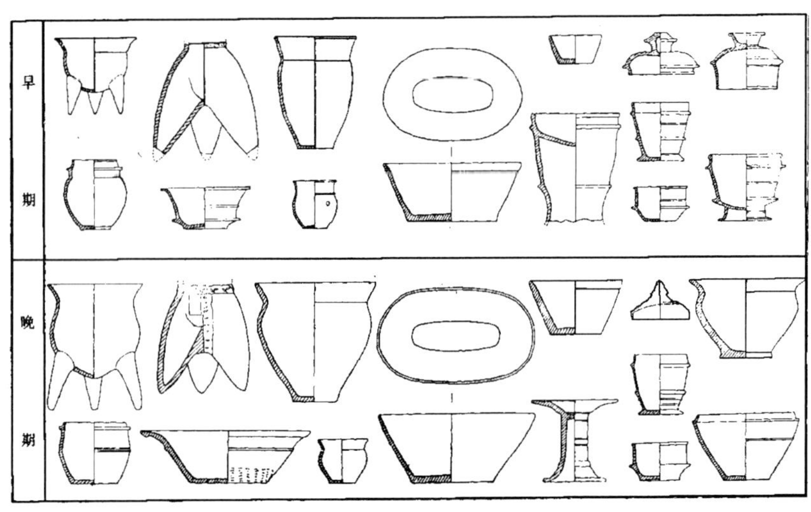

圖 1.1.14　高郵周邶墩遺址器物圖

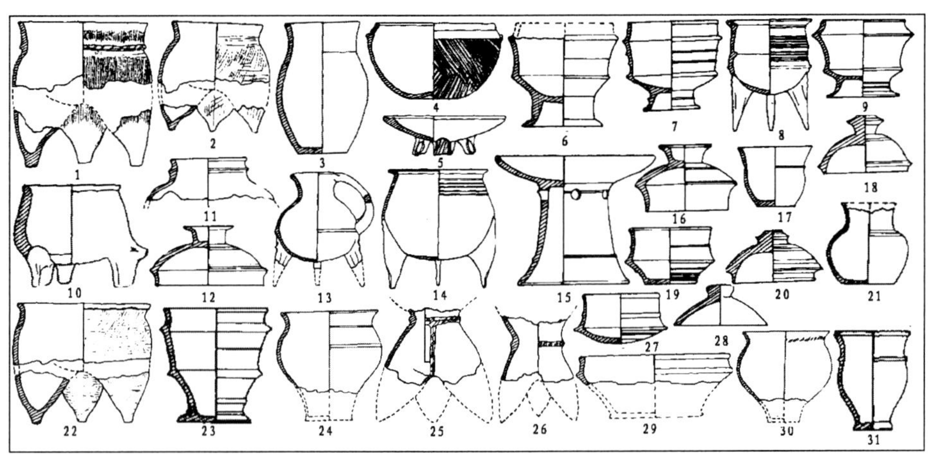

1、2、22.鬲（H10：23、25、H3：1）　3.中口罐（H10：3）　4.盆（H10：18）　5.三足缽（T1212②：10）　6、7、9、23.尊（H10：11、22、T0911②：2、H4：1）　8、25、26. 甗（T1212②：5、採 9、8）　10、14、鼎（H10：6、T1212②：7）　11、21、高領罐（H10：36、採 02）　12、16、18、20、28.器蓋（H10：8、4、H4：2、H10：13、採 029）　13 鬶（T1212②：11）　15.豆（T1011②：5）　17、24、30、31.大口罐（H10：7、H4：5、H12：3、採 03）　19、27.盒（H10：12、T0911②：3）　29.盂（採 7）

圖 1.1.15　潛山薛家崗遺址第一段器物圖

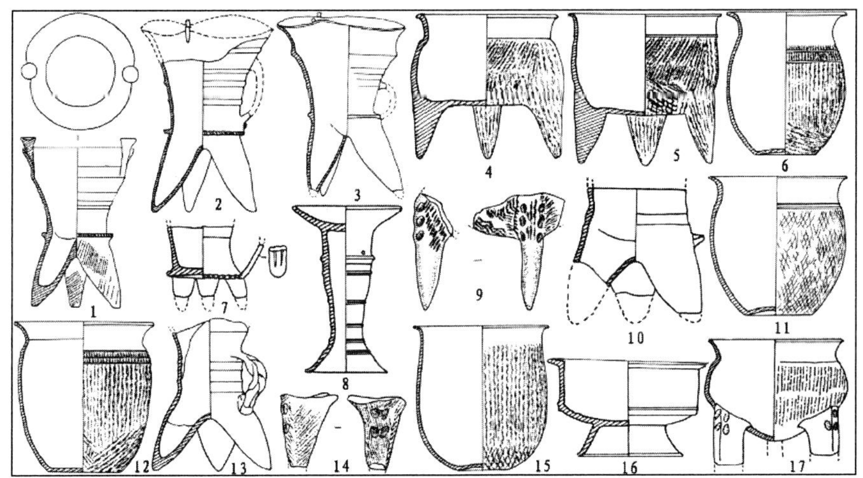

1-8、12.H25：90-1、90-3、90-2、111、88、113、100、93、101　9、17. H30：62、34　10.T35③：4　11.T7②：9　13.H37：3　14、15.H35：31、4　16.K2：2

圖 1.1.16　六安西古城遺址器物圖

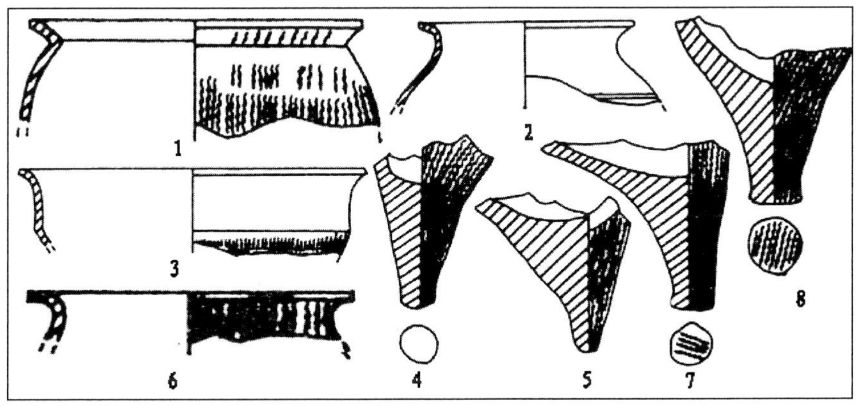

1、6.鬲（T1③：28、T1①b：18）2.罐（T1③：23）3.盆（T1③：26）4、5、7、8.鬲足（T1③：40、39、T1①b：12、35）

圖 1.1.17　六安眾德寺遺址器物分段圖

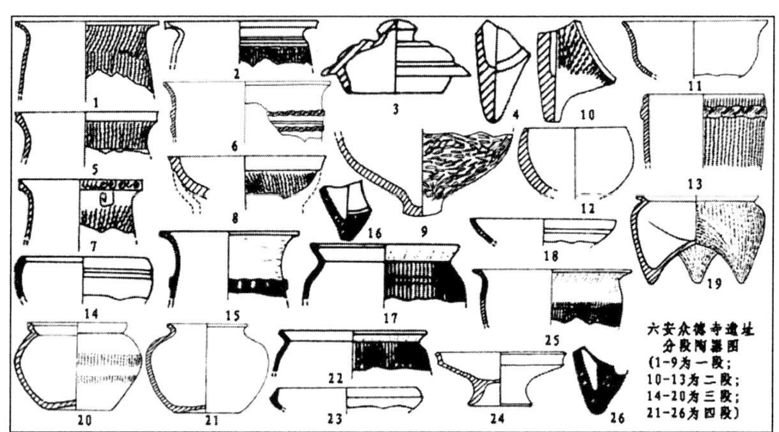

1、2、5、7、17、19、22.鬲（T1⑪：22、70、T1⑩：27、30、T1⑦：45、M1：2、T1⑤：52）　3.器蓋（T1⑪：25）　4、10、16、26.鬲足（T1⑩：23、T1⑨：35、T1⑥：49、T1⑤：53）　6、15.尊（T1⑪：21、T1⑥：50）　8.假腹豆（T1⑩：31）　9、13.缸（T1⑩：64、T1⑨：36）　11、25.盆（T1⑧：41、T1⑤：58）　12、14、23.缽（T1⑧：39、T1⑦：48、T1⑤：59）　18、24.豆（T1⑥：51、M2：1）　20、21.罐（M1：2、M2：2）

圖 1.1.18　壽縣繡鞋墩遺址器物圖

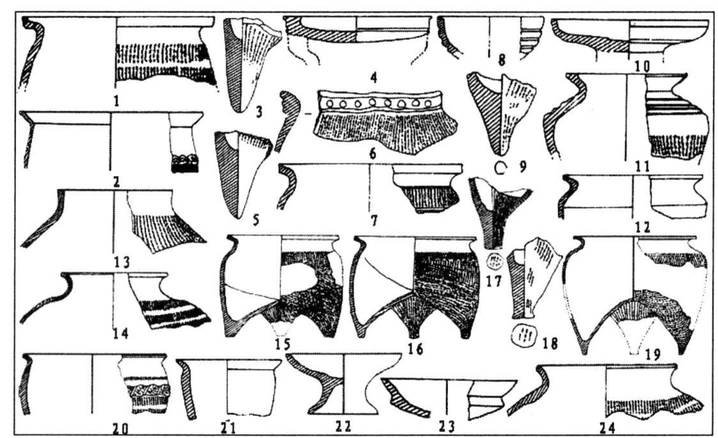

1、7、15、16、19、21.鬲（T1⑥：101、T1⑤：23、T1④a：6、T1④b：100、T1②：9、T1③：65）　2、20.盆（T1⑥：11、T1③：58）　3、5、9、17、18.鬲足（T1⑥：12、102、T1⑤：110、T1④b：24、T1②：48）　4.假腹豆（T1⑥：21）　6.甗（T1⑤：63）　8、10、22、23.豆（T1⑤：105、T1⑥：60、T1②：1、T1③：76）　11、12.折肩罐（T1⑤：20、T1④a：35）　13、14、24.甕（T1④a：38、T1④b：27、T1③：46）

圖 1.1.19　鹽城龍崗商墓器物圖

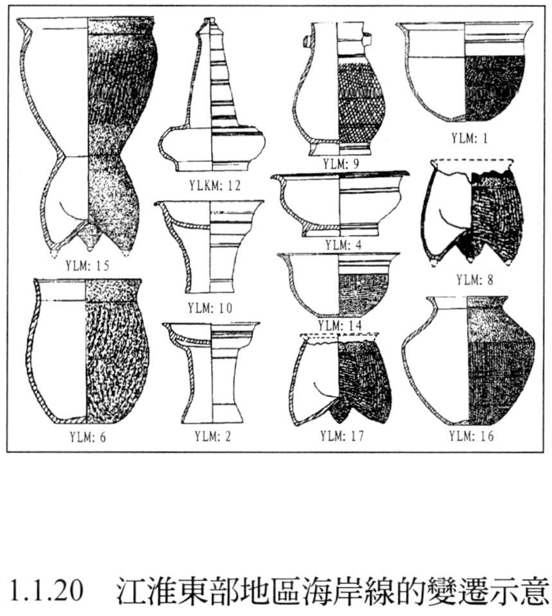

圖 1.1.20　江淮東部地區海岸線的變遷示意圖

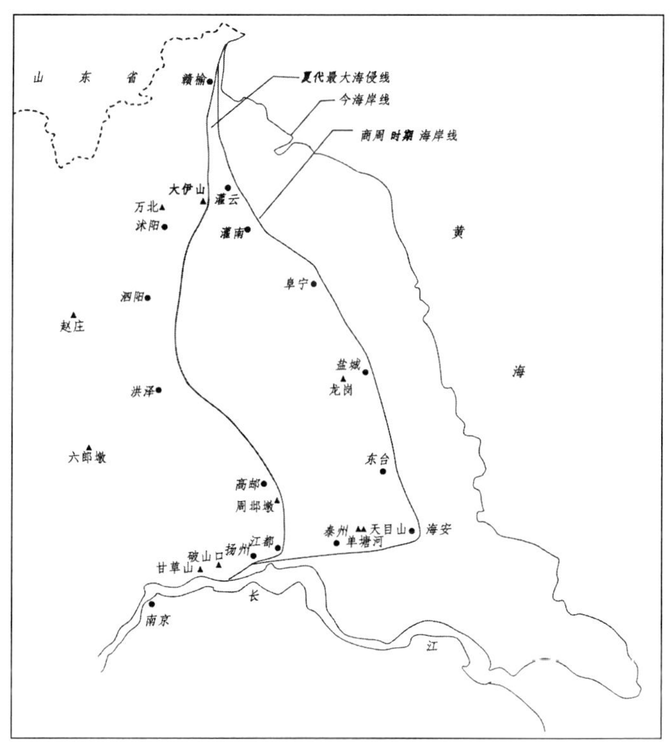

圖 1.1.21　鬥雞臺文化分期圖

	鼎	罐	尊形器	盆	豆	三足盘	觚	爵
一期								
二期								
三期								
四期								

圖 1.1.22　鬥雞臺文化與河南龍山文化、二里頭文化和岳石文化器物對比圖

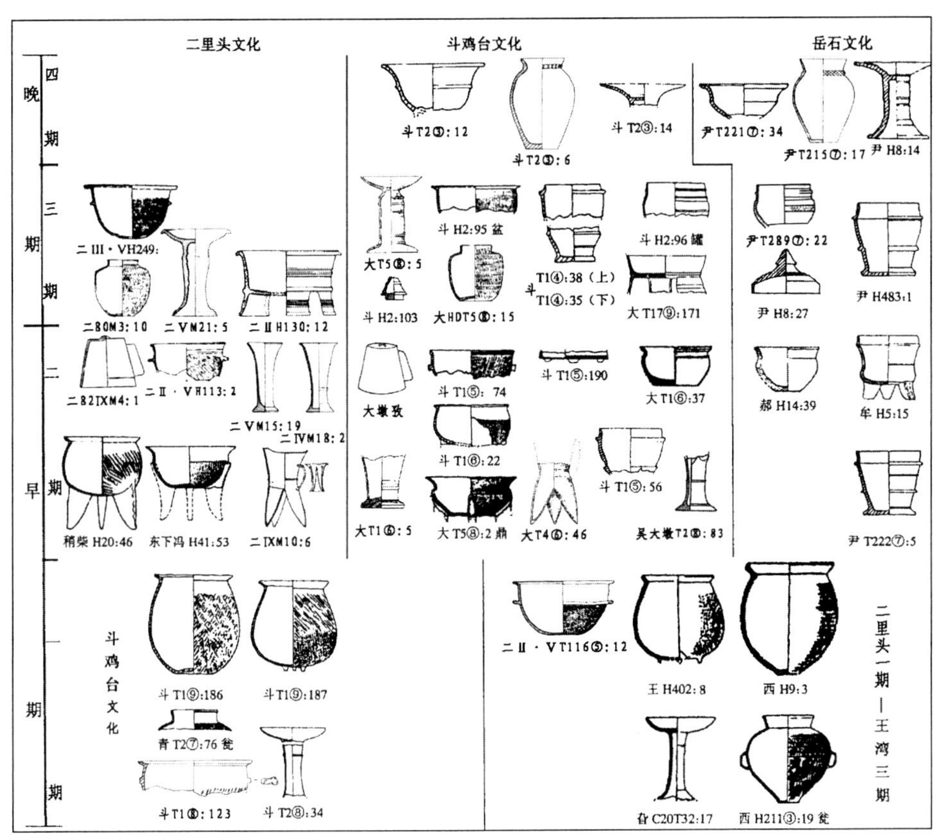

圖 1.1.23　薛家崗遺址、盤龍城遺址和大城墩遺址二里頭文化因素對比圖

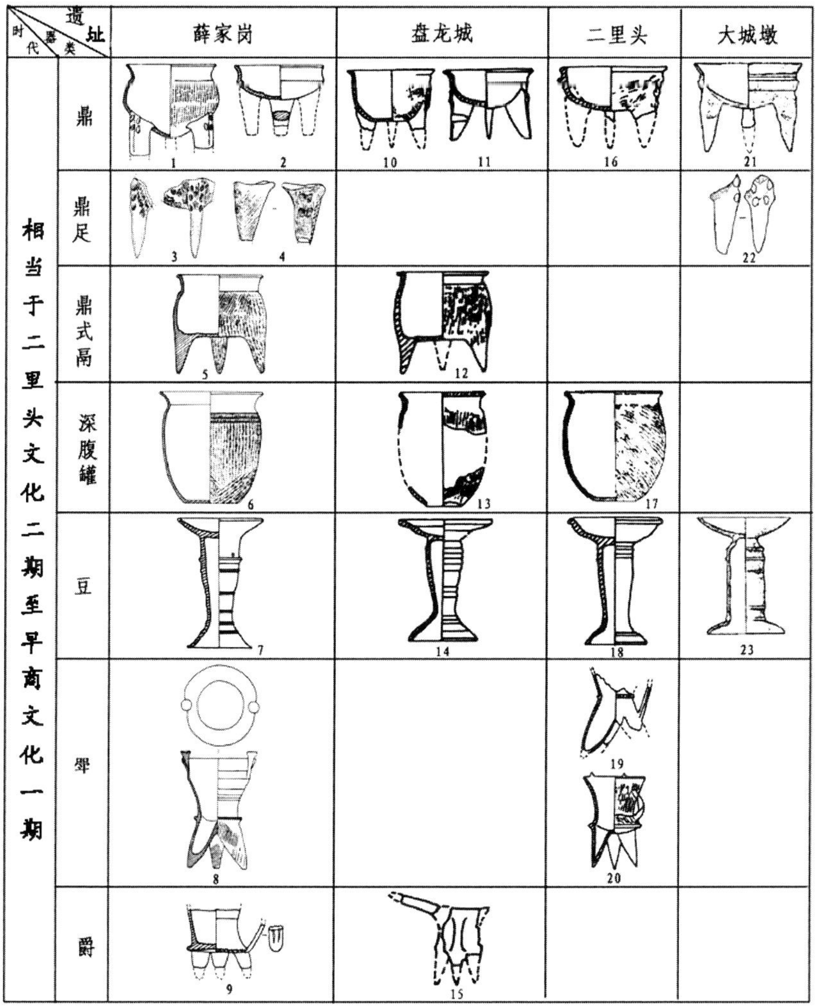

时代	器类＼遗址	薛家岗	盘龙城	二里头	大城墩
相当于二里头文化二期至早商文化一期	鼎	1　2	10　11	16	21
	鼎足	3　4			22
	鼎式鬲	5	12		
	深腹罐	6	13	17	
	豆	7	14	18	23
	斝	8		19　20	
	爵	9	15		

1. H30：34　2.採 4　3.H30：62　4.H35：31　5.H25：111　6. H25：101　7.H25：93　8.H25：9-1　9.H25：100　10.79HP3TZ33⑨a：7　11.PWZT31⑧：1　12.PWZT32⑧：21　13.79HP3TZ33⑨a：1　14.PWZT83⑦：3　15.PWZT84⑦：3　16.ⅢT14④：2　17.IXT10⑦：1　18.81YLVM5：3　19.ⅤT13c⑤：2　20.二里頭遺址採集　21.T1⑥：35　22.T17⑨：173　23.T5⑧：5

圖 1.1.24　鬥雞臺文化諸類型器物圖

（據王迅《東夷文化與淮夷文化研究》改制）

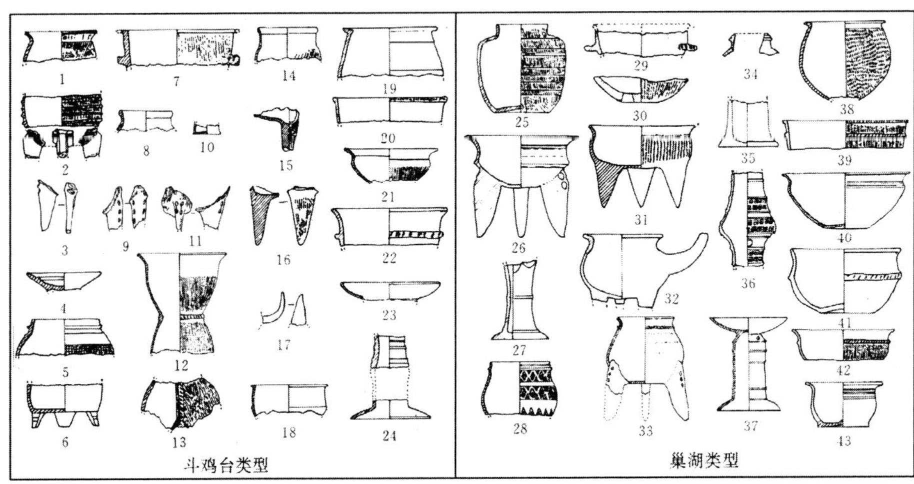

1、3、8、9、11-15、17、18、21、23.（壽縣鬥雞臺 T1⑤：57、53、T1④：40、33、T1⑤：50、H2：104、181、T1④：39、T1⑤：47、T1⑨、T1⑤：70、71、T1⑥：101）　2.（霍邱小堌堆）　4、6.（霍邱紅墩寺 T1③、T3③C）　5.（淮南獐墩）　7.（霍邱樓城子）　10、20.（壽縣青蓮寺 T2⑥：56、T2⑦：80）　16.（壽縣虮　蠟廟採）　19.（六安東城都）　22.（淮南翻嘴頂）　24.（壽縣釣魚墩、小古城採）　25、26、28-31、33、34、36-40、42、43.（含山大城墩 T5⑧：15、T18⑰：216、T17⑥：226、T17⑨、T19⑨、T5⑧：3、1、T17⑨、T1⑥：2、T5⑧：5、T17⑨、T17⑨、T4⑥：11、T17⑨、T17⑩：201）　27、32、35、41.（吳大墩 T2⑧：83、69、84、75）

圖 1.1.25-1　江淮之間二里頭文化早、晚期遺存分佈及分區圖

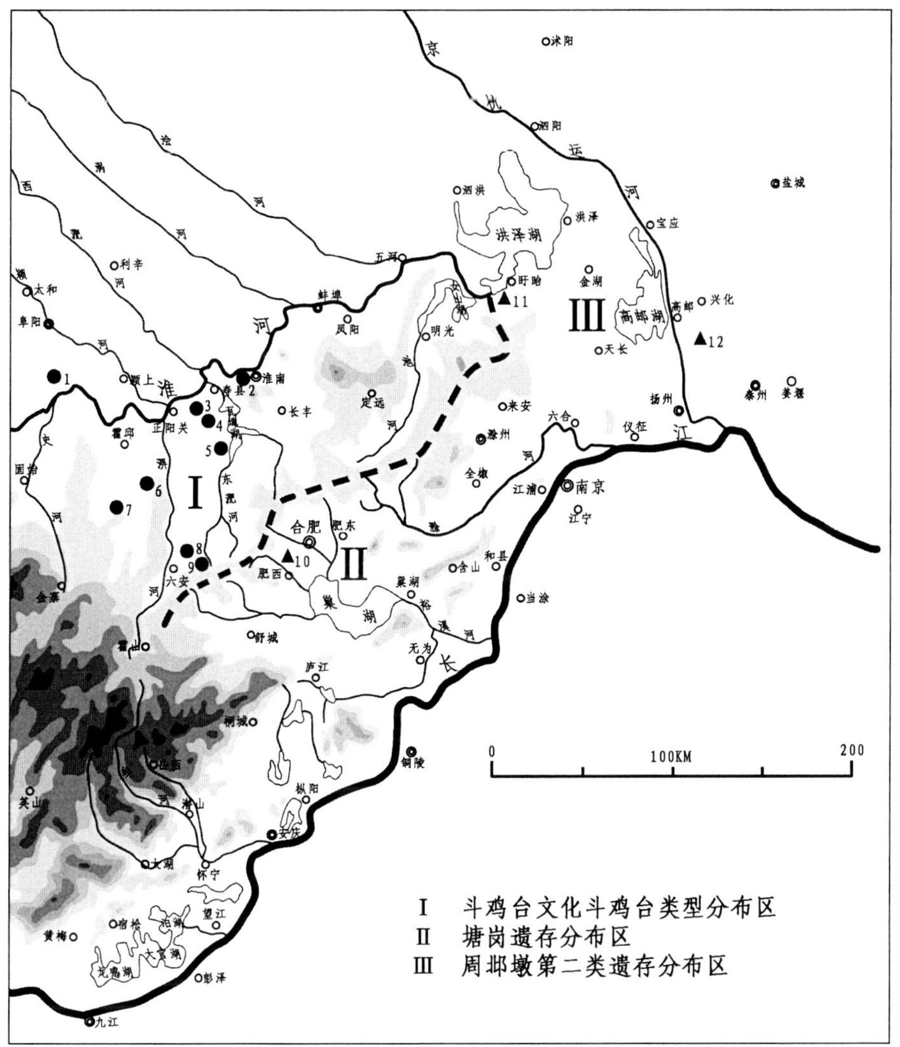

1-9.阜南賀勝臺、淮南獐墩、壽縣鬥雞臺、虯　蠟廟、青蓮寺、霍邱樓城子、紅墩寺、六安西古城、城都遺址　10.肥西塘崗遺址　11、12.盱眙六郎墩、高郵周邶墩遺址

圖 1.1.25-2　江淮之間二里頭文化晚期遺存分佈及分區圖

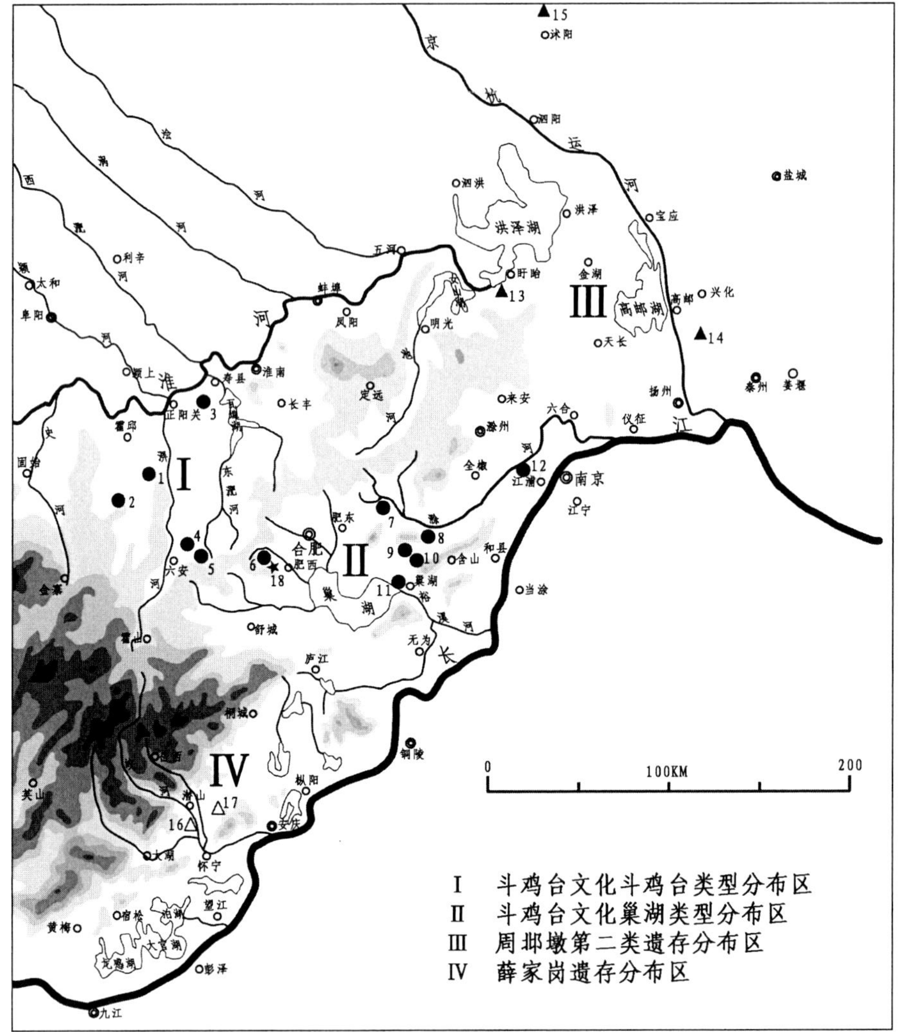

1-5. 霍邱樓城子、紅墩寺、壽縣鬥雞臺、六安西古城、城都遺址　6-12.肥西大墩子、肥東吳大墩、含山大城墩、半湖董城、青溪中學、巢湖廟集大城墩、江浦牛頭崗遺址　13-15.盱眙六郎墩、高郵周邶墩、沭陽萬北遺址　16、17.潛山薛家崗、懷寧黃山遺址　18.二里頭文化銅鈴出土地點

圖 1.1.26　江淮之間中部商文化分期圖

分期＼器名	鬲	盆	缸	瓮	豆	大口尊	簋
一期	众德寺T1⑪:22	大城墩T17⑧:195	大城墩T18⑲:15 淮南柳黄墩采			众德寺T1⑪:21	
二期	大城墩T1⑦:3		大城墩T17⑥	大城墩T3⑦b:25	众德寺T1⑩:31 大城墩采:10	大城墩T3⑦b:4	大城墩T4⑩:40 霍邱绣鞋寺T2⑤
三期	大城墩T3⑤a:13	大城墩T3⑤a:57	众德寺T1⑨:36	大城墩T3⑤a:17	大城墩T3⑤a:12 大城墩T3⑤a:71	大城墩T3⑤a:3	
四期	大城墩T4⑥:5	大城墩T4⑥:41		大城墩T8⑤:1	大城墩T4⑥:10		大城墩T4⑥:37

圖 1.1.27　江淮之間中部商文化與中原商文化銅器對比圖

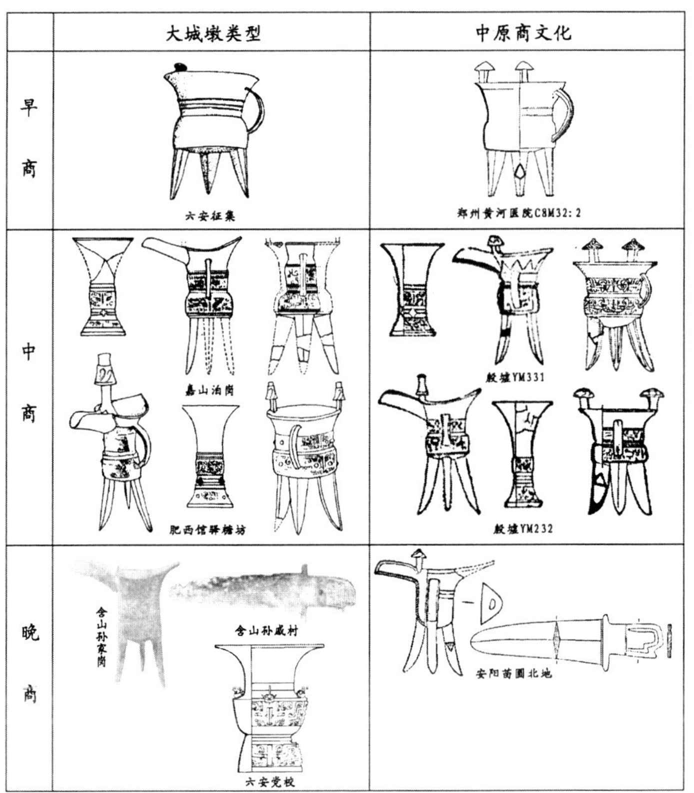

圖 1.1.28　江淮之間西部薛家崗商遺存分期圖

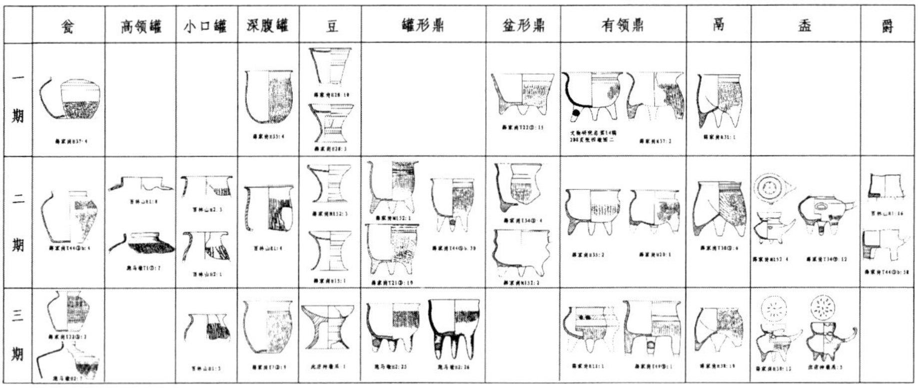

	瓮	高领罐	小口罐	深腹罐	豆	罐形鼎	盆形鼎	有领鼎	鬲	盉	爵
一期											
二期											
三期											

圖 1.1.29　大城墩類型、盤龍城類型、吳城類型、薛家崗商遺存、中原商文化器物對比圖

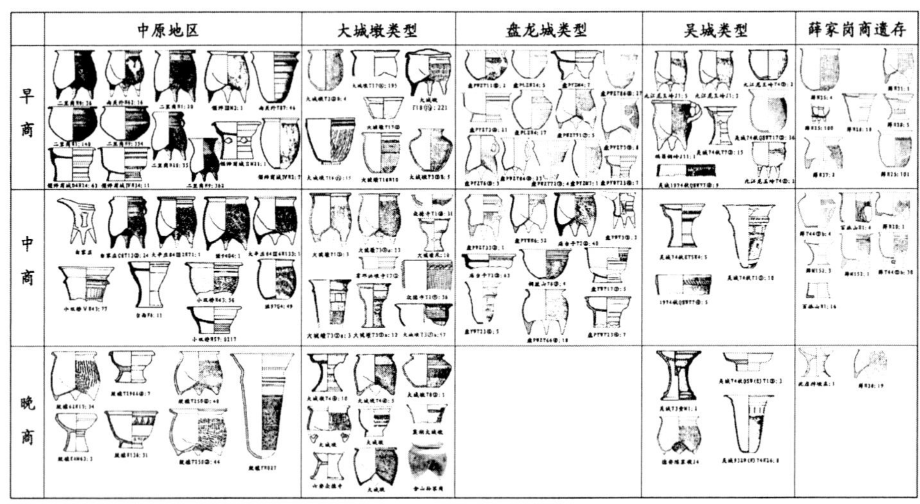

圖 1.1.30　江淮之間中部商文化諸類型器物圖

（據王迅《東夷文化與淮夷文化研究》改制）

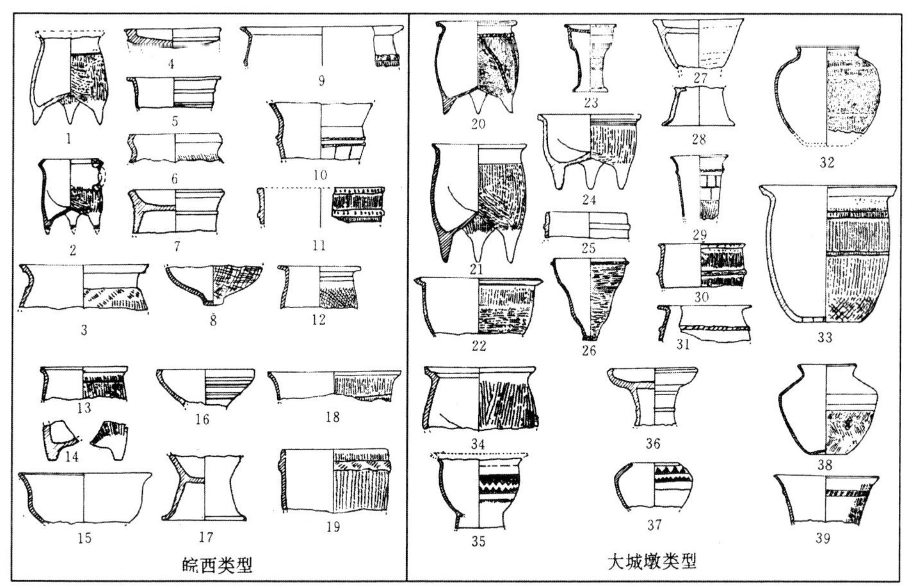

1、2.（六安謝後大墩子）　3、11.（淮南翻嘴頂）　4、9、13.（霍邱繡鞋墩 T1⑥：21、11、T1⑤：103、5、12.霍邱紅墩寺 T2③）　6、8、14、15、17、18、19.（六安眾德寺 T1⑩：29、64、T1⑨：35、T1⑧：41、採集、T1⑧：42、T1⑨：36）　7.（霍邱古城寺）　10.（六安東城都）　16.（壽縣禹臨寺）　20-36、38.含山大城墩（T3⑤A：52、T1⑤：12、T17⑥、T3⑤A：12、T18⑮、T17⑧、採 13、T17⑥、T17⑥、T3⑤A：3、T17⑥、T17⑧、T3⑤A：18、T18H10、T3⑤：54、T17⑥、T3⑤：71、T3⑤：1）　37.（滁州濮家墩）　39.（巢湖廟集大城墩）

圖 1.1.31-1　江淮之間早中商時期遺存分佈及分區圖

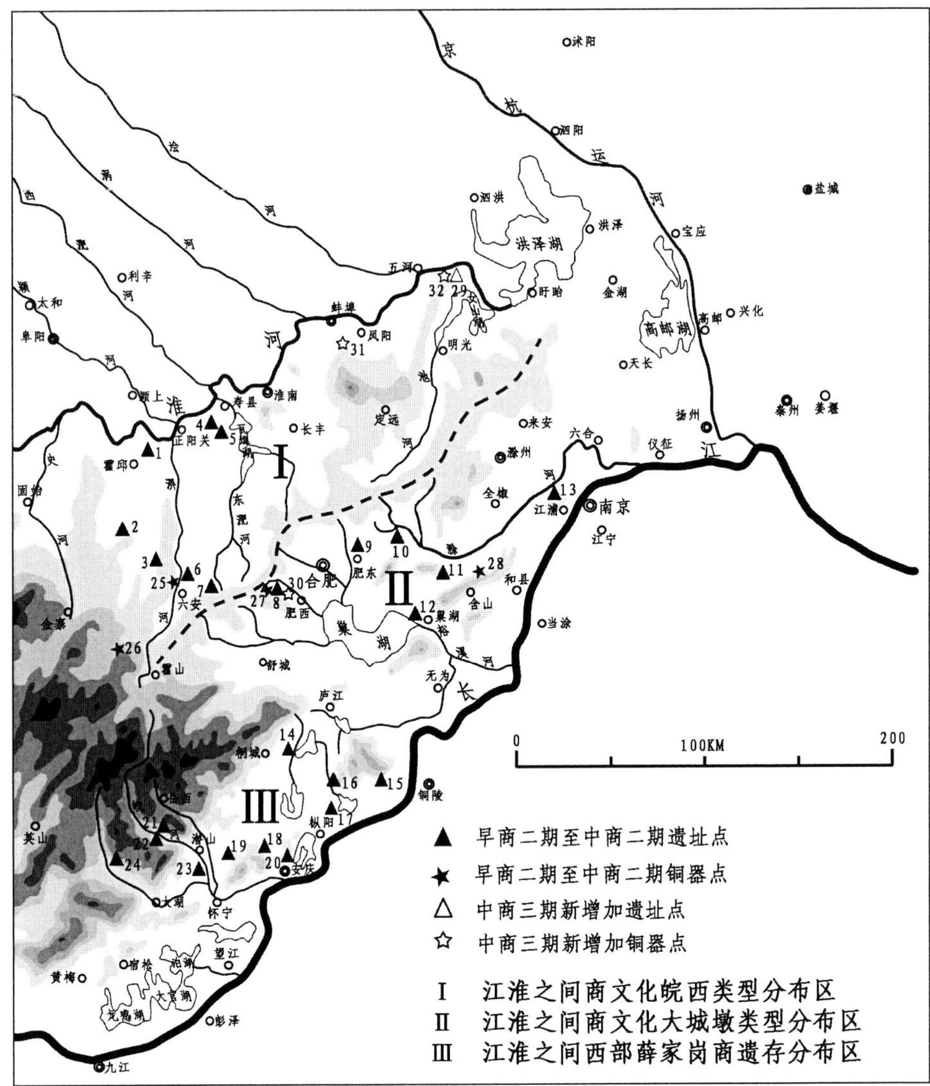

1-24：霍邱繡鞋墩、霍邱紅墩寺、六安謝後大墩子、壽縣鬥雞臺、壽縣虮蠟廟、六安廟臺、眾德寺、肥西大墩子、烏龜灘、吳大墩、含山大城墩、巢湖廟集大城墩、江浦牛頭崗、桐城丁家沖、樅陽湯家墩、小北墩、毛園神墩、懷寧跑馬墩、百林山、安慶張四墩、嶽西蟹形包、鼓形包、潛山薛家崗、嶽西窯形包遺址

25-28：六安觚、斝；霍山斝；肥西戈、斝；含山觚、戈

29： 明光泊崗遺址

30-32： 肥西爵、觚、斝；蚌埠爵；明光爵、觚、斝、罍

圖 1.1.31-2 江淮之間晚商時期遺存分佈及分區圖

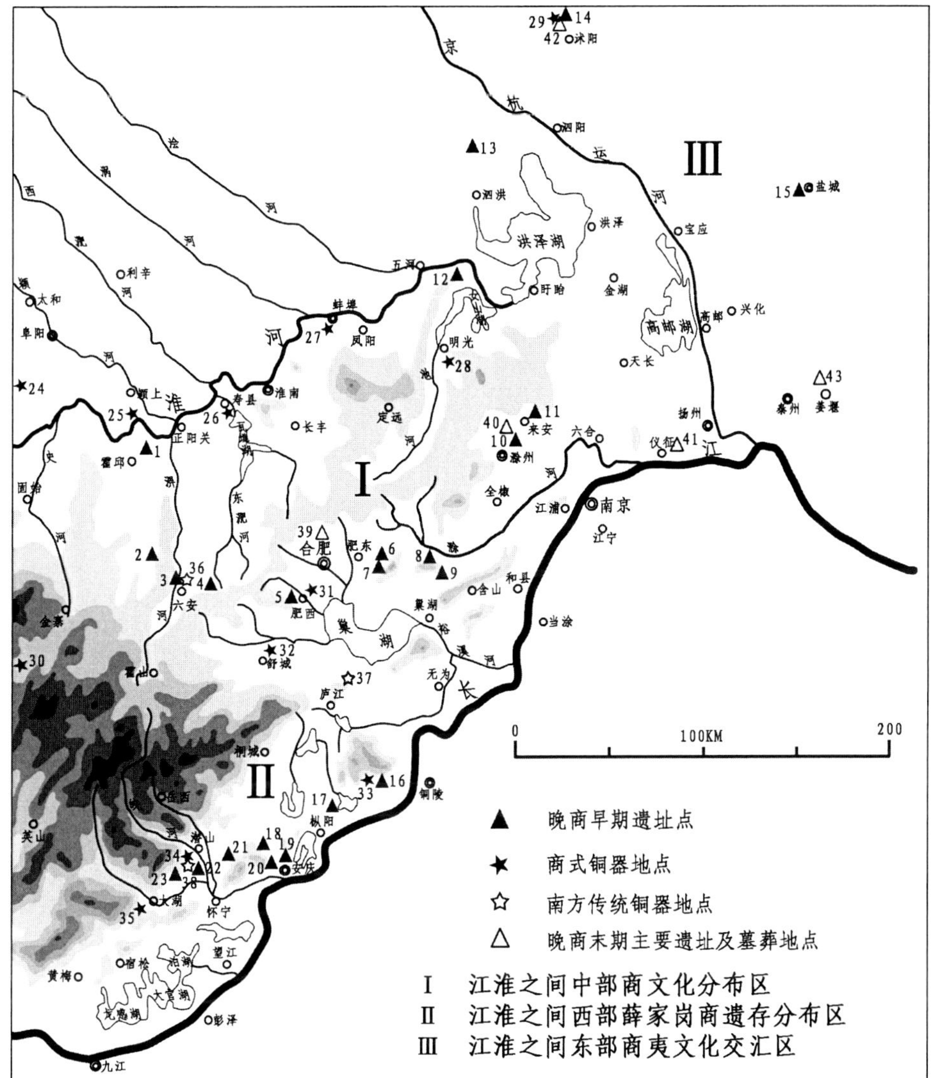

1-12：霍邱繡鞋墩、六安謝後大墩子、城墩、眾德寺、肥西陡崗、肥東大陳墩、大城頭、含山孫家崗、大城墩、滁州卜家墩、來安頓丘、明光泊崗遺址　13-15：泗洪趙莊遺址、沭陽萬北遺址和墓葬、鹽城龍崗墓葬　16-23：樅陽湯家墩、毛園神墩、懷寧跑馬墩、安慶張四墩、芭茅神墩、懷寧百林山、潛山薛家崗、太湖王家墩遺址

24-35：阜南龍虎尊、饕餮紋尊、鬲、獸面紋爵、觚、斝；潁上縣「酉」銘爵、「月己」銘爵、「父丁」銘爵；壽縣斝；蚌埠分襠銘文鼎、斝；明光鬲；沭陽萬北戈、矛、鏟、錛；金寨「父乙」銘鬲、「父癸」銘爵、尊；肥西「父

丁」銘觚、「戈」銘爵；舒城「父辛」銘爵、觚；樅陽方彝；灊山 1912 年尊；太湖「父辛」銘爵

36-38：六安尊；廬江獸面紋鏡；灊山獸面紋鏡

39-43：合肥煙大古堆、滁州何郢、儀徵甘草山、沭陽萬北墓葬、姜堰天目山、單塘河遺址

圖 1.1.32　江淮之間北部淮河流域區西周時期器物分期圖

	鬲足	鬲	罐	豆	簋	盆
西周早期	绣鞋墩T1⑤:110			绣鞋墩T1⑤:60	堰墩T1006⑧:10	斗鸡台T1②:3
西周中期	绣鞋墩T1④b:24	绣鞋墩T1④b:100 众德寺M1:1	众德寺M1:2	堰墩T906⑤:7 众德寺T1⑥:51		青莲寺T2④:39
西周晚期	绣鞋墩T1②:48	绣鞋墩T1②:9 青莲寺T2⑤b:28	众德寺M2:1 青莲寺T2⑤b:31	众德寺M2:2 绣鞋墩T1②:1	堰墩T707②:3	绣鞋墩T1①:58

圖 1.1.33　江淮之間西部長江流域區西周時期器物分期圖

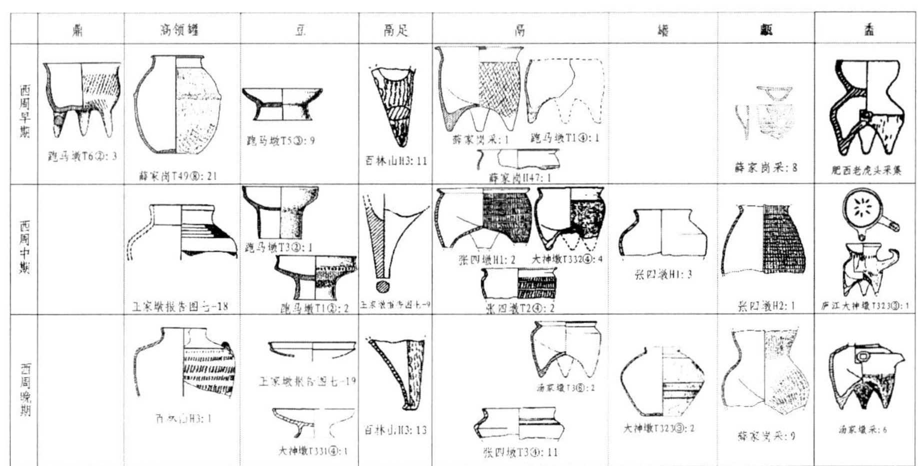

圖 1.1.34　何郢遺址器物分期與文化因素分組圖

	中原西周文化因素	山东地区东夷文化因素	地方文化和吴文化因素
商末西周早期	1 2 3 4 5 6	7 8 9	10 11
西周中期	12 13 14 15 16 17	18 19 20 21	22 23 24 25
西周晚期	26 27 28 29 30	31 32	33 34 35 36 37

1、5、7、12、13、18、20、21、22、24-26、31、32、35、36.鬲（T1105⑫：40、T1005⑪：43、T0805⑪：30、T0805⑩：40、T1004⑨：57、T0904⑧：19、T1004⑧：30、T1005⑧：37、T0605⑥：26、T0905⑩：36、T1004⑥：45、T1005③：30、T0705②：9、T1005④：41、T1007⑥：10、T0505③：24）　2、8、9.甗（T0805⑫：55、T1004⑪：61、T1004⑪：63）　3、6、27.罐（T0805⑫：14、T0805⑫：32、T0906④：25）　4、16、17、19、28、30.簋（T1104⑬：44、T1104⑨：35、T0605⑩：30、T1105⑨：39、T0907②：25、T1005④：46）　10.豆（T0905⑪：39）　11、14、15、23、29.盆（T1004⑪：64、T0704⑨：14、T0804⑥：17、T0805⑨：24、T1005②：29）　33、34、37.硬陶紋飾（T0506②：11、T0905③：57、T0504④：31）

1.1.35　江淮之間南部滁河流域區西周時期器物分期圖

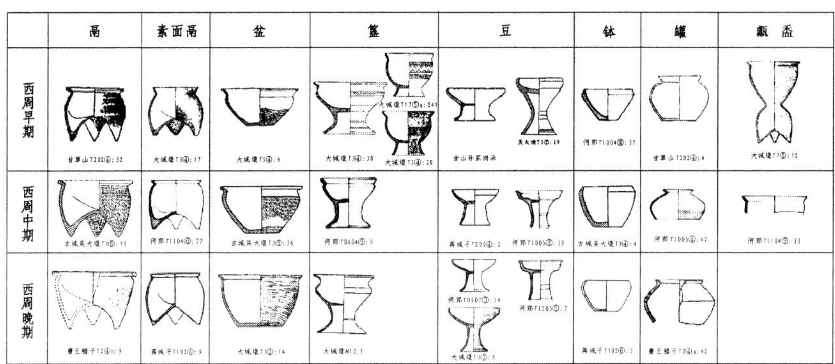

圖 1.1.36　姜堰天目山遺址器物分期圖

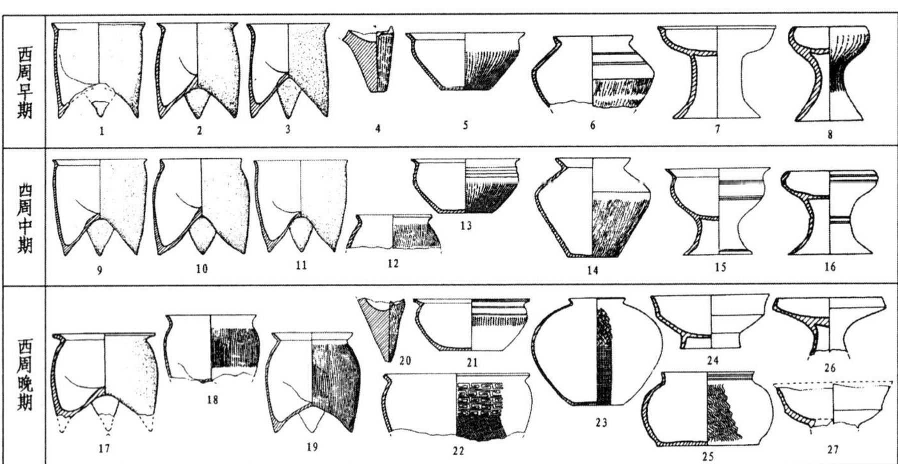

1-3、9-11、17.素面鬲（T4720⑫：1、T4624⑧：9、T4424⑧：9、T4623⑥：23、T4623⑥：21、T4623⑥：27、T4522④：11）　4、12、18-20.繩紋鬲（T4525⑧：25、T4525⑥：21、T4623⑤：28、T4623⑤：5、T4522④：25）　5、13、21.繩紋盆（T4623⑧：10、T4623⑥：8、T4522⑤：31）　22.印紋盆（T4522⑤：24）　6、14.繩紋罐（T4624⑧：17、T4625⑥：7）　23.印紋罐（T4522④：18）　7、16、26.素面豆（T4424⑫：7、T4525⑥：2、T4321③：5）　8.繩紋豆（T4623⑧：14）　15.簋（T4425⑦：2）　24.硬陶豆（T4522④：4）　25.印紋瓿（T4623⑤：2）　27.原始瓷豆（T4424④：15）

圖 1.1.37　江淮之間西周時期遺存分佈及分區圖

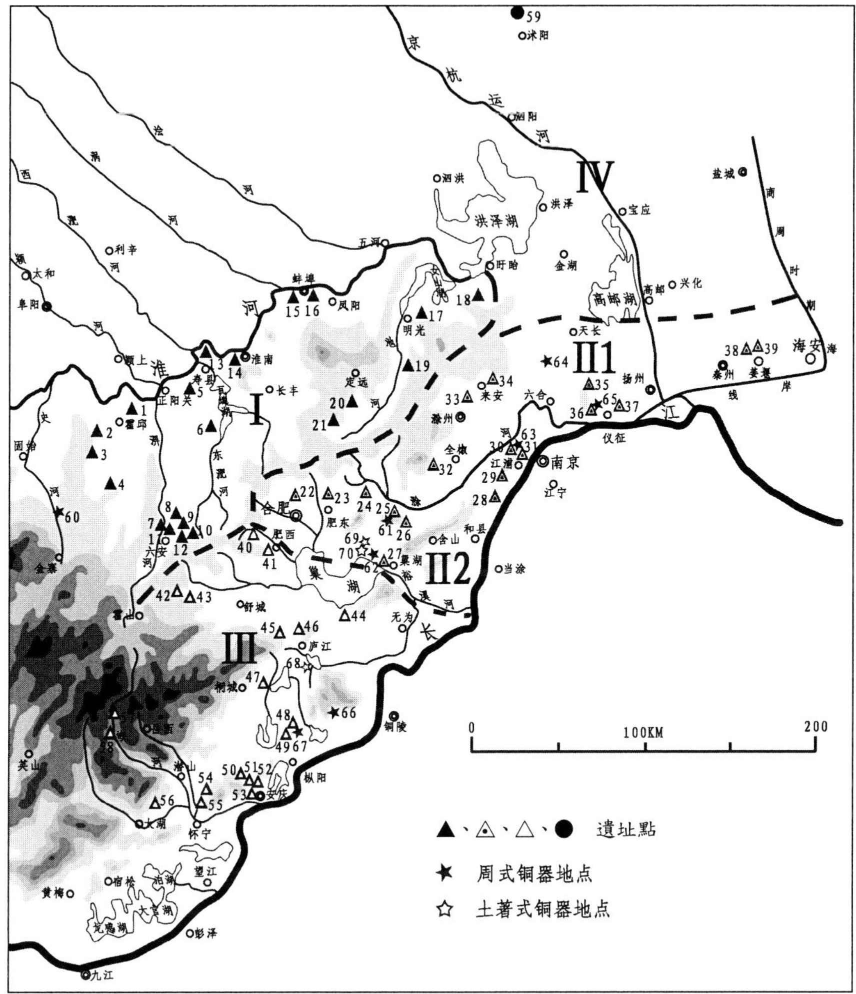

（Ⅰ.江淮之間北部西周文化區（六國）　Ⅱ. 江淮之間南部滁河流域區（在西周早期可以滁河爲界分爲兩個小區，Ⅱ1 區具有較多的東夷文化因素，Ⅱ2 區具有較強烈的宗周文化因素，兩者互有影響。西周中晚期兩小區文化因素逐漸趨同，漸與江南寧鎮地區文化同步。Ⅱ區是西周中晚期邗國的所在，而Ⅱ2 區應是西周早期邗國的最初分封地）　Ⅲ. 西周早期爲當地薛家崗商遺存的延續，西周中晚期屬於南淮夷的勢力範圍，其東部爲巢國，西部爲群舒等　Ⅳ.淮夷勢力區）

1-21：霍邱繡鞋墩、堰臺、王郢、紅墩寺、壽縣門雞臺、青蓮寺、六安城墩、西古城、廟臺、眾德寺、匡大墩、堰墩、淮南孤堆寺、翻嘴頂、蚌埠梅古堆、丁家廟、明光趙府、盱眙六郎墩、明光竹墩、定遠朱灣、九梓遺址　22-39：合肥煙大古堆、肥東烏龜灘、吳大墩、含山孫家崗、大城墩、巢湖廟集大城墩、江浦蔣城子、曹王塍子、牛頭崗、轉田村、全椒古城、滁州卜家墩、來安頓丘、儀徵神墩、破山口、甘草山、姜堰單塘河、天目山遺址　40-58：肥西大墩子、老虎頭、霍山戴家院、趙士灣、巢湖槐林神墩、盧江大神墩、朱家神墩、桐城丁家沖、樅陽浮山、毛園神墩、懷寧跑馬墩、安慶沈店神墩、張四墩、棋盤山、懷寧百林山、黃龍、太湖王家墩、岳西黃泥古墩、鼓墩遺址　59：沭陽萬北遺址

60-67：霍邱中晚期小型甬鍾；含山晚期戈；巢湖中晚期竊曲紋鼎、夔鳳紋簠；江浦晚期鼎、鬲、矛、戈、劍等；天長晚期三足匜；儀徵四鳳盤、魚龍紋盤、饕餮紋甗、素面鼎、素面鬲、素面獨耳鬲、雲紋尊、鳥紋尊、方格紋瓿、鳳紋盉、卷雲紋鏟；樅陽晚期重環紋鼎；樅陽晚期鼎

68-70：盧江晚期盤口盉、蟬紋鼎；巢湖早期銅盉；巢湖早期龍首紐直流盉

圖 1.2.1　鄂東南地區地形地貌及分區圖

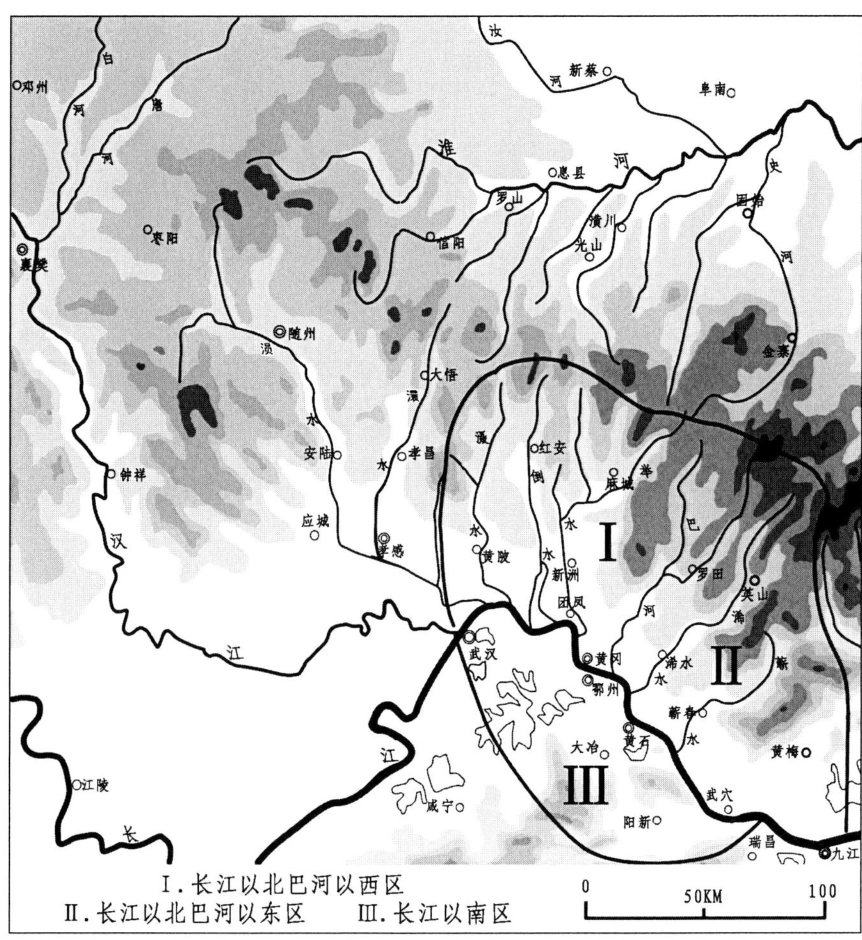

圖 1.2.2　盤龍城一期與二里頭文化器物對比圖

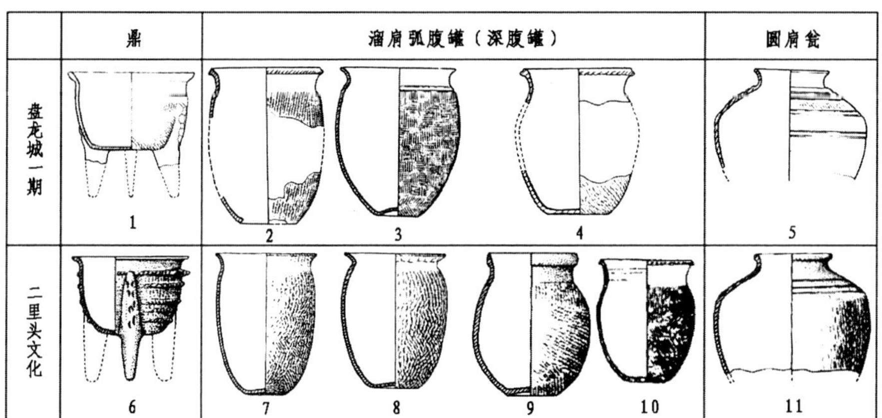

圖 1.2.3　盤龍城二期器物圖

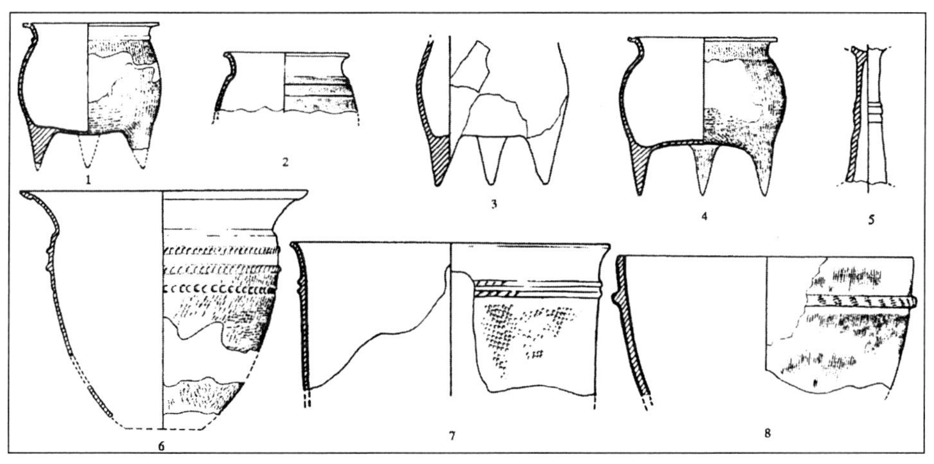

1-3.罐形鼎（PWZT20⑨：2、PWZT20⑨：7、PWZT32⑨：10）　4.折沿平襠鬲（PWZT20⑨：1）　5.細柄豆（PWZT20⑨：3）　6.短頸有肩大口尊（PWZT20⑨:5）　7.侈口直腹缸(PWZT32⑨:13）　8.直口斜腹缸(PWZT32⑨：9）

圖 1.2.4　盤龍城遺址器物及與中原商文化的對比圖

	盘龙城遗址分期器物图	中原商文化器物
早商一期	PWZT86⑧: 25, PWZT9⑧: 3, PLZH5: 6, PWZT36⑧: 27, PWZT82⑧: 2, PLZH5: 3, PWZT86⑧: 23, PWZT71⑦: 5, PWZT31⑧: 1, PWZT17⑧: 32, PWZT85⑧: 12	偃师商城ⅦT28⑩: 22, 鹿台岗H39: 6, 二里岗T18: 66, 二里岗H9: 02, 南关外T87: 46, 鹿台岗H9: 19, 南关外H62: 16, 二里岗H9: 362, 二里岗H17: 132, 郑州商城C8T62夯土上覆文化层, 偃师商城ⅦT8⑩: 6
早商二期	PLZH4: 17, PLZH4: 1, PLZH4: 9, PYWF1Z1: 7, PYZT5⑥: 24	二里岗H1: 10, 二里岗H2甲: 328, 偃师商城ⅢM3: 1, 偃师商城ⅣH73: 2, 偃师商城J1D6H25: 52
早商三期	PYZM8: 5, PYZM8: 4, PWZT85⑤: 20, PLZM4: 8, PLZM4: 11, PYZT3⑤: 8, PLZH2: 20, PLZH8: 7, PYZT6⑤: 3, PYZT3⑤: 21, PYZH2: 1	二里岗H1: 140, 郑州十五中H1, 偃师商城ⅧH1: 10, 偃师商城D4T5⑤: 9, 偃师商城ⅣH12: 1, 二里岗H1: 20, 二里岗H3: 42, 偃师商城ⅤH3: 2, 二里岗H20: 35, 偃师商城J1D4T13④: 4, 偃师商城ⅤH3: 1
中商一期	PWZT33⑤: 1, PYZM4: 7, PYWH6: 52, PYW: 049, PYW: 083, PYWT17⑤: 5, PYWT3⑤: 3	白家庄C8T13②: 24, 偃师商城ⅣH18: 16, 大辛庄84Ⅲ2H71: 1, 洹北97G4: 1, 偃师商城D2T0411⑦: 3, 郑州商城C11M5: 2, 白家庄

圖 1.2.5-1　盤龍城遺址二里頭文化因素圖

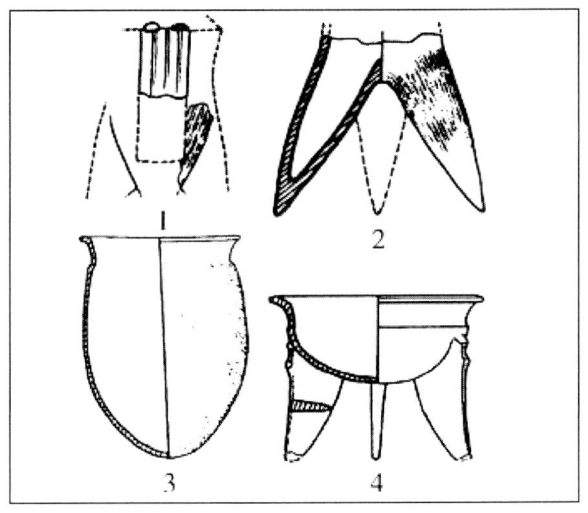

1.盉殘片（PWZT39⑧：1）　2.鬶殘片（PWZT85⑧：12）　3.罐（PLZH16：5）　4.鼎（PWZT31⑧：1）

圖 1.2.5-2　盤龍城遺址二里崗文化因素圖

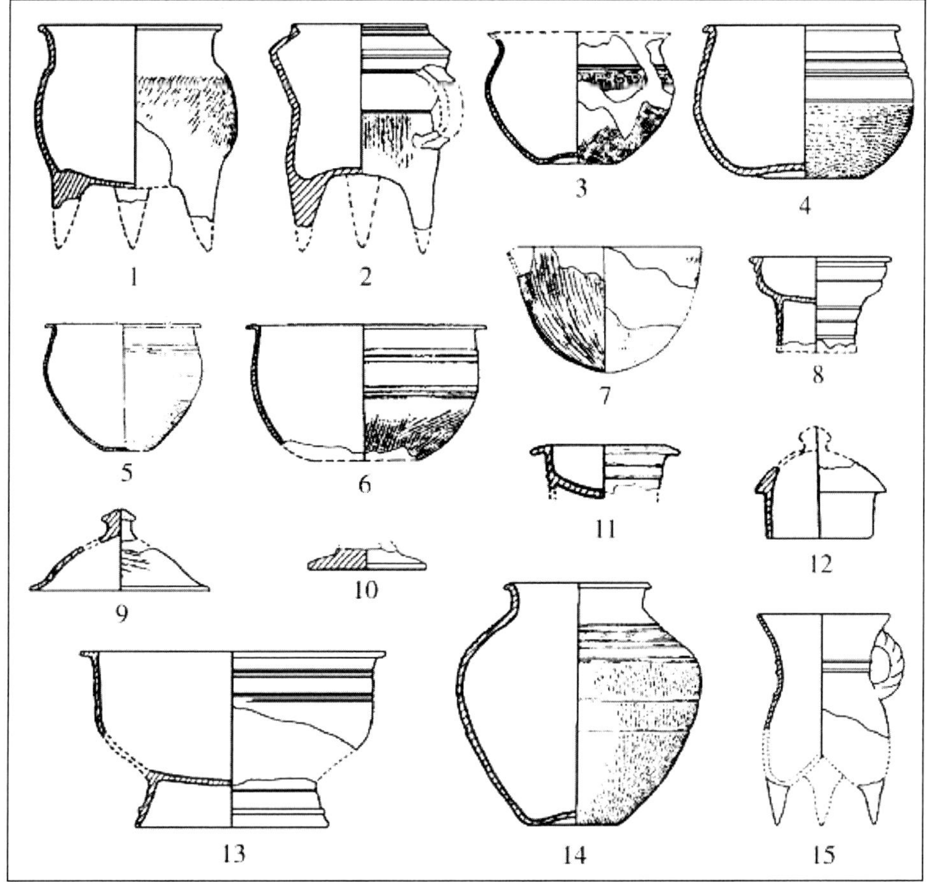

1.鼎式鬲（PWZT67⑦：11）　2、15.斝（PWZT33⑤：1、PYZT9⑤：2）　3-6.盆（PWZT11⑧：2、PWZT17⑧：32、PLZH24：5、PWZT12⑦：14）　7.刻槽盆（PWZT67⑥：3）　8、11.豆（PYWT23④：7、PYWT6④：19）　9、10、12.器蓋（PYZT3⑤：20、PWZT75⑥：4、PWZT32⑧：19）　13.簋（PYZT3⑤：21）　14.罐（PLZH4：17）

圖 1.2.5-3　盤龍城遺址當地文化因素圖

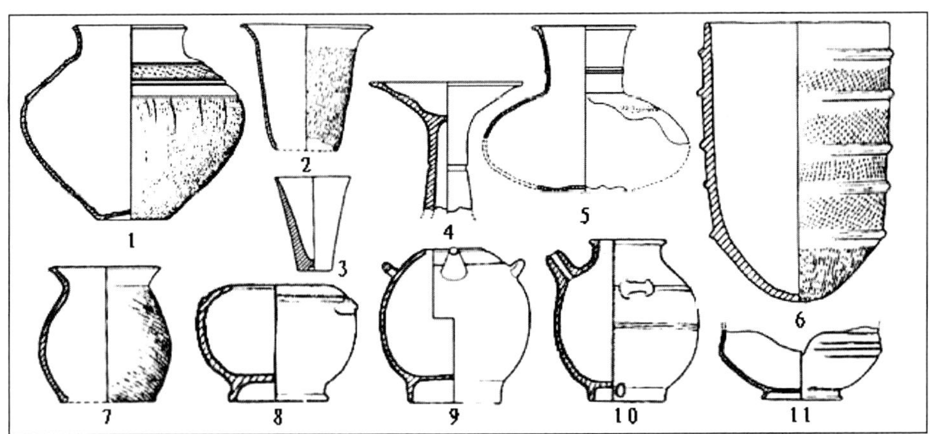

1.廣肩罐（PYZT19④：3）　2.筒形器（PYWH5：1）　3.杯（PYZ：064）　4.豆（PWZT83⑧：3）　5.壺（PWZT36⑧：20）　6.粗體缸（PLWG2⑤：3）　7.溜肩弧腹罐（PLZM2：47）　8.瓿（PLZM1：31）　9、10.帶流壺（PYZH1：6、PLZM2：60）　11.碗（PLWT2⑤：1）

圖 1.2.5-4　盤龍城遺址吳城文化因素圖

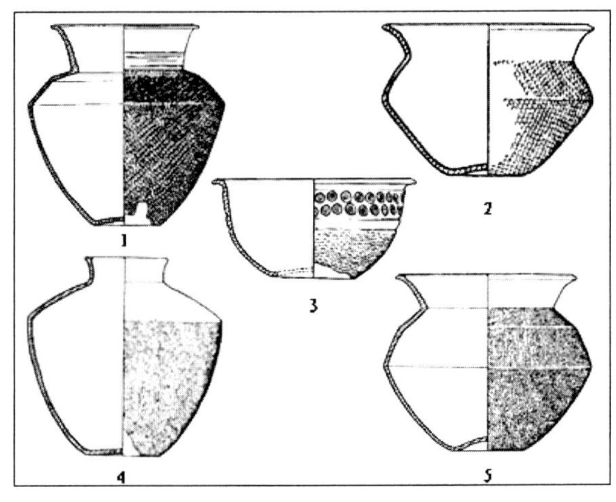

1、2、4、5.硬陶折肩斜腹尊（PQZT82⑧：4、PWZM1：12、PLZH10：6、P：091）　3.直口弧腹尊（PYZT9⑤：9）

圖 1.2.5-5　盤龍城遺址萬年文化和湖熟文化因素圖

（1-4；6 爲萬年文化因素；余爲湖熟文化因素）

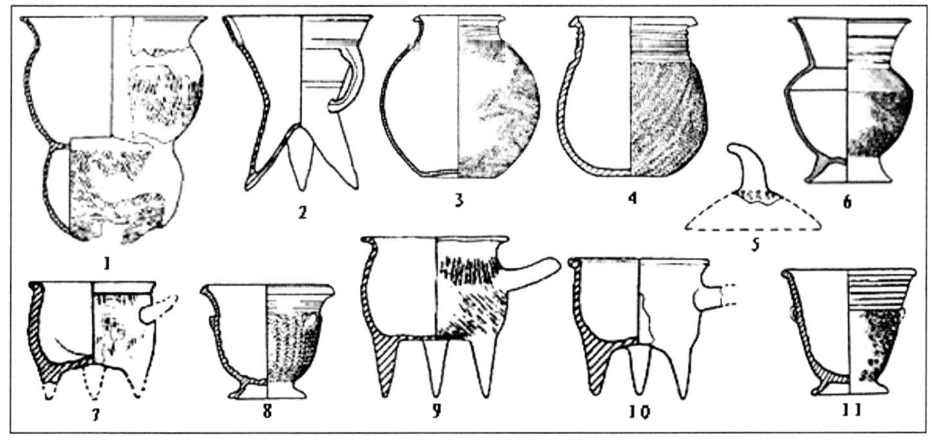

1.甗（PLZM8：10）　2.斝（PLZM4：11）　3.圓腹罐（PLZM2：49）　4.高領罐（PLZM1：15）　5.器蓋（P：098）　6.尊（PLWM1：8）　7、9、10.鬲（PWZT72⑥：12、PYZM1：10、PWZT12⑤：11）　8、11.杯（PYWM9：5、PYZT3⑤：29）

圖 1.2.6　黃陂魯臺山遺址器物圖

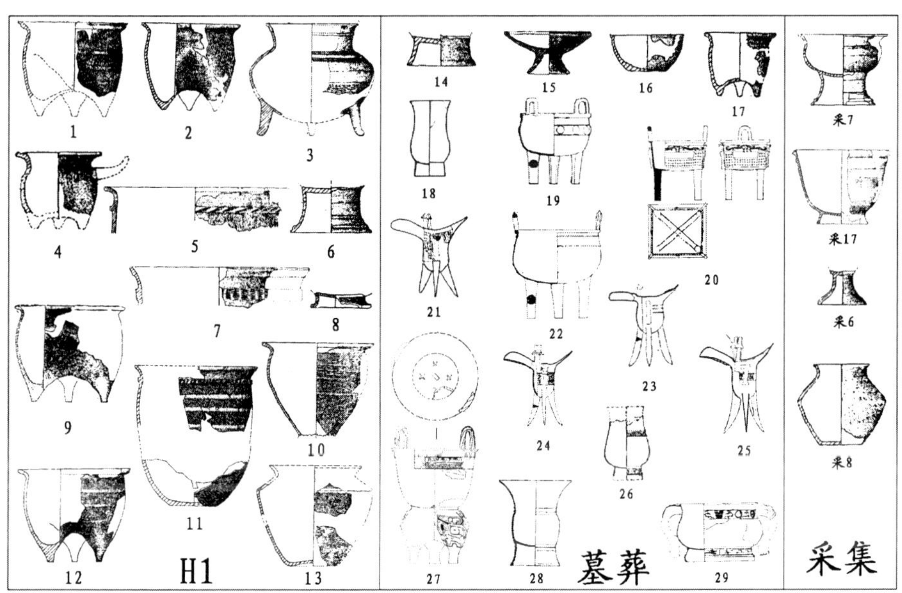

1、2、4、9、12、17.鬲（⑦：2、⑦：1、⑤：11、④：1、③：1、M34：4） 3.壺（⑥：8） 5、7.缸（⑤：2、④：13） 6、8、14.簋（⑤：1、④：16、M28：2） 10.甗（④：1） 11、13.罐（③：14、③：15） 15.瓷豆（M36：3） 16.碗（M34：5） 18、26.銅觶（M28：6、M36：8） 19、20、22.銅鼎（M28：1、M30：6、M30：1） 21、23-25.銅爵（M30：10、M31：1、M36：7、M34：1） 27.銅甗（M36：18） 29.銅簋（M30：8）

圖 1.2.7　新洲香爐山遺址商代器物及與其他遺址對比圖

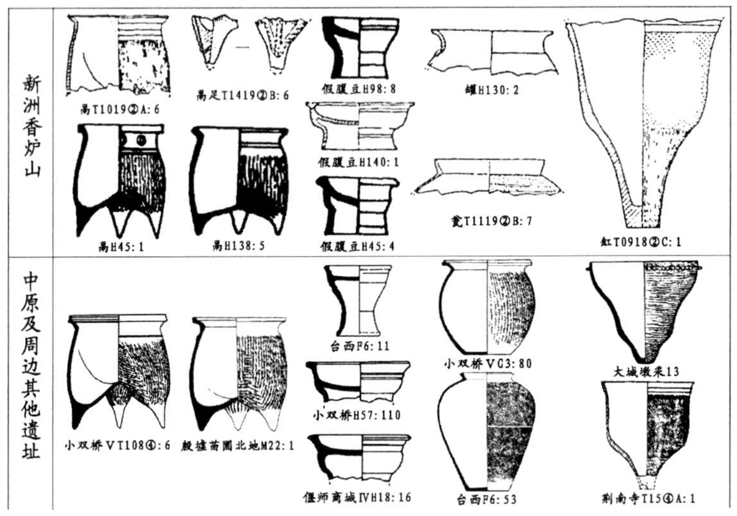

圖 1.2.8　新洲香爐山遺址西周時期器物圖

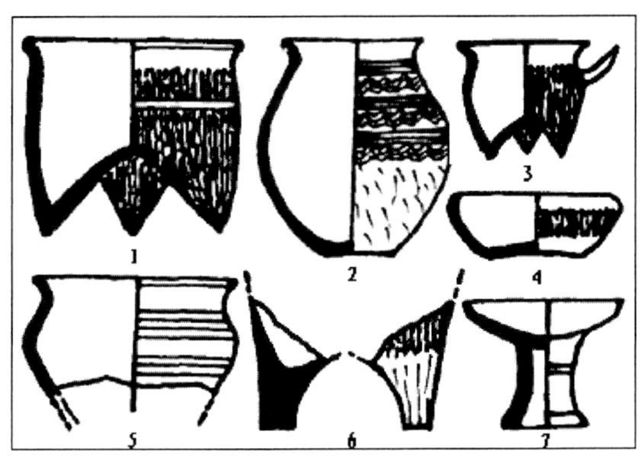

1、3、6.鬲（F4：1、F3：1、T1841⑦A：9） 2.罐（H64：2） 4.缽（T1941⑧A：6） 5.簋（H53：4） 7.豆（T2041⑧C：15）

圖 1.2.9　紅安金盆遺址器物圖（均為採集品）

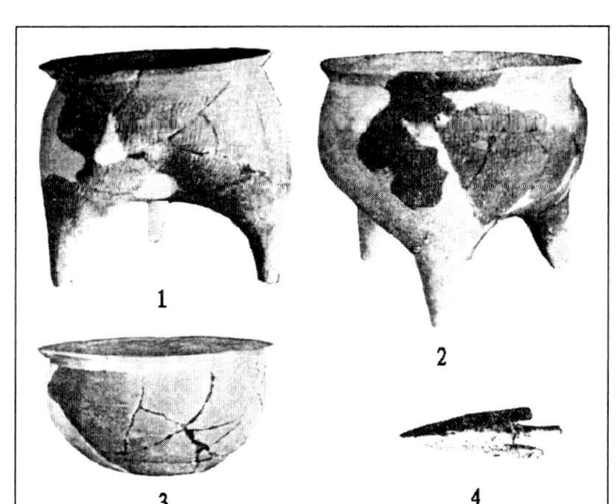

圖 1.2.10　麻城甲尖遺址器物分期圖

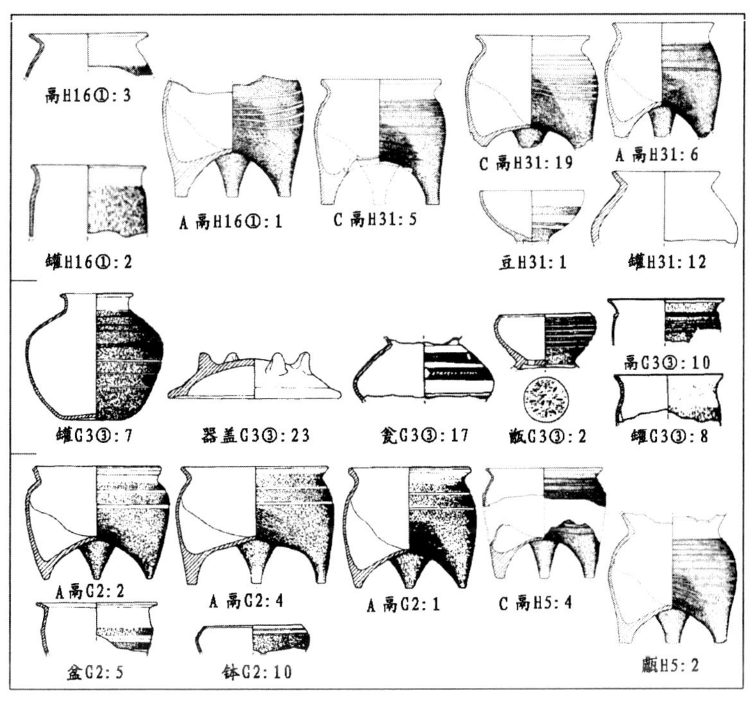

圖 1.2.11　羅田廟山崗遺址器物分期圖

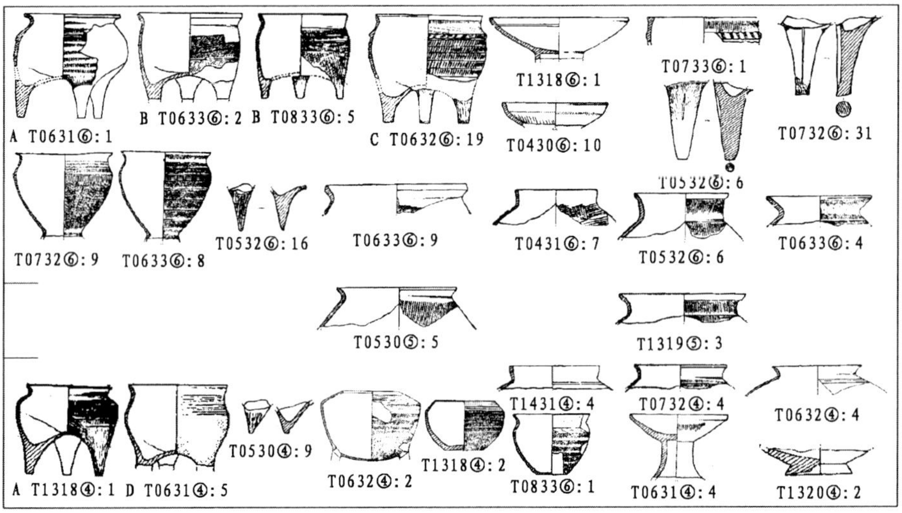

A T0631⑥:1
B T0633⑥:2
B T0833⑥:5
C T0632⑥:19
T1318⑥:1
T0430⑥:10
T0733⑥:1
T0532⑥:6
T0732⑥:31
T0732⑥:9
T0633⑥:8
T0532⑥:16
T0633⑥:9
T0431⑥:7
T0532⑥:6
T0633⑥:4
T0530⑤:5
T1319⑤:3
T1431④:4
T0732④:4
T0632④:4
A T1318④:1
D T0631④:5
T0530④:9
T0632④:2
T1318④:2
T0833⑥:1
T0631④:4
T1320④:2

圖 1.2.12　蘄春毛家嘴遺址器物圖

1
2
3
4
5
6
7
8
9
10
11
12
13
14
15
16
17
18
19
20
21
22
23

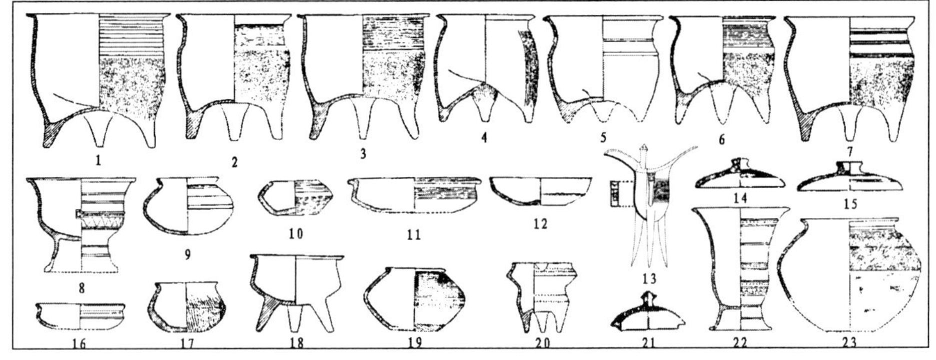

1-7.鬲（Ⅲ8/1：3：3、Ⅲ9/1：3：1、Ⅱ12/2：3：10、Ⅱ7/1：3：27、Ⅰ4/5：3：36、Ⅰ24/3：3：28、Ⅲ9/1：3：4）　8.簋（Ⅲ9/1：3：33）　9、19、23.罐（Ⅲ3/1：3：11、Ⅰ24/1：1A：12、Ⅱ11/1：3：34）　10、17.盂（Ⅰ24/3：3：14、Ⅰ23/2：2F：3）　11、12、16.盤（Ⅱ9/5：3：17、Ⅱ5/6：3：15、Ⅲ12/2：3：16）　13.銅爵（採集）　14、15、21.器蓋（Ⅱ8/1：3：20、Ⅱ8/1：3：22、Ⅱ12/3：3：22）　18.鼎（Ⅱ9/5：3：7）　20.斝（Ⅱ2/2：2B：30）　22.尊（Ⅱ9/5：3：32）

圖 1.2.13　羅山天湖墓地、長安馬王村先周 H18 和張家坡西周早期居址與毛家嘴相同器物圖

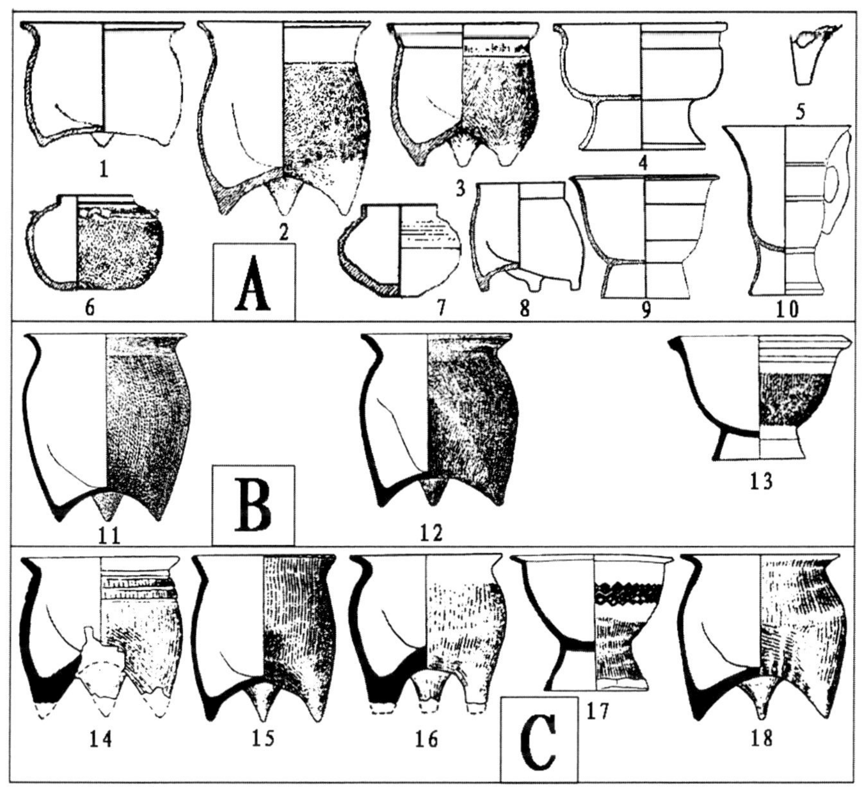

A.天湖　1-3、5、8.鬲（M42：2、M18：18、M11：15、M6：4、M40：2）　4、9.簋（M39：3、M12：27）　6、7.罐（M8：12、M40：4）　10.尊（M18：11）

B.張家坡　11、12.鬲（T174④A、H301）　13.簋（H301）

C.馬王村 H18　14-16、18.鬲（54、49、55、50）　17.簋（44）

圖 1.2.14　蘄春新屋灣窖藏銅器圖

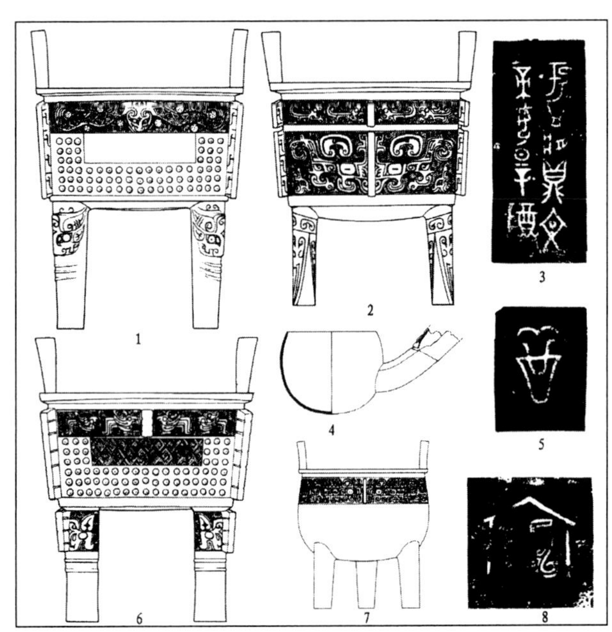

1、3.「盂」方鼎　2、5.「酉」方鼎　4.鬥　6、8.「寵」方鼎　7.鼎

圖 1.2.15　黃梅意生寺遺址器物分期及與其他遺址對比圖

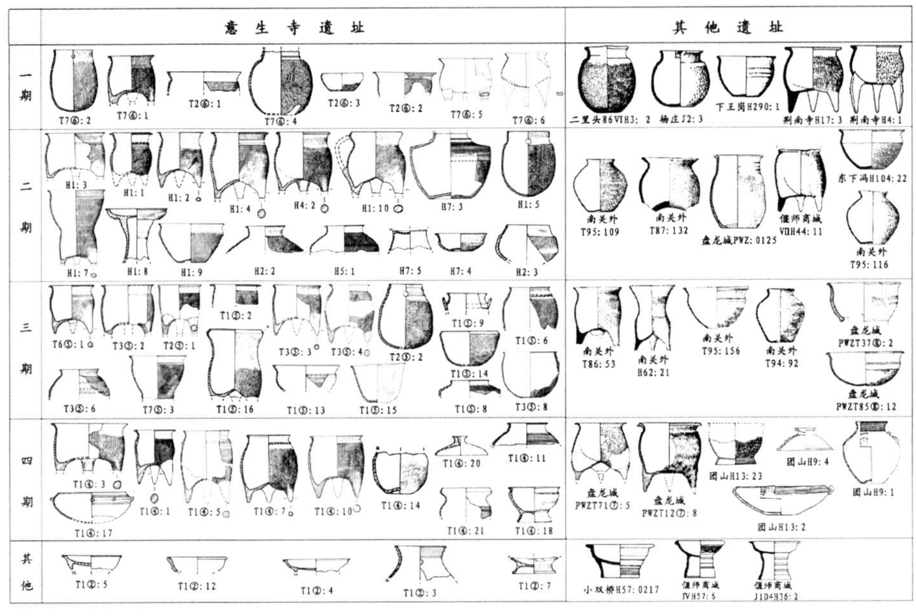

圖 1.2.16　鄂東南長江南岸礦業遺址分佈圖

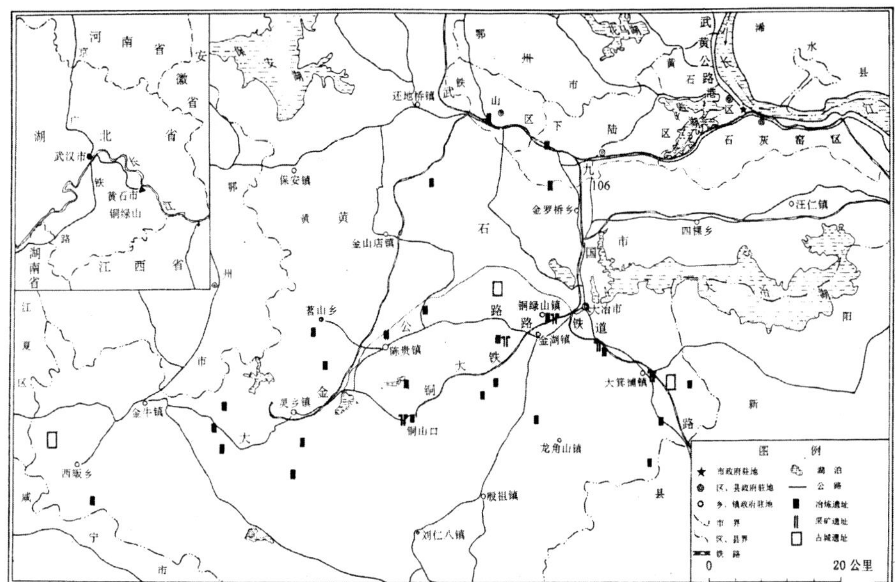

圖 1.2.17　大冶銅綠山礦冶遺址西周中晚期器物圖

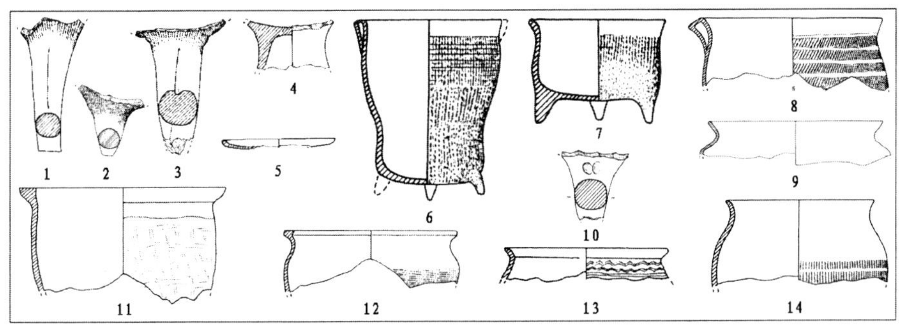

XI 號礦體冶煉遺址　1、3.鬲足（T27⑥：2、T35⑥：1）　2.甗足（T27⑥：3）　4、5.豆（T27⑥：4、5）

XI 號礦體採礦遺址　6、8. 甗（T1⑥：11、T1⑤：12）　7.鬲（T1④：9）　9、11-14.罐（T1⑥：14、T1⑤：19、T1⑥：22、T1⑤：20）　10.鼎（T1⑥：8）

圖 1.2.18　大冶五里界城周圍遺址器物演化圖

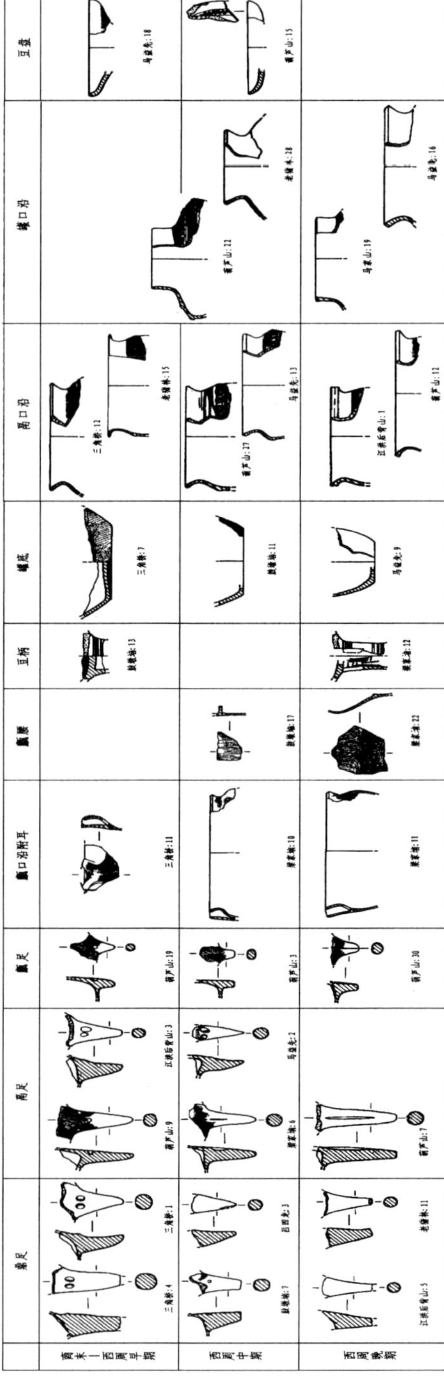

圖 1.2.19 陽新大路鋪及和尚壋遺址器物分期圖

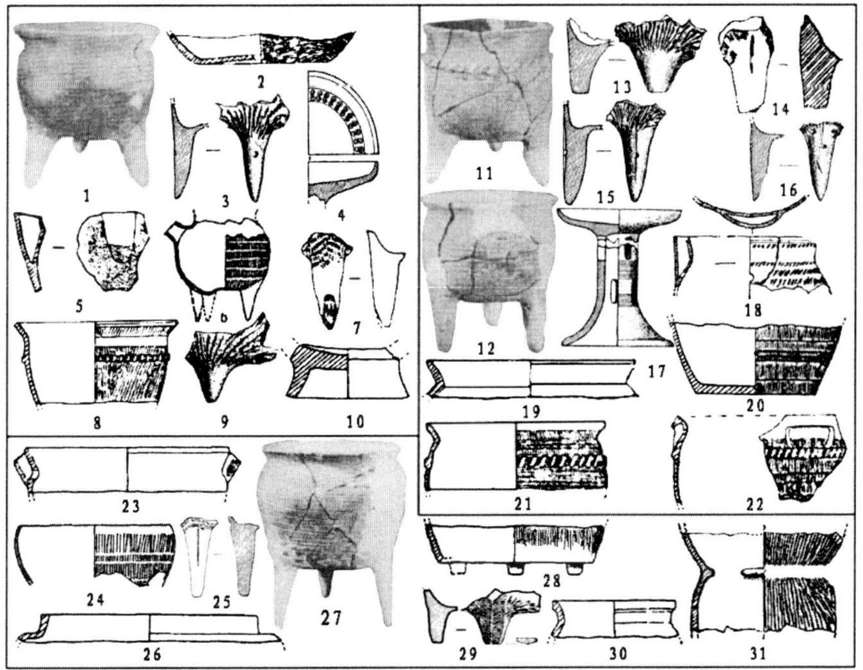

（1-10 爲商代晚期～西周早期；11-22 爲西周中期；23-31 爲西周晚期）

1、11、12、21、27.鬲（大路鋪 F2：7、T217⑤：16、T233⑤：19、64、T272④：1） 2、20.罐底（大路鋪 T233⑤：60、T233④：84） 3、7、15、16.鬲足（和尚壋採、大路鋪 T233⑤：70、和尚壋採、和尚壋採 3） 4、17.豆（和尚壋採 76、75） 5、8、18、23、28、31.甗（大路鋪 T233⑤：65、66、和尚壋採、大路鋪 T233④：75、76、和尚壋採） 10.簋（大路鋪 T233⑤：19） 9、13、29.甗足（和尚壋採 39、和尚壋採、採 51） 14、25.鼎足（大路鋪 T233⑤：71、T233④：82） 19、26、30.罐（大路鋪 T233⑤：14、T233④：81、88） 22.鼎（大路鋪 T233⑤：59） 24.缽（和尚壋採 69） 6.盉（和尚壋採）

圖 1.2.20　鄂東南及鄰近地區夏商時期遺存分佈圖

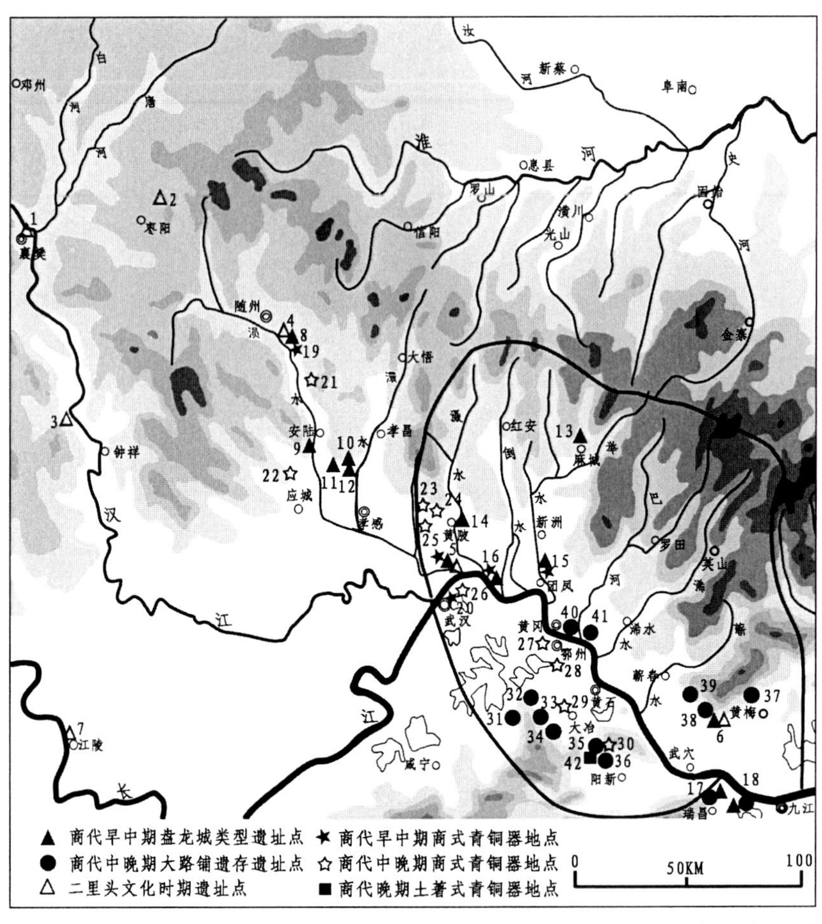

1-7：襄陽王樹崗、棗陽墓子坡、鍾祥亂葬崗、隨州西花園、黃陂盤龍城、黃梅意生寺、江陵荊南寺遺址

5、6、8-18：黃陂盤龍城、黃梅意生寺、隨州廟臺子、安陸曬書臺、孝感殷家墩、雲夢好石橋、孝感聶家寨、麻城栗山崗、黃陂魯臺山、團風下窯嘴、新洲香爐山、瑞昌銅嶺、九江龍王嶺遺址

5、15、16、19、20：黃陂盤龍城墓葬；團風下窯嘴墓葬；新洲香爐山遺址鼎；隨州淅河窖藏觚、爵、斝；漢陽紗帽山窖藏尊

21-30：廣水烏龜山窖藏鼎；應城吳祠窖藏斝、爵、鴞卣；黃陂紅進村窖藏觚、爵；夏店村窖藏爵；袁李灣窖藏斝；漢陽竹林嘴窖藏方彝；鄂州陳林寨觚、爵、斝；沙窩碧石爵；大冶港湖夔紋提梁卣；陽新銅鏡

17、18、31-41：瑞昌銅嶺、九江龍王嶺遺址、大冶古塘墩、李河、眠羊地、三角橋、陽新大路鋪、和尚堖、黃梅柳塘、烏龜山、釣魚嘴、霸城山、硯池山遺址

42：陽新白沙鏡

圖 1.2.21-1　鄂東南地區西周時期甲組器物比較圖

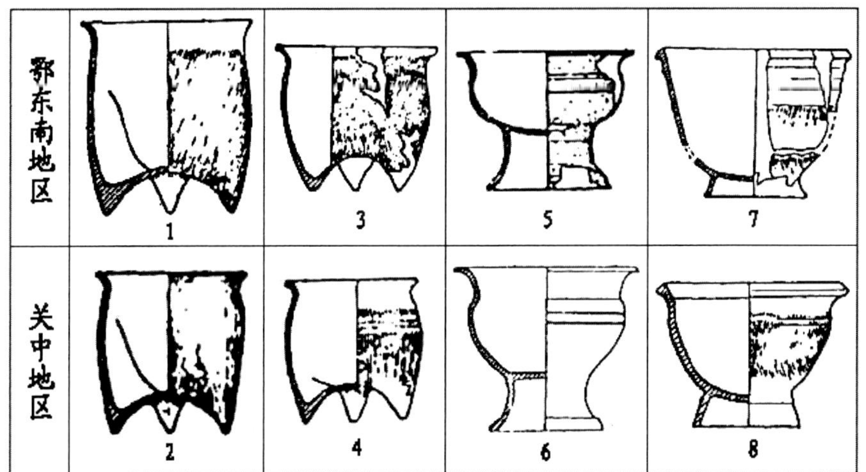

1-4.鬲（毛狗洞 H1：C、北呂 Y1：1、魯臺山 H1⑦：1、張家坡 M166：4）
5-8.簋（魯臺山採：7、張家坡 M318：2、魯臺山採：17、張家坡 M80：1）

圖 1.2.21-2　鄂東南地區西周時期器物對比圖

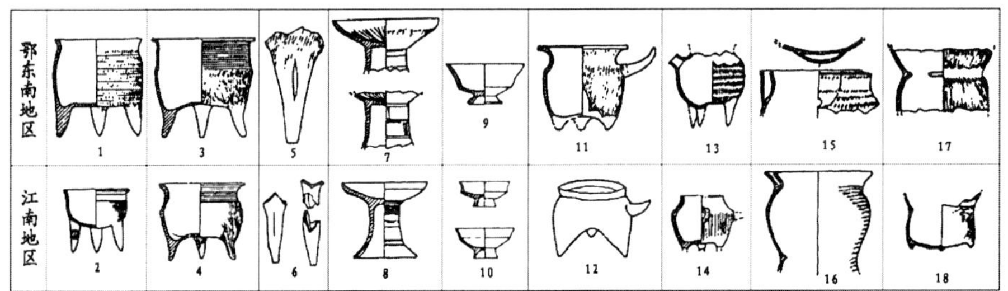

1-4、11、12.鬲（大冶眠羊地：10、九江神墩 85T1②B：2、毛家嘴Ⅱ12/2：3：10、九江神墩 84T1②C：1、魯臺山 H1⑤：11、南京鎖金村）　5、6.鬲足（英山白石坳、神墩 T4①）　7-10.豆（香爐山 F5③：31、T5③：32、神墩 84T2②B：4、呂王城 T2⑥：157、築衛城上層、神墩 T12②A）　13、14.盉（和尚墻採、神墩 84T1②B：16）　15-18. 甗（和尚墻採：66、神墩 T4②A：56、和尚墻採：87、神墩 T2②B：55）

圖 1.2.21-3　鄂東南地區西周時期己組器物對比圖

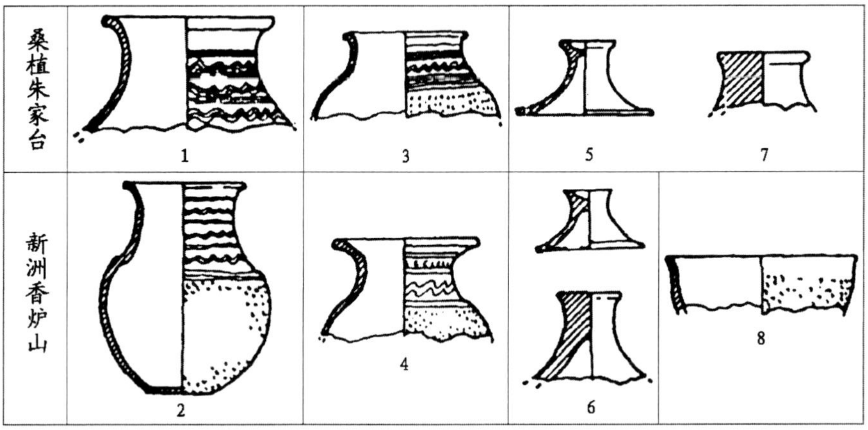

桑植朱家台	1	3	5	7
新洲香炉山	2	4	6	8

1.廟灣採集 A 型罐　3.吳家塝 T2④：4　5.吳家塝 T2⑤：11　7.吳家塝 T2⑤：3　2.H42②：2　4.T1943④C：1　6.T1941⑤C：36；T2043⑨：1　8.T1940⑧C：20

圖 1.2.22-1 鄂東南地區西周早期遺存分佈圖

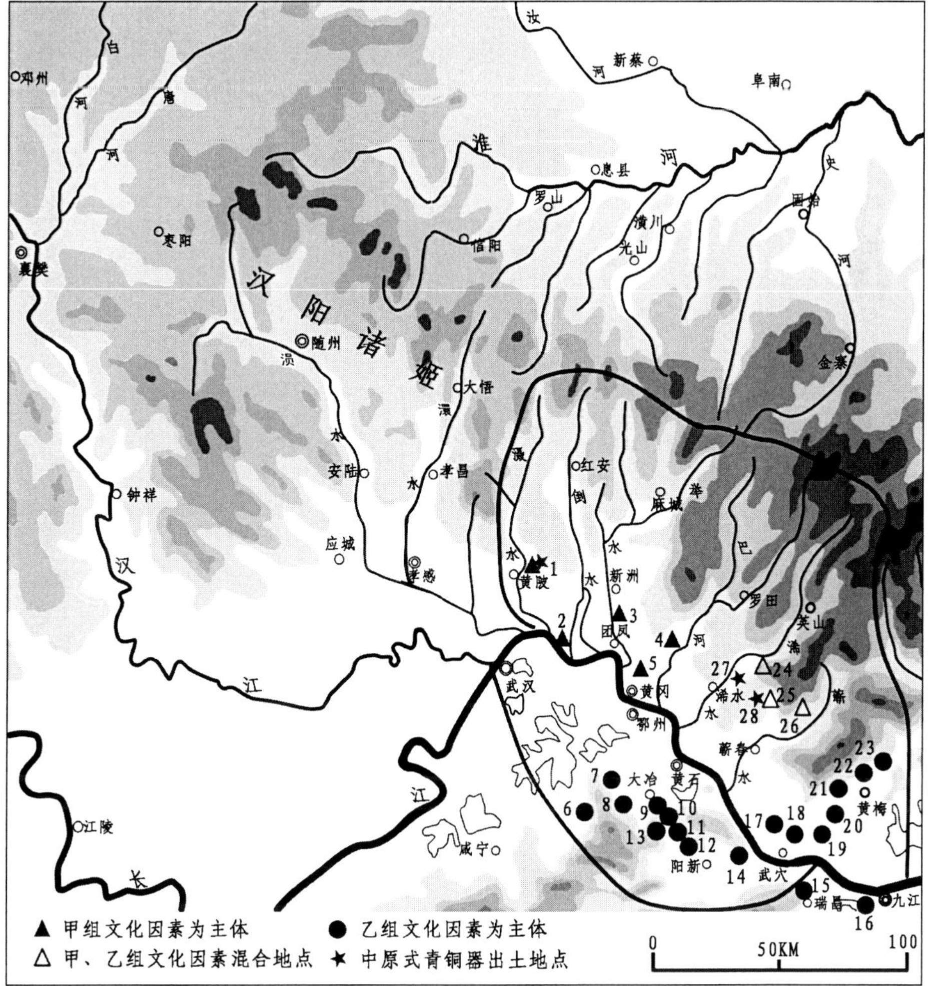

1-5：黃陂魯臺山、新洲香爐山、黃岡果兒山、籠子山遺址、螺螄山遺址

6-23：大冶古塘墩、銅綠山、眠羊地、三角橋、鼓墩堖、陽新和尚堖、大路鋪、大冶老豬林、陽新大港、瑞昌銅嶺、九江磨盤墩、武穴四方地、蘇憧、李木港、黃梅意生寺、柳塘、張山、柯墩遺址

24-26：浠水安山、蘄春毛家嘴、蘄春蘇灣遺址

1、27、28：黃陂魯臺山墓葬；浠水星光村甗、斝；蘄春新屋灣窖藏

圖 1.2.22-2　鄂東南地區西周中晚期遺存分佈圖

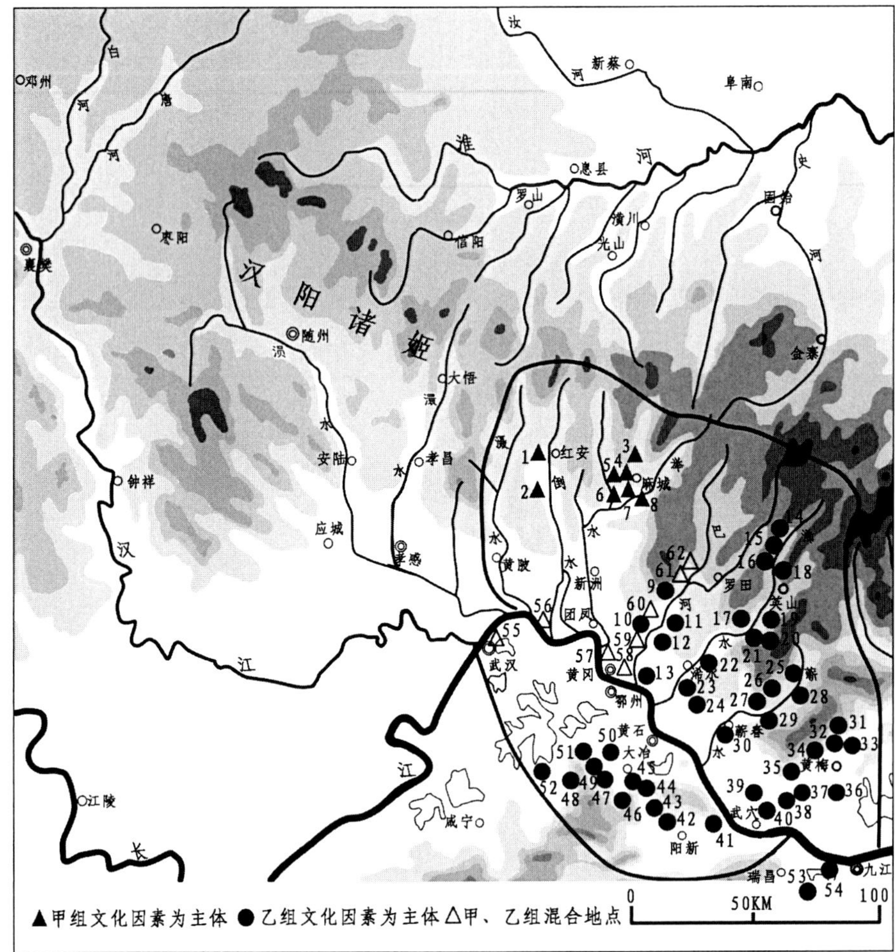

1-8：紅安金盆、張家河寨墩、麻城栗山崗、梅家墩、桃園崗、羅家墩、弔尖、岐亭鎮遺址

9-54：團風馬坳、陳家墩、浠水黃山、寨山、硯池山、英山子壟畈、大旗畈、郭家灣、羅田李家嘴、英山胡家墩、白石坳、溜兒灣、大地坪、浠水黃龍寨、片街、龜金山、蘄春回龍灣、胡壩街、田家灣、樟樹嘴、有蟠龍、易家山、黃梅楊家壟、荷葉山、張山、金城寨、柳塘、焦墩、方家墩、武穴李木港、蘇憧、四方地、大港、陽新大路鋪、和尚堖、大谷堖、大冶鼓墩堖、老豬林、上羅村、眠羊地、搖羅山、銅綠山、蝌子地、古塘墩、九江磨盤墩、神墩遺址

55-62：武昌放鷹臺、新洲香爐山、黃岡螺螄山、霸城山、胡家寨、團風寨上、羅田廟山崗、羅田榨山遺址

圖 1.3.1　贛鄱地區地形地貌及分區圖

圖 1.3.2 樟樹築衛城遺址器物分期圖

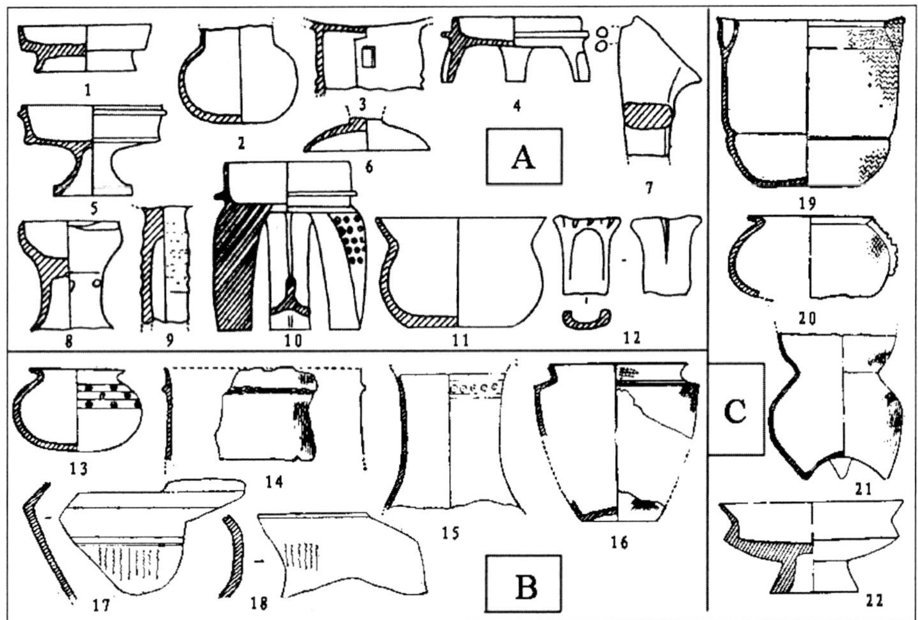

（A：二里頭文化時期 B：商代中晚期 C：西周中晚期）

1.盤（T24③：22） 2、13、16、17、20.罐（T23③：31、T18①：3、T26①B：8、13、T5②：1） 3、5、8、9、15、22.豆（T25①B：112、T25③：54、T24③：21、T26①B：22、9、T24②：19） 4、10.鼎（T24③：96、20） 6.器蓋（T25①B：126） 7、12.鼎足（T20③：28、T25③：85） 11.釜（T25③：55） 14.缸（T2②：2） 18.鬲（T25①B：115） 19、21.甗（T14②：14、T21①B：15）

圖 1.3.3　萍鄉禁山下遺址器物分期圖

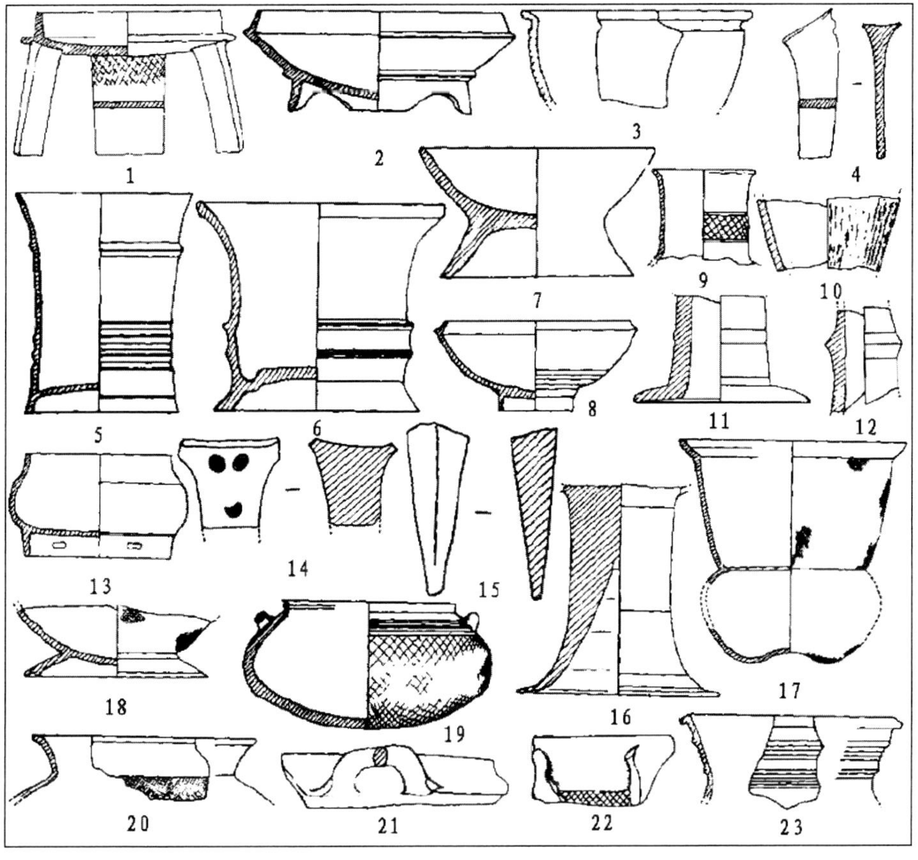

（1-12.二里頭文化時期；13-23.西周早期）

1.鼎（H7：2）　2.盤（H7：13）　3.盆（H7：48）　4、14、15.鼎足（H7：9、T3①：7、T1②：15）　5、6.觚（H7：57、56）　7、11、12、16.豆（H7：17、T5①：50、T5②：55、T1③：19）　8.缽（H7：58）　9.細頸壺（H6：30）　10.鬶足（T2③：6）　13.盂（T1③：3）　17、21、22.甗（G1：2、T5①：12、T2②：5）　18.簋（T5①：61）　19、20.罐（T5①：41、T3②：4）　23.尊（T1③：23）

圖 1.3.4　吳城城址功能分區圖

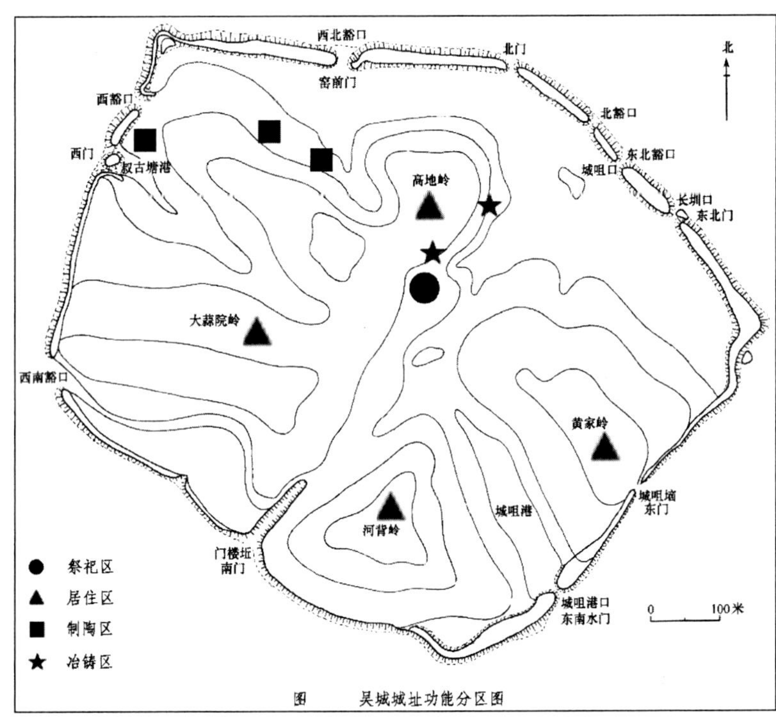

圖 1.3.5　吳城、大洋洲和牛城同類器物對比圖

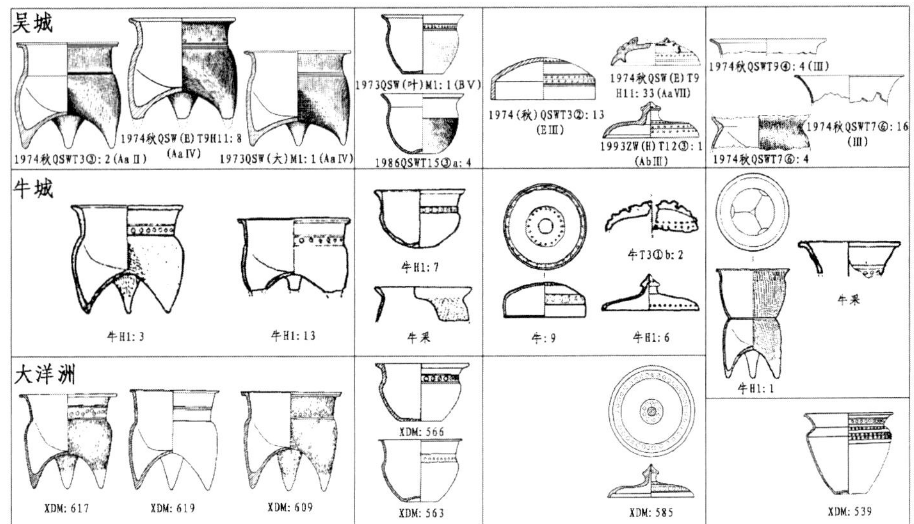

圖 1.3.6　新餘趙家山和拾年山遺址器物分期圖

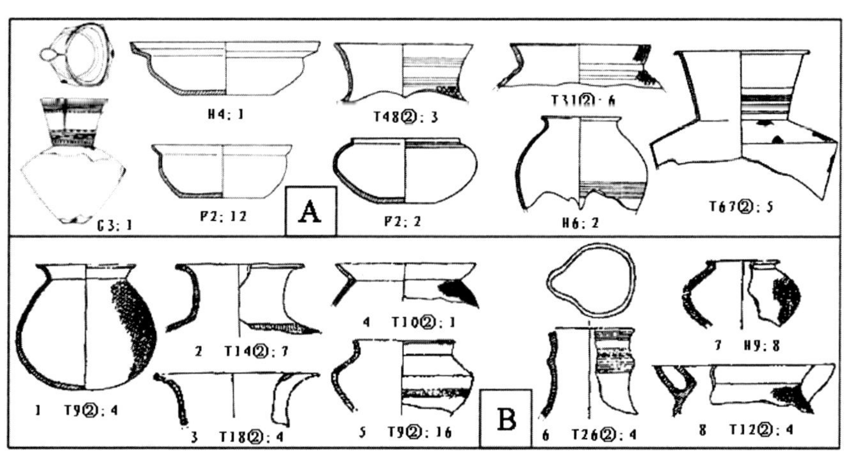

A.趙家山遺址西周早期器物

B.拾年山遺址器物（1-5 爲商代中晚期；6-8 爲西周中晚期）

圖 1.3.7　九江神墩遺址器物分期圖

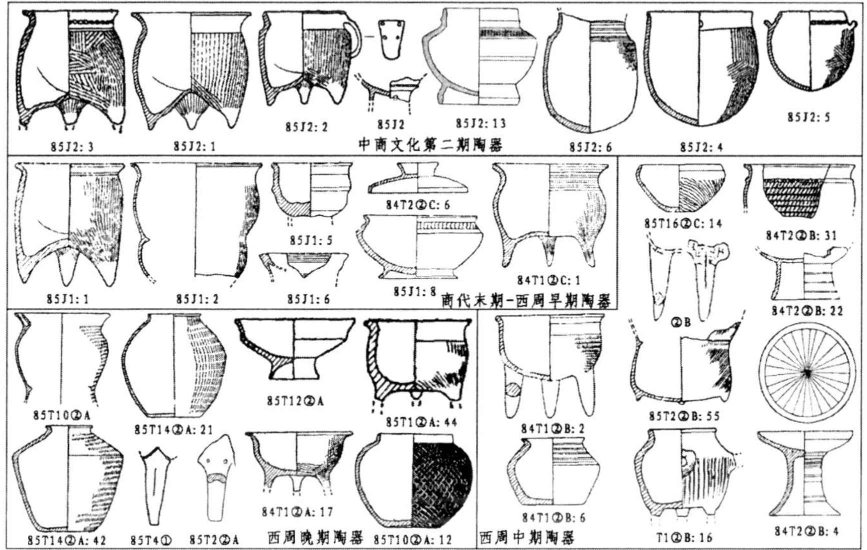

圖 1.3.8　九江龍王嶺遺址第一期器物及與中原文化對比圖

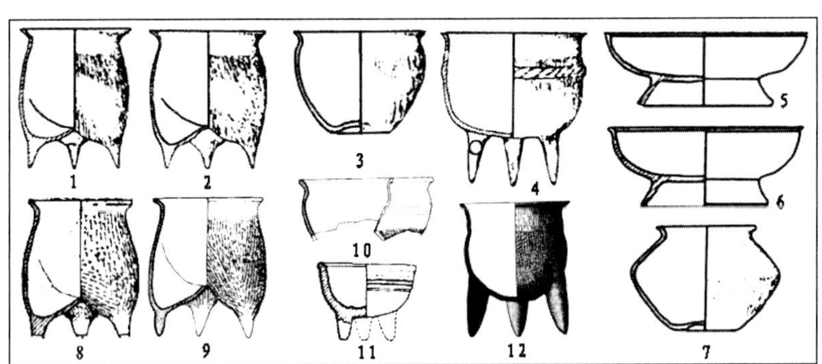

1-7.龍王嶺（1、2.J1：5、3 鬲；3.T4③：2 深腹盆；4.T4③：1 鼎；5、6.J1：1、2 圈足盤；J1：4 折腹罐）　8-12.中原文化（8、9.偃師商城 J1D5④：1、二里頭 VH73：26 鬲；10.二里頭ⅤH11：19 深腹盆；11、12.二里頭 VT202③B：11、二里崗 H17：19）

圖 1.3.9-1　瑞昌銅嶺銅礦遺址商代器物分期圖

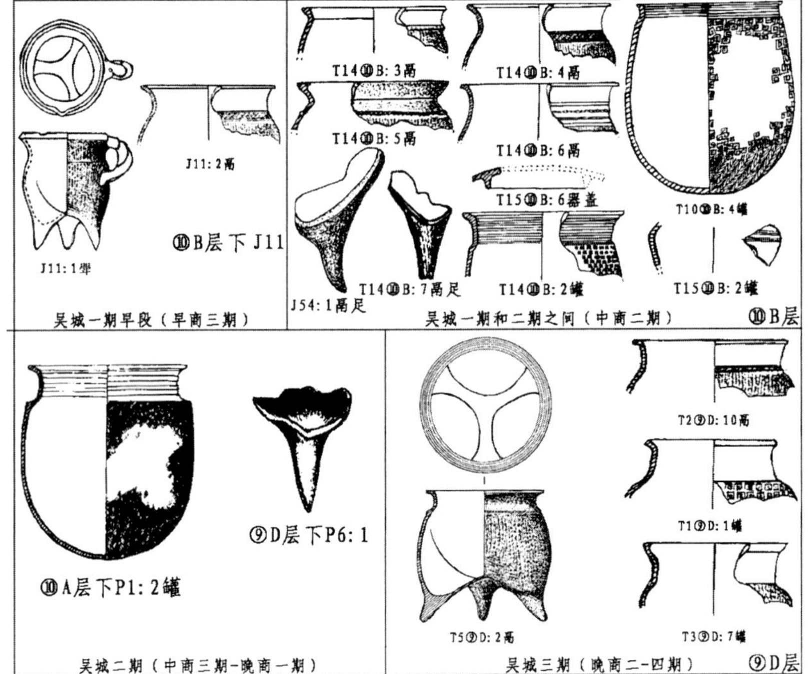

圖 1.3.9-2　瑞昌銅嶺銅礦遺址西周時期器物圖

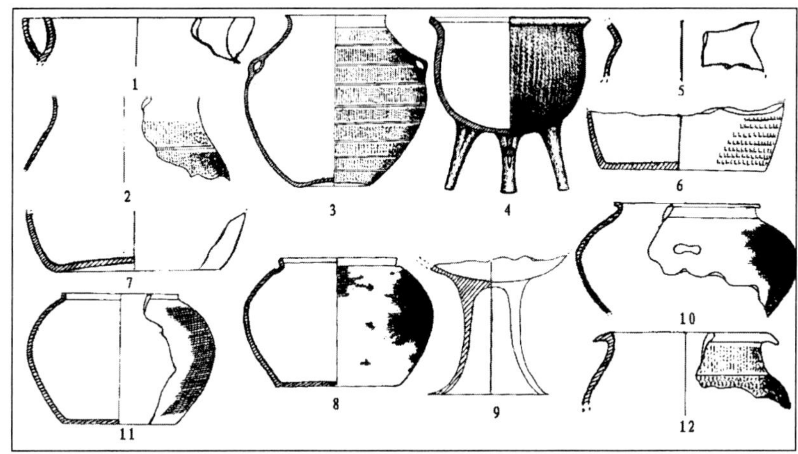

1、5.甗（T5⑨C：3、T2⑨C：5）　2、3、6-8、10-12.罐（T2⑨C：10、7、T3⑨C：5、X11：2、選 1、T8⑨B：1、T2⑨B：4、9）　4.鼎（T2⑨C：4）　9.豆（T3⑨B：4）

圖 1.3.10　瑞昌檀樹嘴遺址器物分期圖

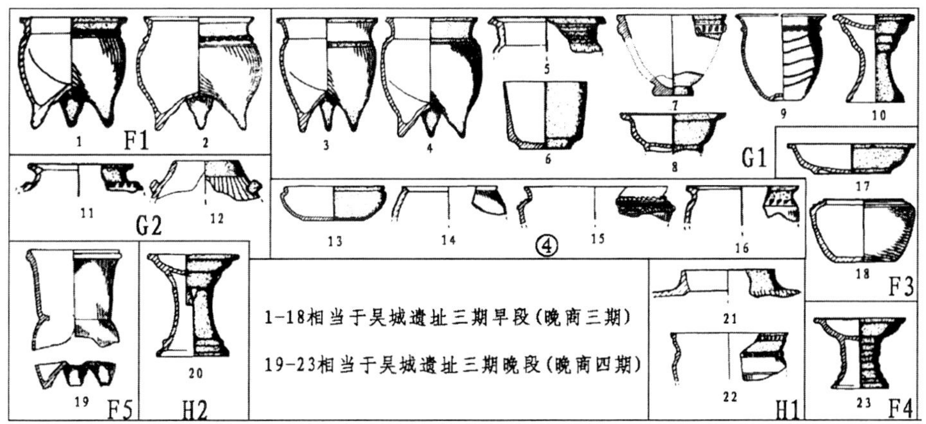

1-4、16、22.鬲（F1：1、3、G1：2、4、T2④：2、H1：1）　5、11、12、21.罐（G1：11、G2：5、4、H1：3）　6.杯（G1：7）　7.缸（G1：8）　8、10、20、23.豆（G1：6、5、H2：1、F4：1）　9、15.尊（G1：1、T7④：1）　13、14、18.缽（T4④：1、T7④：2、F3：1）　17.盤（F3：2）　19.甗（F5：1）

圖 1.3.11　德安石灰山遺址器物分期圖

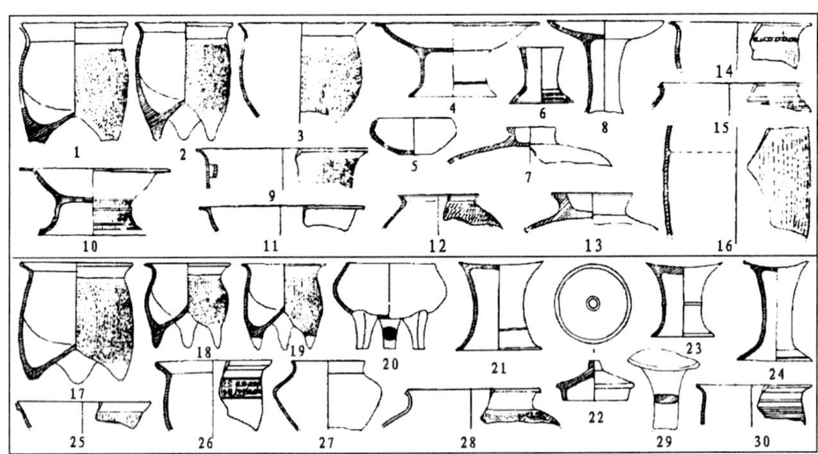

（1～16，第一期；17～30，第二期）

1、2.鬲（T10③C：3、4）　3.深腹盆（J1：4）　4、6、8、10.豆（J1：2、T3④A：2、T4④：1、J1：1）　5.缽（J1：7）　7、13.器蓋（T9④A：4、T7④A：5）　9、16.甗形器（T9③C：36、J1：6）　11、14.盆（T2③C：42、T9③C：43）　12、15.罐（T1④A：11、T10③C：10）　17-19.鬲（T11③B：8、T4③：9、T3③A：7）　20、29.鼎（T1③B：6、T4③A：30）　21、23、24.豆（T10③B：8、T4③：9、T3③A：7）　22.器蓋（T1③B：11）　25、26、30.盆（T10③B：41、T2③：40、T1③：46）　27、28.罐（T10③B：31、45）

圖 1.3.12-1　德安陳家墩遺址商代器物圖

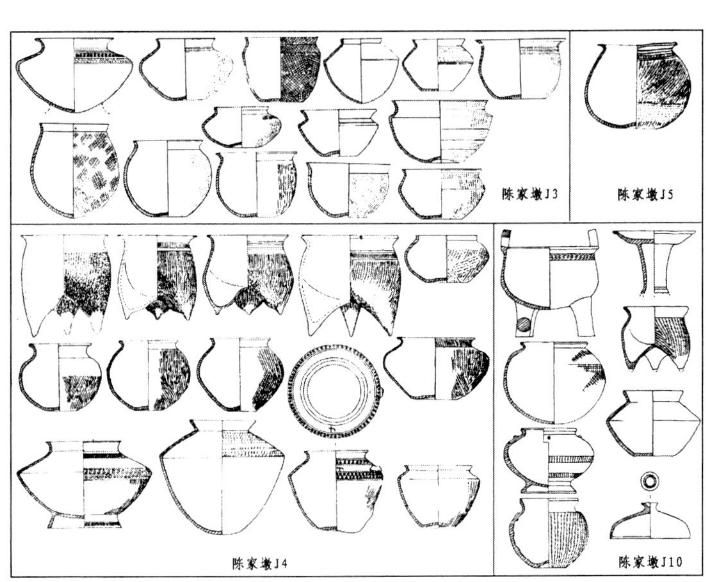

圖 1.3.12　德安陳家墩遺址西周時期器物圖

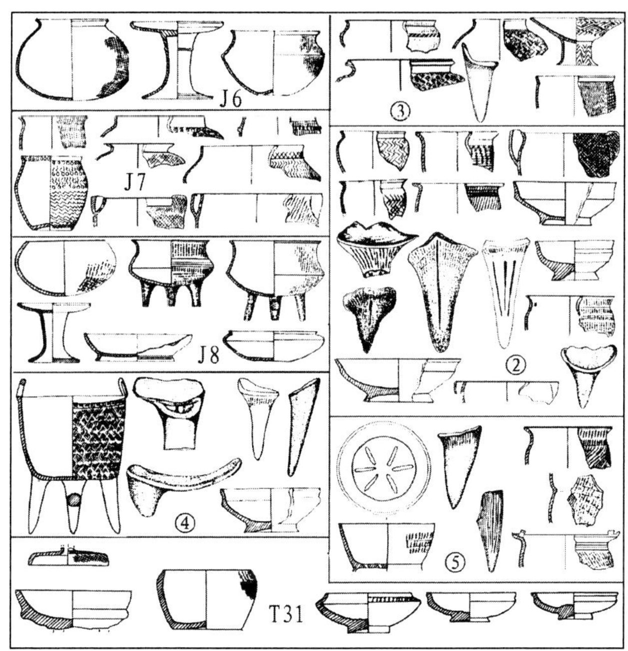

圖 1.3.13　廣豐社山頭遺址二里頭文化因素圖

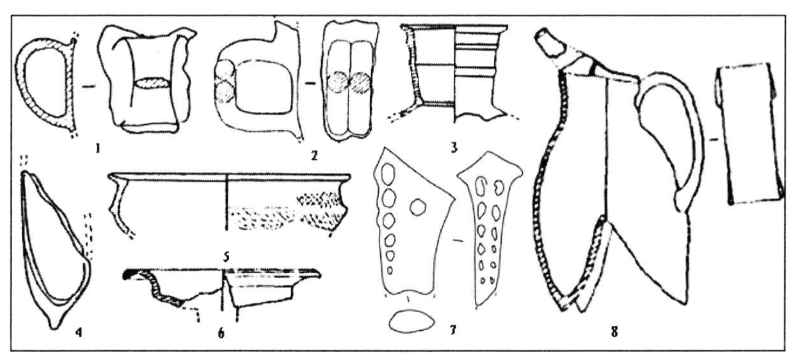

1、2.鬶鋬（T5③：2、T6③：1）　3.細頸壺（T19③：4）　4.鬶足（T6③：5）　5.折沿深腹盆（T1③：41）　6.細柄淺盤豆（T19③：1）　7.帶按窩側裝扁圓足鼎（T1③）　8.封口盉（T21③：1）

圖 1.3.14　廣豐社山頭遺址器物分期圖

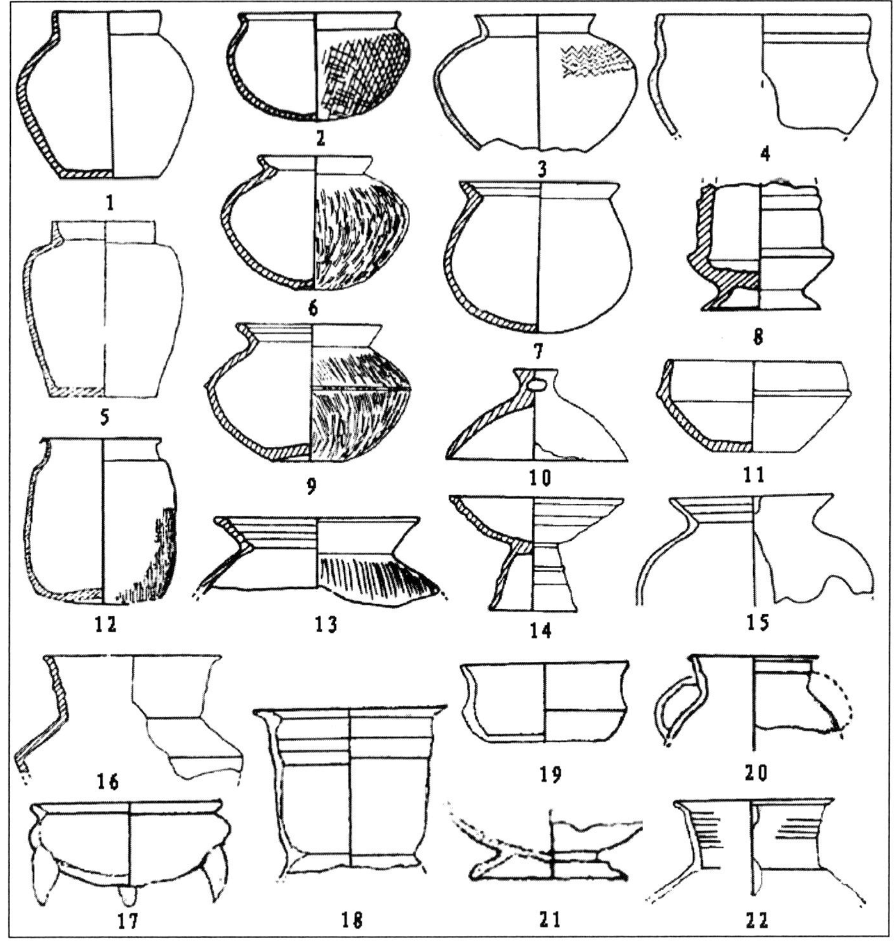

（1-15.下層文化第三期；16-22.上層文化）

1-3、5-7、9、12、13、15.罐（採：8、T11M1：8、T16H1：4、T16③：10、T16③：12、T21③F1：16、T17③：12、T16H1：2、T1514③標 1、T10M13：1）　4、11.缽（T2③：8、T18③：11）　8.杯（H52 標 1）　10.器蓋（採 6）　14.豆（T16③：2）　16、20、22.罐（T11M1：2、T1②：3、T4②：4）　17.鼎（T11M1：4）　18.甗形器（T4M1：9）　19.缽（T11M1：2）　21.壺（T5②：4）

圖 1.3.15　鷹潭角山窯址與盤龍城遺址尊對比圖

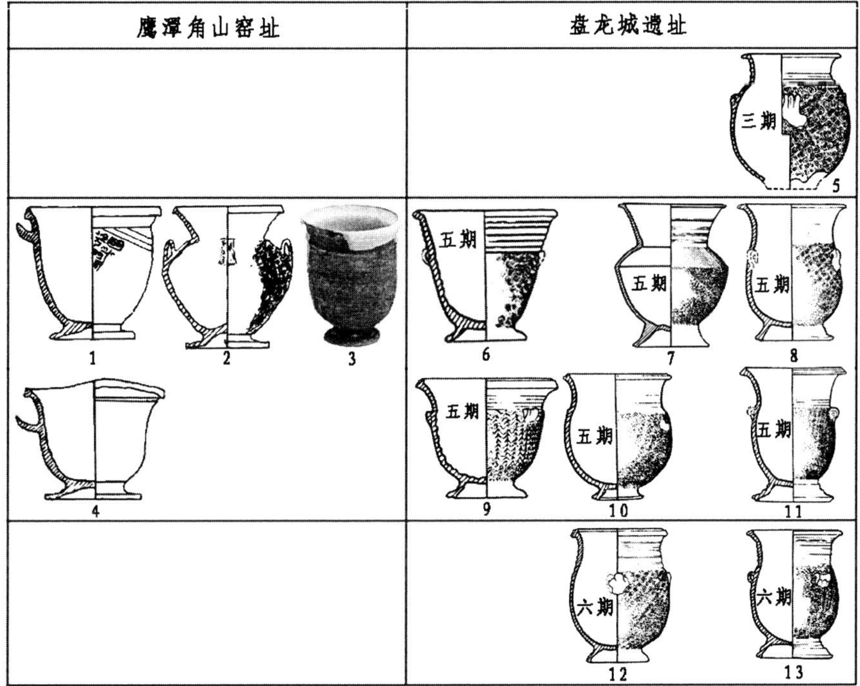

1、4.（83 板 H1：19、20）　2.（83 板採）　3.（採自《2000 中國重要考古發現》39 頁）　5-13.（PWZT9⑧：12、PYZT3⑤：29、PLWM1：8、PLZM1：23、PYWM9：5、PYWM3：4、PYWT38④：4、PYWH6：16、PLWM9：3）

圖 1.3.16　角山窯址器物分期圖

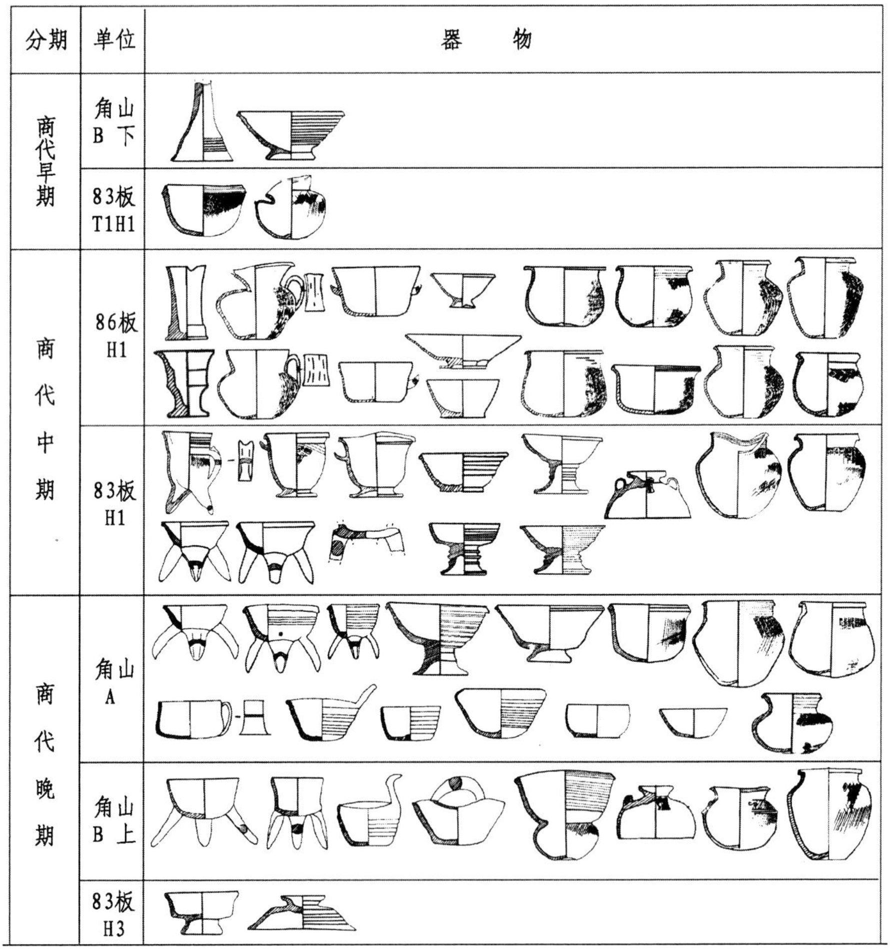

分期	单位	器　　物
商代早期	角山 B 下	
	83板 T1H1	
商代中期	86板 H1	
	83板 H1	
商代晚期	角山 A	
	角山 B 上	
	83板 H3	

圖 1.3.17　齋山、蕭家山和送嫁山諸地點與角山窯址器物分期圖

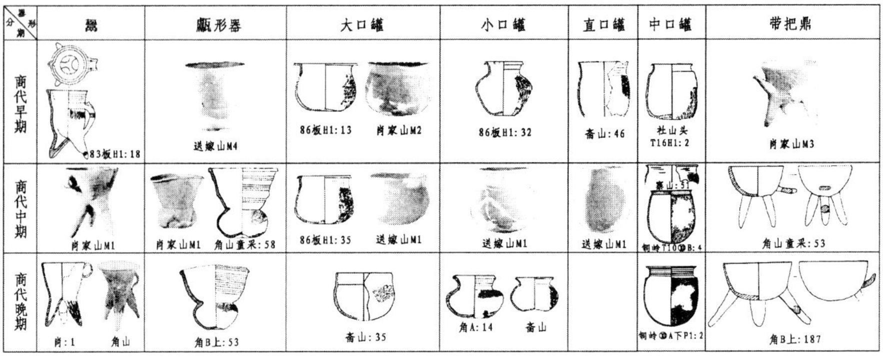

器形 / 分期	鬶	甗形器	大口罐	小口罐	直口罐	中口罐	带把鼎
商代早期	83板H1: 18	送嫁山M4	86板H1: 13　肖家山M2	86板H1: 32	斋山: 46	杜山头 T16H1: 2	肖家山M3
商代中期	肖家山M1	肖家山M1　角山童采: 58	86板H1: 35　送嫁山M1	送嫁山M1	送嫁山M1	寨山: 51　铜岭T10⑩B: 4	角山童采: 53
商代晚期	肖: 1　角山	角B上: 53	斋山: 35	角A: 14　斋山		铜岭⑩A下P1: 2	角B上: 187

圖 1.3.18　萬年蕭家山、送嫁山墓葬及齋山、蕭家山遺址器物圖

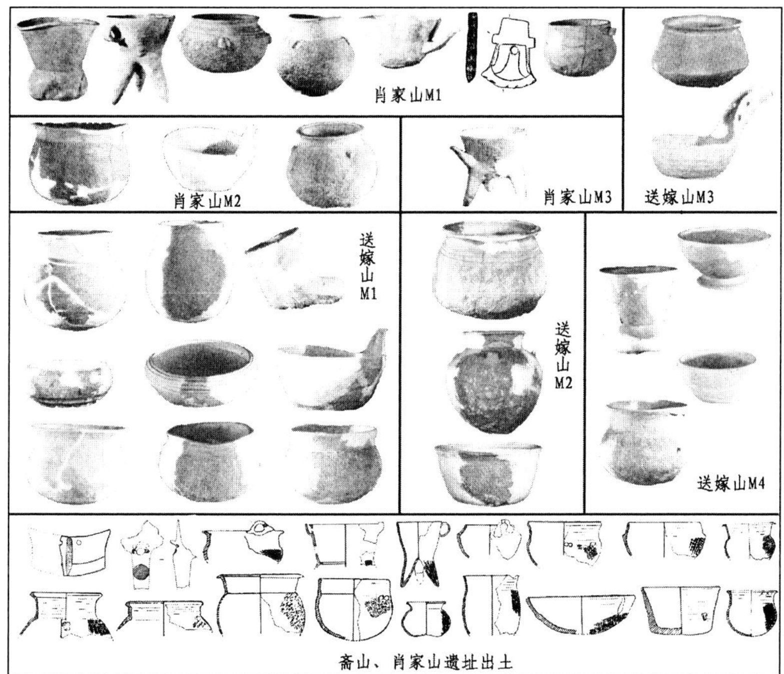

圖 1.3.19　婺源茅坦莊遺址器物圖

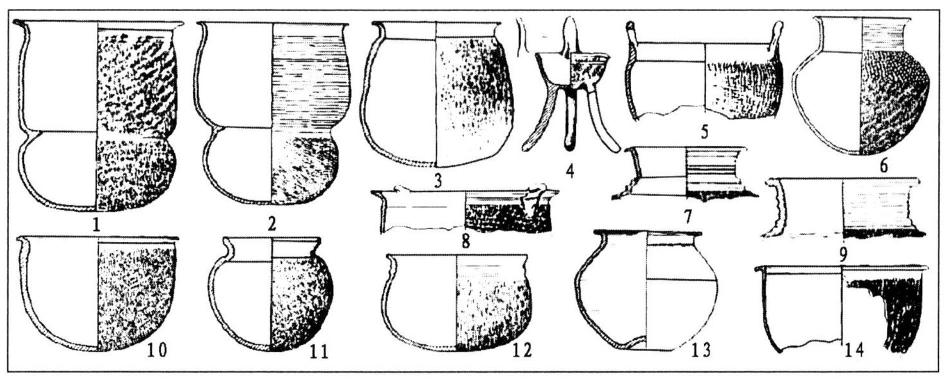

1、2.甗形器（H1：18、G1：43）　3、10、12、14.大口罐（H1：17、H7：9、G1：45、H7：標 2）　4.帶把鼎（F1：3）　5、8.盆（H7：標 3、H10：標 3）　6、7、9.高領罐（H7：10、T54②：標 1、G1：標 7）　11、13.矮領罐（H5：6、7）

圖 1.3.20　都昌小張家遺址器物圖

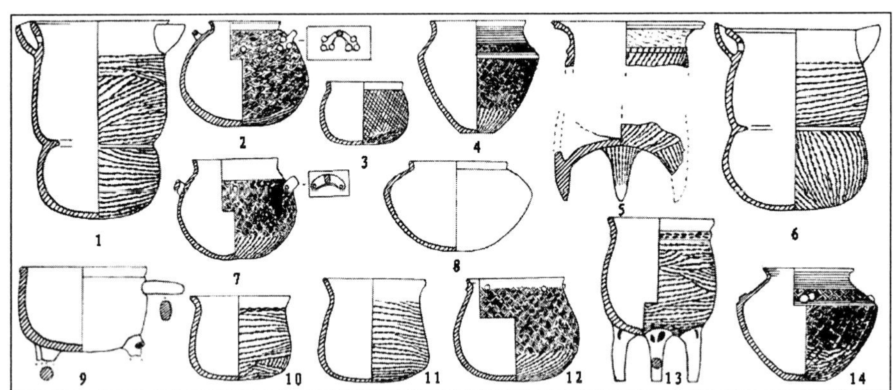

1、6.甗形器（G4②：8、M2：2）　2-4、7、8、10-12、14.罐（F1②：1、G4②：1、T3②：1、H9②：1、G2：4、M2：1、M1：2、G4②：2、T18②：1）　5.鬲（上：G4③：3；下 G4②：11）　9.帶把鼎（T12②：1）　13.鼎（H9②：6）

圖 1.3.21　彭澤團山遺址商代器物圖

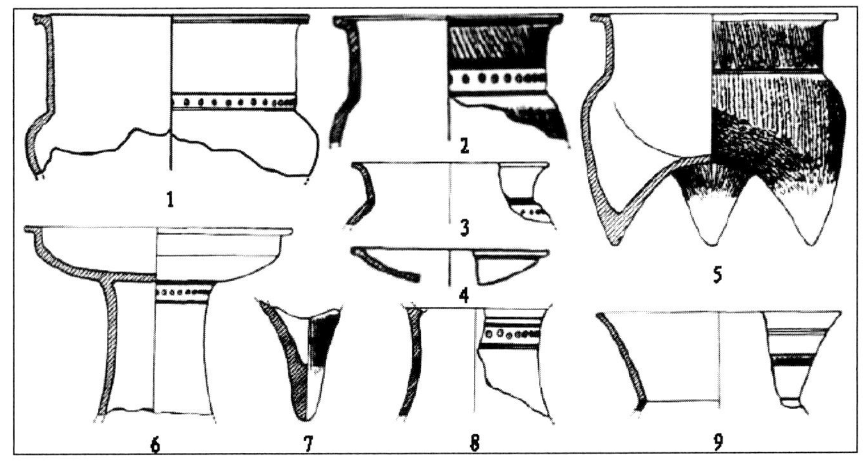

1、2、5.鬲（H4：2、F1：1、H3：1）　3.罐（H3：3）　4、6、8.豆（H3：1、H4：1、F1：3）　7.鬲足（F1：2）　9.大口尊（H3：2）

圖 1.3.22 贛鄱地區二里頭文化因素遺址點位置圖

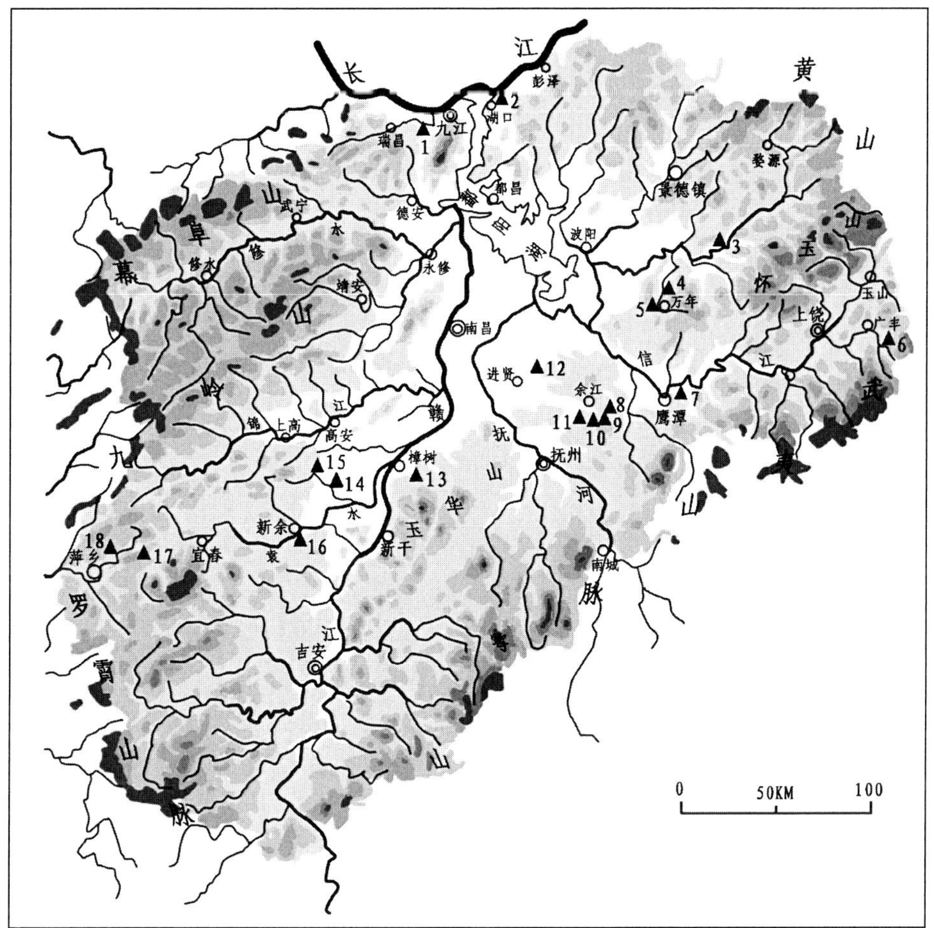

1.九江磨盤墩 2.湖口下石鍾山 3.樂平高岸嶺 4.萬年齋山遺址、送嫁山、西山墓葬 5.萬年蕭家山墓葬 6.廣豐社山頭 7.鷹潭角山和板栗山 8.余江紅龍崗 9.余江龍崗 10.余江馬崗 11.余江黃風嶺 12.進賢寨子峽 13.樟樹築衛城 14.樟樹樊城堆 15.高安下陳 16.新餘珠珊斜裏 17.萍鄉虹橋禁山下 18.萍鄉赤山大寶山

圖 1.3.23　贛鄱地區新石器時代末期二里頭文化因素器物圖

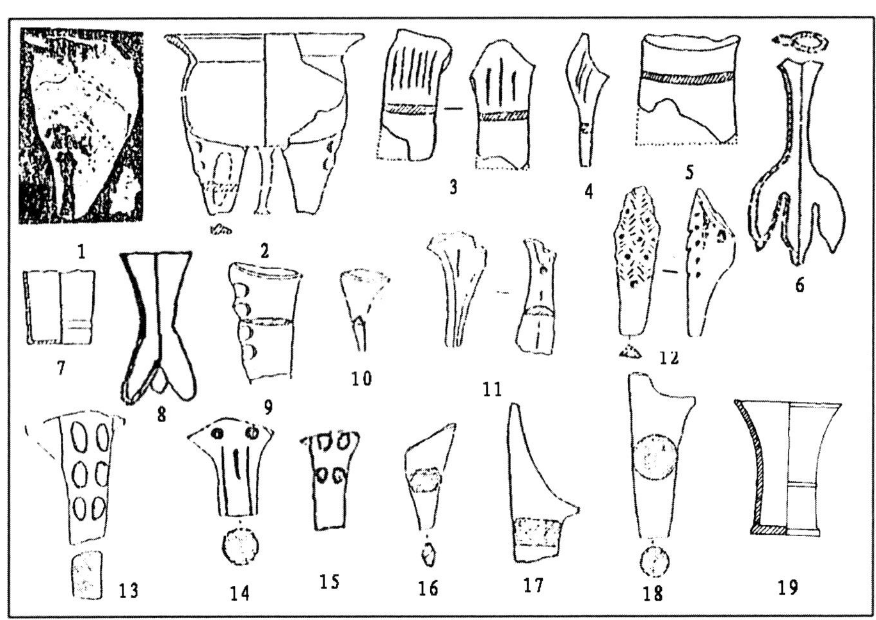

1.斝足（高安下陳）　2.鼎（余江龍崗）　3、4、5、9、10-18.鼎足（3-5.萍鄉大寶山；9、10.進賢寨子峽；11、12.湖口下石鍾山；13-18.九江磨盤墩下層）　6、8.鬶（6.萍鄉大寶山；8.樂平高岸嶺）　7.杯（樂平高岸嶺）　19.觚（新餘竹珊臺子上）

圖 1.3.24　吳城文化第一、二期器物圖

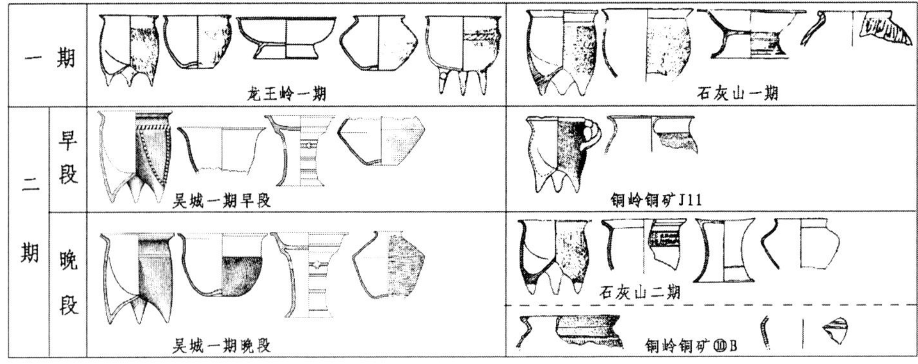

圖 1.3.25　贛鄱地區商時期遺存分佈及分區圖

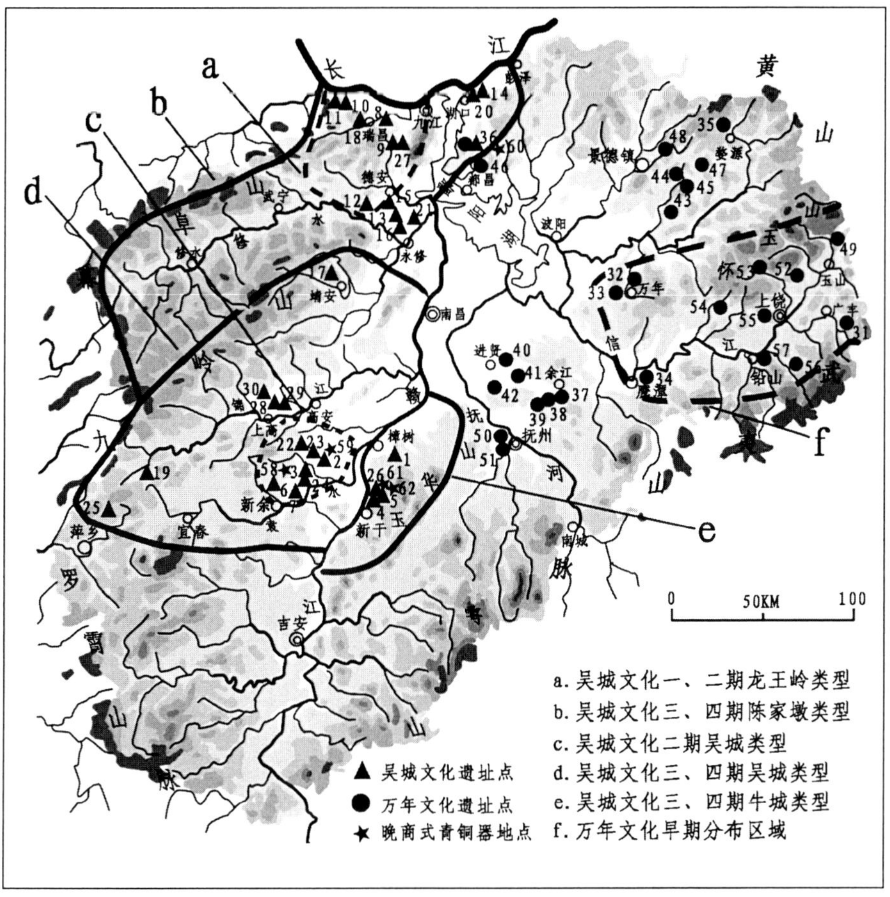

1.樟樹築衛城　2.樟樹樊城堆　3.樟樹吳城　4.新干大洋洲　5.新干牛城　6.新餘拾年山　7.新餘陳家　8.九江神墩　9.九江龍王嶺　10.瑞昌檀樹嘴　11.瑞昌銅嶺　12.德安石灰山　13.德安陳家墩-黃牛嶺遺址群　14.彭澤團山　15.德安蚌殼山　16.永修新界　17.靖安寨下山　18.瑞昌大路口　19.萬載榨樹窩　20.湖口下石鍾山　21.德安米糧鋪　22.高安下陳　23.樟樹大城　24.樟樹獅子山　25.萍鄉赤山大寶山 26.新干湖西　27.九江磨盤山　28.上高獅子腦　29.上高鷓鴣嶺　30.宜豐船形山　31.廣豐社山頭　32.萬年齋山、西山、送嫁山　33.萬年蕭家山　34.鷹潭角山、板栗山　35.婺源茅坦莊　36.都昌小張家　37.余江紅龍崗　38.余江龍崗　39.余江馬崗　40.進賢水泥廠　41.進賢南土墩　42.進賢陳羅　43.樂平高岸嶺　44.德興狐狸山　45.德興觀山　46.德興船丘山　47.婺源中雲　48.浮梁燕窩山　49.玉山歸塘塢　50.撫州豺狗包　51.撫州魚骨山　52.上饒馬鞍山　53.上饒南高峰　54.上饒茗洋　55.上饒南岩　56.上饒鐵山胡家橋　57.鉛山曹家墩　58.吳城正壙山　59.樟樹鋤獅腦　60.都昌大港烏雲山　61.新干大洋洲　62.新干中棱水庫

圖 1.3.26-1　吳城文化 A 群器物分期及與商文化對比圖

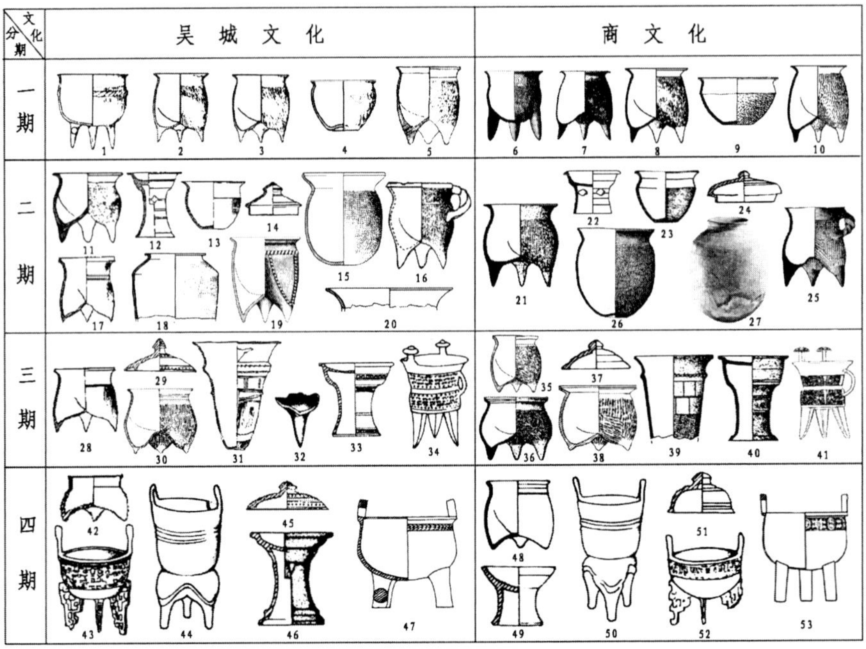

分期＼文化	吳城文化	商文化
一期	1 2 3 4 5	6 7 8 9 10
二期	11 12 13 14 15 16 17 18 19 20	21 22 23 24 25 26 27
三期	28 29 30 31 32 33 34	35 36 37 38 39 40 41
四期	42 43 44 45 46 47	48 49 50 51 52 53

1、6.鼎（龍王嶺 T4③：1、二里崗 H17：19）　2、3、5、7、8、10、11、17、19、21、28、30、32、35、36、38、42、48.鬲（龍王嶺 J1：5、J1：3、石灰山 T10③C：4、二里崗 H17：118、偃師商城ⅣH72：3、東下馮 H539：1、石灰山 T10③B：1、吳城 1974 秋 QSWT7⑤：1、1974 秋 QSWT7⑥：1、盤龍城樓 G2②A：4、吳城 1974QSWT4H1：1、陳家墩 J4：21、銅嶺⑨D 下 P6：1、殷墟 M22：1、大城墩 T3⑤A：10、殷墟 T250⑥：40、吳城 1974 秋 QSW（E）T9H11：9、天湖 M18：18）　4、9、13.盆（龍王嶺 T4③：2、東下馮 H104：22、吳城 1974 秋 QSWT7⑤：10）　12、22、33、40、46、49.豆（吳城 1974 秋 QSWT7⑥：10、偃師商城ⅡM21：1、吳城 1975QSWT8③：1、大城墩 T3⑤A：12、檀樹嘴 H2：1、殷墟 KAM63：3）　14、24、29、37、45、51.器蓋（吳城 1974 秋 QSWT7⑤：47、轉自李伯謙《試論吳城文化》一文中圖一-50、吳城 1974 秋 QSW（E）T9H11：6、殷墟 YB45、吳城 1975QSW（大）T2②：53、殷墟 H136：10）　15、26.深腹罐（吳城 1974 秋 QSWT7⑤：36、二里崗 T18：16）　16、25.斝（銅嶺 J11：1、二里崗 H2 乙：232）　18、27.甕（吳城 1974 秋 QSWT8⑥：1、二里崗 H1：7）　20、31、39.大口尊（吳城 1974 秋 QSWT7⑤：28、吳城 1974 秋 QSWT1③：10、大城墩 T3⑤A：3）　34、41.銅斝（吳城 1973QSW（正）M3：5、臺西 C：3、）　43、47、52、53.銅鼎（樟樹鋤獅腦一號鼎、陳家墩 J10：11 小屯 HPKM1109、小屯 82M1：11）　44、50.銅甗（都昌烏雲山、溫縣小南張）

圖 1.3.26-2　吳城文化 B 群器物分期圖

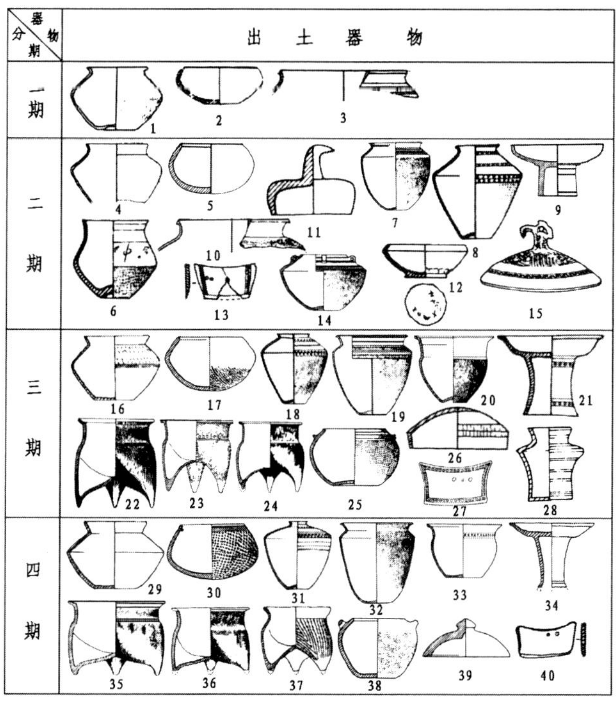

1、3、4、6、8、14、16、18、25、29、30、31、38.折肩罐（龍王嶺 J1：4、石灰山 T10③C：10、T10③B：31、吳城 1974 秋 QSWT7⑤：46、31、1986QSWT14③A：15、陳家墩 J3：13、吳城 1974 秋 QSWT7③：93、1974 秋 QSWT2③：5、陳家墩 J10：⑥：13、吳城 1974QSW（採）：10、1973QSW（黃）M1：7、1974 秋 QSW（E）T6H2：1）　2、5、17.缽（石灰山 J1：7 原始瓷、吳城 1975QSWT6④：12、1974QSWT9（C）③B：36）　7、19、28、32.折肩尊（吳城 1974 秋 QSWT7⑤：25、1974 秋 QSWT2④：5、1974 秋 QSWT1③：398、1974 秋 QSW（E）T7H8：11）

9、21、34.豆（吳城 1974 秋 QSWT7⑤：39、1973QSWT4③：19、陳家墩 J10：⑥標：5）　10、硬陶甗（石灰山 T10③B：45）　11、15、26、39.器蓋（吳城 1974 秋 QSWT7⑤：72、1974QSW（採）：33 青銅、1974 秋 QSWT3④：12、1974 秋 QSW（E）T9H11：31）　12.碗（吳城 1974 秋 QSWT7⑤：41）　13、27、40.馬鞍形陶刀（吳城 1974 秋 QSWT7⑤：36、1974 秋 QSWT7③：17、1974 秋 QSW（E）T9H11：18 原始瓷）　20、33.深腹盆（吳城 1974QSWT9（A）：5、1973QSW（葉）M1：1）　22-24、35-37.鬲（吳城 1974 秋 QSWT3④：1、大洋洲 XDM：617、吳城 1974 秋 QSWT3④：3、1974 秋 QSW（E）T6H7：6、1979QSWT1H2：8、陳家墩 J10：2）

圖 1.3.26-3　吳城文化 C、D 群器物分期圖

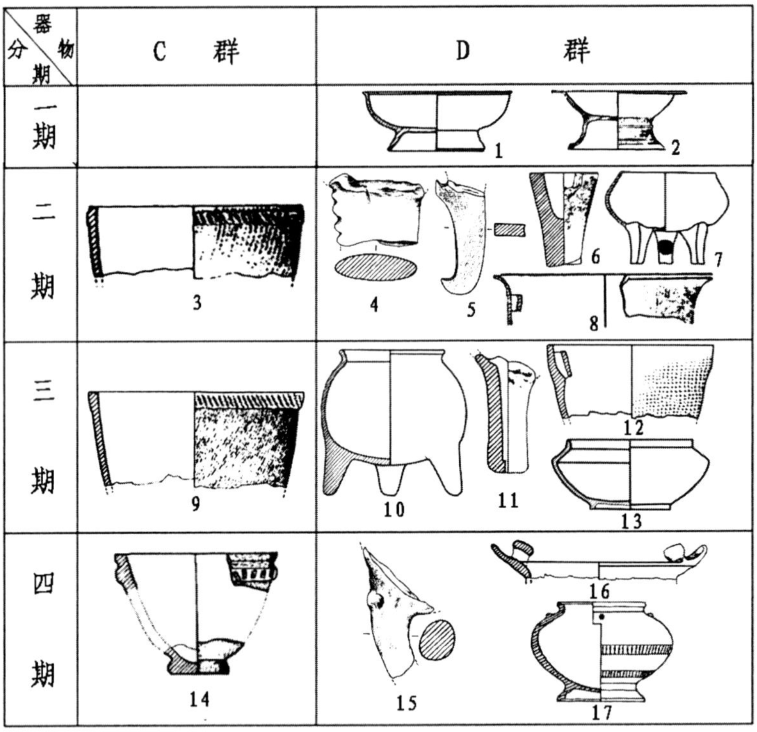

分期＼器物	C　群	D　群
一期		1　2
二期	3	4　5　6　7　8
三期	9	10　11　12　13
四期	14	15　16　17

1、2.圈足盤（龍王嶺 J1：2、石灰山 J1：1）　3、9、14.缸（吳城 1974 秋 QSWT7⑤：32、1974QSWT9（B）2：9、檀樹嘴 G1：8）　4-7、10、11、15.鼎（吳城 1974 秋 QSWT4③：77、1993ZW（H）T4H26：12、1975QSWT6H4：2、石灰山 T1③B：6、吳城 1973QSWT6④A：16、1974QSWT8②：1、1973QSWT6③：2）　8、12、16.釜.（石灰山 T9③C：36、吳城 1974 秋 QSWT2③：2、1975QSW（大）T2②：5）　13、17.瓿（1973QSWT④A：2、陳家墩 J10⑥：15）

圖 1.3.26-4　吳城文化 E、F 群器物分期圖

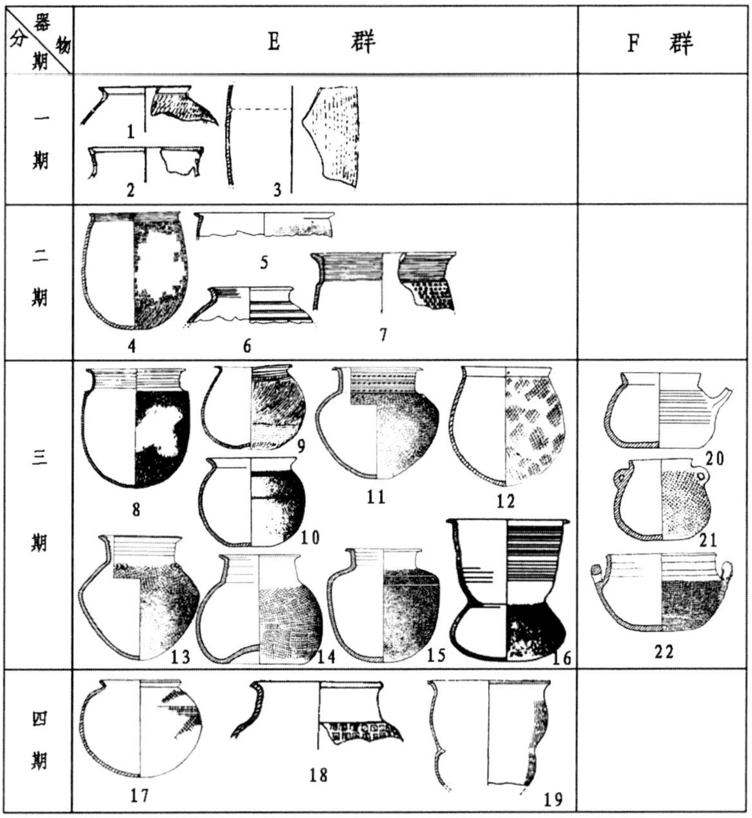

分期＼器物	E　群	F　群
一期	1　2　3	
二期	4　5　6　7	
三期	8　9　10　11　12　13　14　15　16	20　21　22
四期	17　18　19	

1、2、4、6-15、17、18、20、21.罐（石灰山 T1④A：11 原始瓷、龍王嶺 J1：6、銅嶺 T10⑩B：4 硬陶、吳城 1974 秋 QSWT7⑤：16、銅嶺 T14⑩B：2 硬陶、⑩A 層下 P1：2 硬陶、陳家墩 J5：3、吳城 1974 秋 QSW（E）T5J1：2、1974 秋 QSW（E）T9H11：18、陳家墩 J3：43、吳城 1993ZW（H）T7H32：1、1992ZWT1236②B：3、1993ZW（H）T5H16：1、陳家墩 J10②：7、銅嶺 T1⑨D：1、吳城 1975QSWT8Z3：846、吳城 1974QSWT10（A）②：5）3、5、16、19.甗形器（石灰山 J1：6、吳城 1974QSWT7⑤：7、1993ZW（H）T8③：1、神墩 85J1：2）　22.釜（1986QSWT18②：2）

圖 1.3.27　牛城類型器物圖

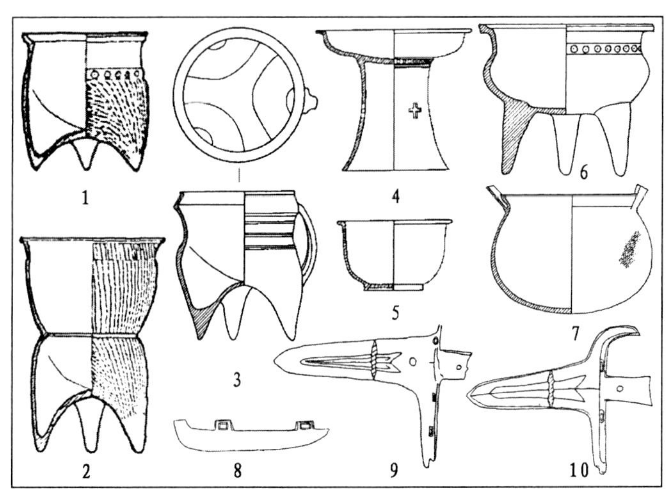

1.鬲（牛 H1：10）　2.甗（牛 H1：1）　3.斝（大洋洲 XDM：558）　4.豆（大洋洲 XDM：546）　5.簋（大洋洲 XDM：560）　6.鼎（大洋洲 XDM：556）　7.釜（大洋洲 XDM：557）　8.帶穿刀（大洋洲 XDM：332）　9.直內戈（大洋洲 XDM：132）　10.勾戟（大洋洲 XDM：133）

圖 1.3.28-1　萬年文化 A 群器物圖

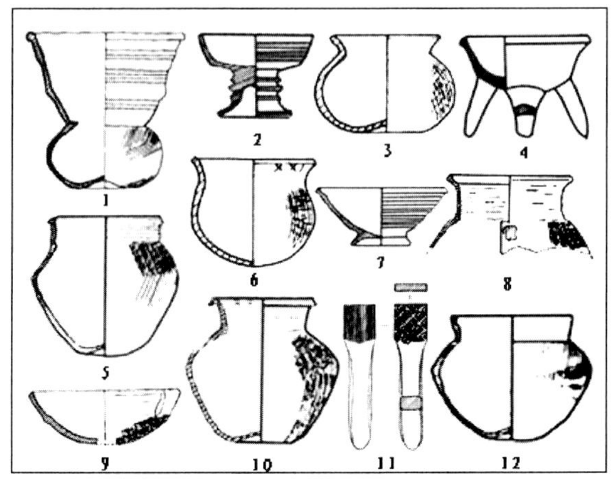

1.甗形器（1983 童採：58）　2.豆（1983 板 H1：2）　3.小口鼓腹罐（梓埠：1）　4.鼎（1983 板 H1：91）　5.中口罐（1983 角 A：84）　6.大口罐（球山：1）　7.碗（1983 角 B 下：25）　8.中口罐（1983 齋：52）　9.盔形缽（1983 齋：23）　10.小口罐（1986 板 H1：33）　11.陶拍（1983 角採：47）　12.小口鼓腹罐（1983 角 B：17）

圖 1.3.28-2　萬年文化 B、C、D 群器物圖

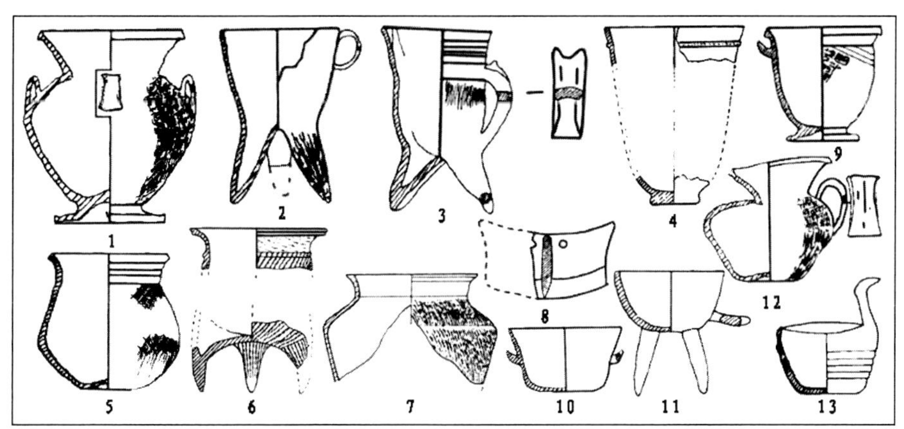

（1-4 爲 B 群；5-8 爲 C 群；9-13 爲 D 群）

1.尊（1983 板採）　2、3.鬶（1987 肖：1、83 板 H1：18）　4.大口缸（1983 齋：39）　5.折腹罐（1983 童採：85）　6.鬲（小張家 G4②：11）　7.折肩罐（1987 撫州採）　8.馬鞍形陶刀（1983 齋：7）　9.尊（83 板 H1：19）　10.雙把盂（86 板 H1：21）　11.帶把鼎（83 童採：53）　12.鴨形壺（86 板 H1：18）　13.帶把缽（83 角 B 上：94）

圖 1.3.29　南昌鄧家山遺址器物圖

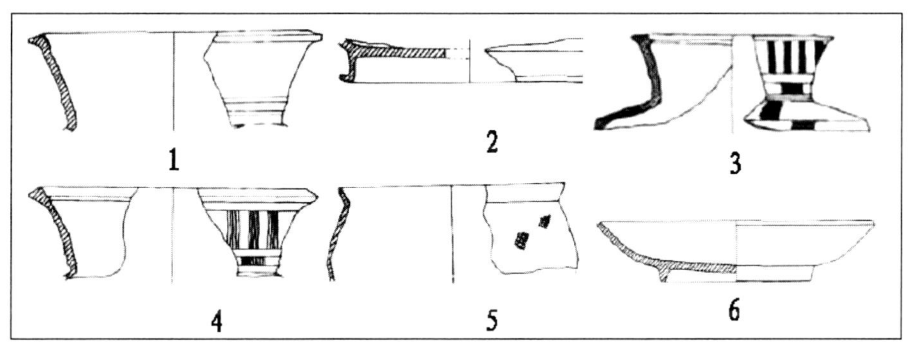

1、3、4.壺（T30②：1、H1：15、19）　2.簋（T35②：1）　5.罐（T8②：1）　6.碗（M2：1）

圖 1.3.30　贛鄱地區西周時期遺存分佈及分區圖

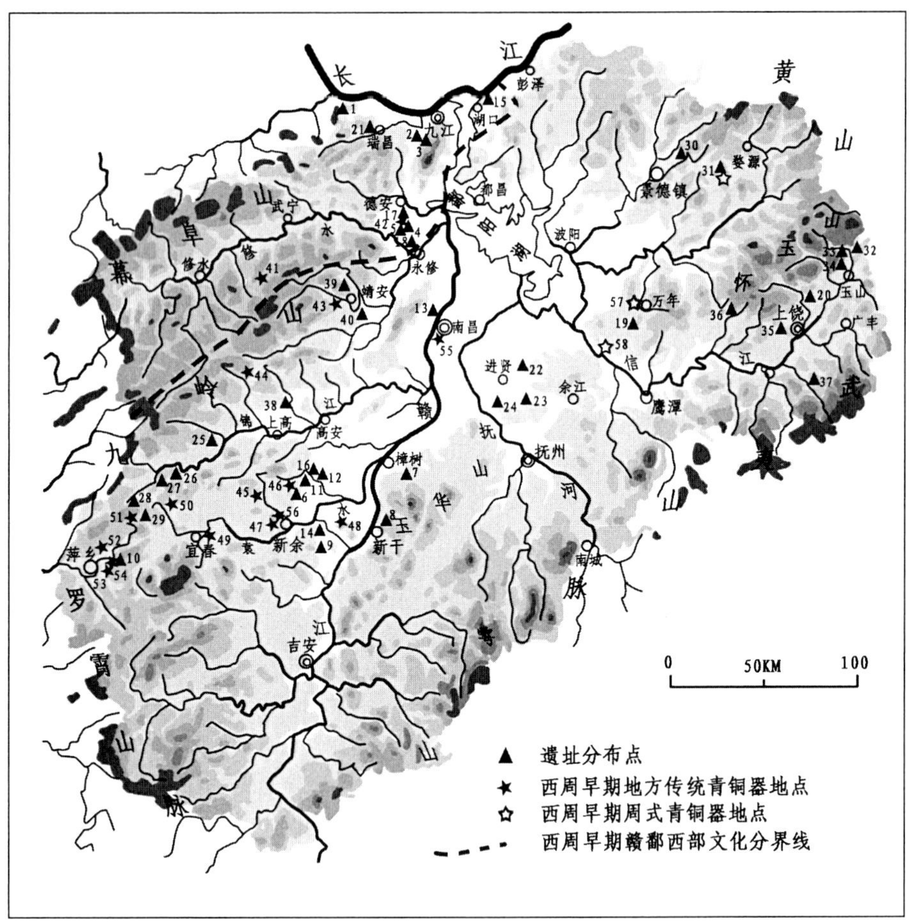

1.瑞昌銅嶺 2.九江神墩 3.九江磨盤墩 4.德安陳家墩 5.德安黃牛嶺 6.新餘拾年山 7.樟樹築衛城 8.新干牛城 9.新餘趙家山 10.萍鄉禁山下 11.新餘彭家山 12.樟樹樊城堆 13.南昌鄧家山 14.新餘錢家山 15.湖口下石鍾山 16.樟樹大城 17.德安蚌殼山 18.永修新界 19.萬年雷壇 20.上饒馬鞍山 21.瑞昌大路口 22.進賢寨子峽 23.進賢豬婆嶺 24.進賢前嶺觀 25.萬載徐家堖 26.萬載天子坳墓群 27.萬載獅子堖 28.萬載井窩裏墓群 29.萬載船形堖 30.浮梁燕窩山 31.婺源中雲 32.玉山歸塘塢 33.玉山對面山 34.玉山洪家山 35.上饒南岩 36.上饒茗洋 37.上饒鐵山胡家橋 38.上高曹港 39.靖安寨下山 40.奉新九里崗城址 41.武寧甬鍾 42.德安鐃 43.靖安鐃 44.宜豐鐃 45.新餘鐃 46.樟樹鐃 47.新餘鐃 48.新餘鐃 49.宜春鐃 50.萬載鐃 51.宜春鐃 52.萍鄉甬鍾 53.萍鄉鐃 54.萍鄉鐃 55.南昌徵集鐃 56.萍鄉甬鍾 57.萬年鼎 58.餘干甗

圖 1.3.31　九江磨盤墩和樟樹樊城堆遺址西周中晚期器物圖

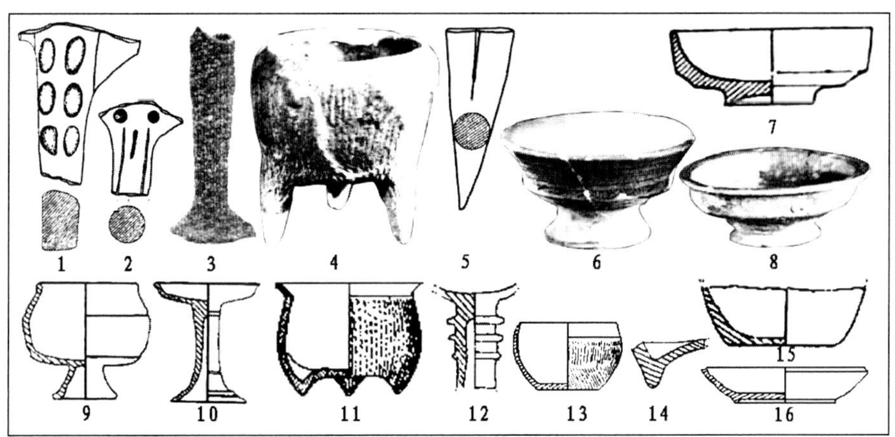

1、2、5.鼎足（磨下層）　3、6-8.豆（T3⑤、T1⑤、T2⑤、T2⑤）　4.鼎（T3⑤）　9、10、12.豆（T2②B：29、T3②A：57、T3②A：55）　11.鬲（78T11②B）　13.缽（78T11②B：32）　14.鬲足（T2②：13）　15.罐（T1②A：28）　16.盤（80T9②B：31）　（1-8.磨盤墩　9-16 樊城堆）

圖 2.4.1　夏代長江中下游政治地圖

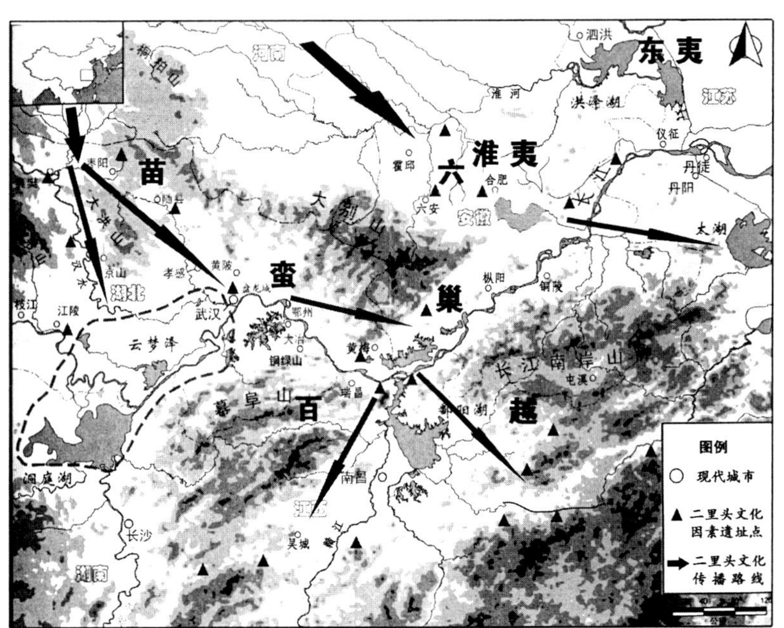

圖 2.4.2　商代長江中下游政治地圖

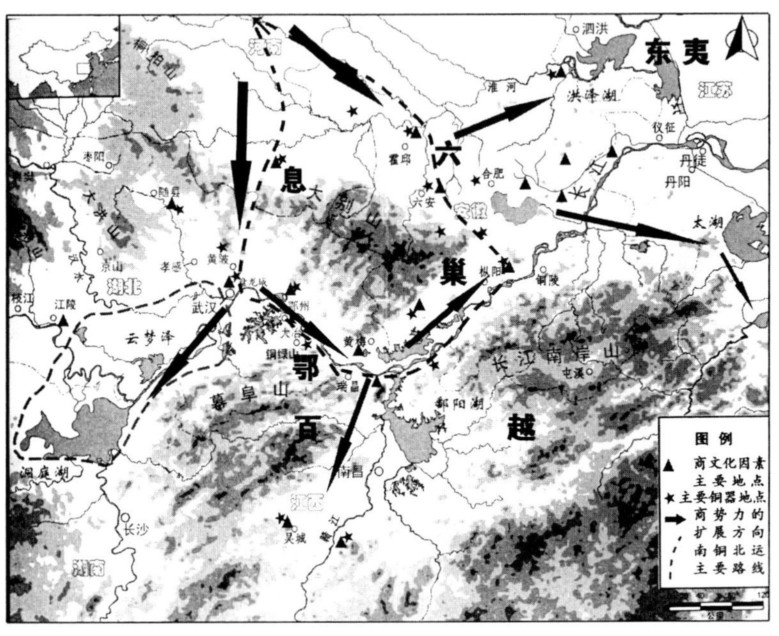

圖 2.4.3-1　西周前期長江中下游政治地圖

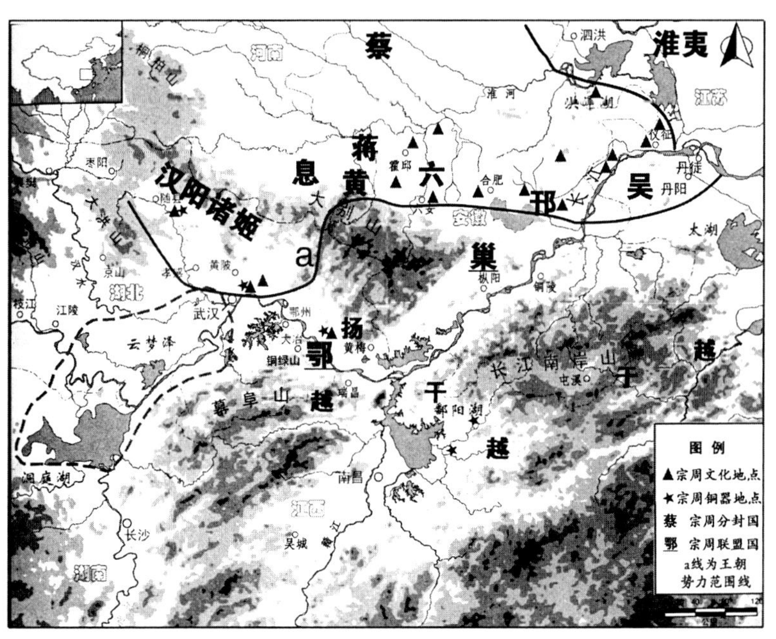

圖 2.4.3-2　西周中後期長江中下游政治地圖

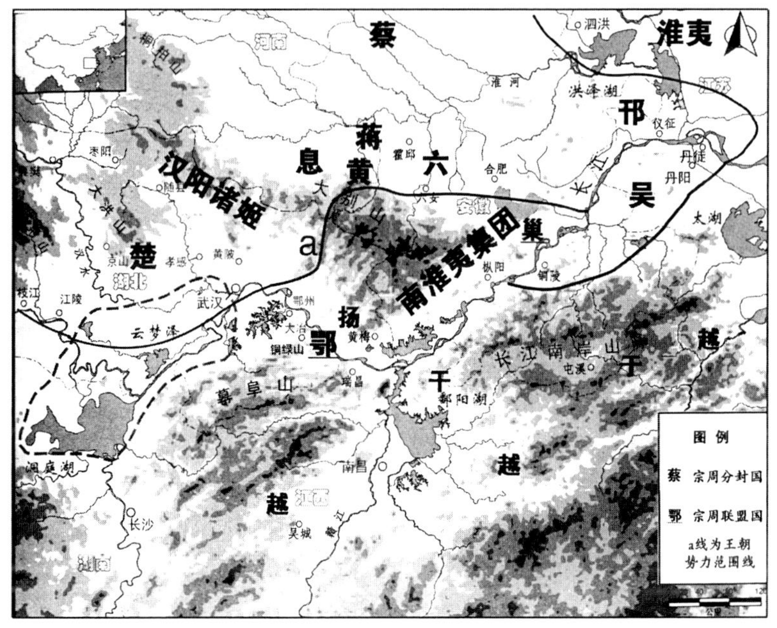

附表一　江淮之間夏商西周時期遺址及銅器統計表

一、遺　址

遺址名稱	地理位置	時　代	資　料　出　處	備註
壽縣鬥雞臺	縣城西南13.6公里	夏代、商代早期、西周早期	北京大學考古學系商周組、安徽省文物工作隊：《安徽省霍邱、六安、壽縣考古調查試掘報告》，《考古學研究》（三），科學出版社，1997年	
壽縣青蓮寺	縣城南28公里	夏代、西周中晚期	同上	
壽縣䖺蠟廟	迎河區張李鄉塘東村	夏代、早商晚段	同上	
壽縣觀音寺	楊仙鄉	商、西周	同上	
六安市廟臺	六安市裕安區徐集鎮三岔村	西周、有早商遺物	中國考古學年鑒2005年	
六安堰墩	市區東22公里	西周	安徽省文物考古研究所、六安市文物管理所：《安徽六安市堰墩西周遺址發掘簡報》，《考古》，2002年2期	
六安眾德寺	市區東9公里	商代早期晚段、晚期早段、西周中晚期	北京大學考古學系商周組、安徽省文物工作隊：《安徽省霍邱、六安、壽縣考古調查試掘報告》，《考古學研究》（三），科學出版社，1997年	
六安西古城	市區北6.5公里	夏代早期、西周中晚期	同上	
六安城都	市區東8公里	夏代早期、西周中晚期	同上	

六安鄔墩子	二十里鋪鄉吳莊村	商、西周	同上	
六安大墩子	椿樹鄉高崗村	西周	同上	
六安謝後大墩子	華祖鄉謝大莊子村	早商、晚商、西周	同上	
六安城墩	裕安區固鎮鎮楊橋村	夏商周	《安徽文物考古研究所文物考古2004年報》	
六安匡大墩	裕安區韓擺渡鎮官塘村	西周	《安徽文物考古研究所文物考古2006年報》	
六安青山鄉金陂塘	青山鄉新河村	西周晚期	中國考古學年鑒1993年	
霍邱繡鞋墩	陳埠鄉橋堂村	晚商早段、西周早、中、晚期	北京大學考古學系商周組、安徽省文物工作隊：《安徽省霍邱、六安、壽縣考古調查試掘報告》，《考古學研究》（三），科學出版社，1997年	
霍邱縣後花園	石店鎮韓廟村	西周	中國考古學年鑒2005年	
霍邱紅墩寺	姚李鎮東北紅墩寺村	夏、商、西周	中國考古學年鑒1988年	
霍邱城東崗	姚李鄉城東崗村	西周	北京大學考古學系商周組、安徽省文物工作隊：《安徽省霍邱、六安、壽縣考古調查試掘報告》，《考古學研究》（三），科學出版社，1997年	
霍邱英臺	新店埠鄉曹郢大隊	西周	同上	
霍邱華岩寺墩	陳家埠鄉	晚商、西周	同上	
霍邱古城	俞林鄉古城村	商、周	同上	
霍邱範臺子	縣城東五一鄉五五村	商、周	同上	
霍邱王郢古墓	河口鎮王郢村	西周中期	安徽省文物考古研究所：《安徽霍邱縣王郢古墓葬發掘簡報》，《東南文化》，2006年3期	
霍邱堰臺	石店鎮韓店村	西周	《安徽文物考古研究所文物考古2004年報》	
霍山趙士灣	衡山鎮洛陽河村	西周晚期	《安徽文物考古研究所文物考古2005年報》	
嘉山泊崗（現明光市）	縣城東北40公里淮河南岸泊崗鄉	商代中晚期	安徽省博物館：《安徽新石器時代遺址的調查》，《考古學報》，1957年1期；葛治功：《安徽嘉山縣泊崗引河出土的四件商代銅器》，《文物》，1965年7期	

合肥煙大古堆	大楊店鄉施大郢村東	商代末期、西周	《中國考古學年鑒 2003 年》	
長豐陳寺陂	曹庵鄉廟崗村西坡下	商代早期晚段	長豐縣志	
長豐紫燕墩	義井鄉陳老圩村附近	商代～春秋	長豐縣志	
肥東大城頭	縣城東闞集鄉小程村	商代、西周	安徽省博物館：《安徽新石器時代遺址的調查》，《考古學報》，1957 年 1 期	
肥東大陳墩	縣城東龍城鄉倉陳村	商代、西周	同上	
肥東吳大墩	縣城東北 50 公里古城鄉東吳村	二里頭文化三期、商代早期晚段、西周早中晚	張敬國、賈慶元：《肥東縣古城吳大墩遺址試掘簡報》，《文物研究》第一期，黃山書社，1985 年	
肥東烏龜灘	縣城北廣興鄉中胡村	商代早期晚段和西周早期	張敬國：《安徽肥東肥西古文化遺址調查》，《文物研究》第 2 輯，1986 年	
肥東藥劉	撮鎮鎮藥劉村	商代	1980 年試掘，《肥東縣志》	
肥東韓樓老壩	青龍鄉韓樓村	商代	1982 年試掘，《肥東縣志》	
肥東雙橋	定光鄉雙橋村南	商代	《肥東縣志》	
肥東小趙	復興鄉小趙村	西周晚期	《肥東縣志》	
肥東龍城古城遺址	龍城鄉龍城集	商代	《肥東縣志》	
肥西縣大墩子	小廟鎮戴大郢南沖下	夏代晚期、商代早期晚段、西周早期	胡悅謙：《試探肥西縣大墩子商文化》，《安徽省考古學會會刊》第一輯	
肥西周壩	館驛鄉周壩大隊	商、周	肥西縣志	
肥西陡崗	農興鎮張夾溝村	龍山時代，商時期遺物	中國考古學年鑒 2002	
肥西塘崗	南崗鎮雞鳴村牌坊自然村北	岳石文化早期、商、周	安徽省文物考古研究所：《安徽肥西塘崗遺址發掘》，《東南文化》，2007 年 1 期	
肥西單大墩	蘇小鄉北 1 公里	西周中期偏晚	張敬國：《安徽肥東肥西古文化遺址調查》，《文物研究》第二期，1986 年	
肥西師古墩	清平鄉北	西周中期	同上	

滁州何郢	琅琊區何郢村東南處	商末～西周	《中國考古學年鑒 2003 年》；宮希成：《安徽滁州市何郢遺址發掘的主要收穫》，《北京大學古代文明研究通訊》，2002 年 12 月第十五期	
滁州來安頓丘	新安鎮城東村	晚商	胡悅謙：《試探肥西縣大墩子商文化》，《安徽省考古學會會刊》第一輯	
滁州濮家墩	大王鎮北 2 公里濮家村	晚商西周	《中國考古學年鑒 1998 年》	
含山孫家崗	縣城西北 16 公里仙蹤鄉西江淮村	中商和晚商，西周早和晚期	安徽省展覽、博物館：《安徽含山縣孫家崗商代遺址調查與試掘》，《考古》，1977 年 3 期	
含山大城墩	縣城西北 15 公里，仙蹤鎮孫戚村西北 300 米	夏代早期、商代早期晚段到晚期、西周早、中、晚期	安徽省文物工作隊：《含山大城墩遺址調查試掘簡報》，《安徽文博》總第 3 期，1983 年；張敬國：《含山大城墩遺址第四次發掘的主要收穫》，《文物研究》第四期，黃山書社，1988 年；安徽省文物考古研究所：《安徽含山大城墩遺址發掘報告》，《考古學集刊》第 6 集，中國社會科學出版社，1989 年；安徽省文物考古研究所、含山縣文物管理所：《安徽含山大城墩遺址第四次發掘報告》，《考古》，1989 年 2 期	
含山清溪中學	含山縣清溪鎮	夏代早期	張敬國：《略論江淮地區夏商周文化分期及族屬》，《文物研究》第三期，黃山書社，1988 年	
含山牛湖董城	清溪鎮董城村東 200 米	夏代早期	同上	
巢湖市廟集大城墩	市區南巢湖東 3 公里	商代早期晚段，西周早、中、晚期	張敬國：《略論江淮地區夏商周文化分期及族屬》，《文物研究》第三期，黃山書社，1988 年；中國考古學年鑒 1987 年	
巢湖槐林神墩	巢湖南岸，槐林鎮東側	西周	張敬國：《略論江淮地區夏商周文化分期及族屬》，《文物研究》第三期，黃山書社，1988 年	
全椒古城	八波鄉古城村	商周	安徽省文物志	
樅陽縣湯家墩	周潭鄉七井村	晚商、西周中晚期	安徽省文物考古研究所：《安徽樅陽縣湯家墩遺址發掘簡報》，《中原文物》，2004 年 4 期	
樅陽毛園神墩	官橋鄉前程村毛園莊	早商～西周	安徽省文物志	
樅陽金山大小神墩	金社鄉金山村	西周	安徽省文物志	
樅陽縣浮山	浮山鄉，浮山山頂	西周	安徽省文物考古研究所：《安徽樅陽、廬江古遺址調查》，《江漢考古》，1987 年 4 期	

樅陽縣小北墩	錢橋鄉雙塘村	早商晚段、西周	同上	
樅陽縣楊家墩	浮山鄉火星村	西周	同上	
樅陽縣饒家墩	雷池鎮饒家墩村	西周中晚期	同上	
樅陽縣柏阪	浮山鎮向陽村白阪組	西周中晚期	同上	
樅陽縣大墩	會宮鄉城山村	西周中晚期	同上	
樅陽、廬江古代銅礦	大別山東部餘脈的低山丘陵	春秋～唐宋，可能更早些	《中國考古學年鑒 1991 年》	
桐城丁家沖	紅廟鄉紅廟村	商周	陶治強：《皖西南地區夏商時期的考古學文化》，安徽大學 2007 年碩士論文	
桐城朱家墩	天林鄉建政村	商周	安徽省文物志	
舒城葉墩	姚河鄉胡畈村龍潭河與湯池河匯合處	商周	同上	
舒城黑虎城	五里鄉金虎村	商周	同上	
霍山縣戴家院	但家廟鎮大河廠村	西周早、中、晚期	中國考古學年鑒 2006；中國文物報 2006 年 4 月 12 日 1 版	
廬江縣大神墩	縣城西北 15 公里金牛鎮徐河村南	西周中晚期或更晚	程浩、張莉平、張鍾雲：《廬江大神墩遺址發掘簡報》，《江漢考古》，2006 年 2 期	
廬江縣朱家神墩	廬城鎮	西周中晚期	安徽省文物考古研究所：《安徽樅陽、廬江古遺址調查》，《江漢考古》，1987 年 4 期	
嶽西縣祠堂崗	湯池鄉湯池村西南	薛家崗文化二期	中國考古學年鑒 1986	
嶽西縣鼓墩	縣城西 25 公里	龍山晚期、二里頭時期和西周	中國考古學年鑒 1986	
嶽西黃泥古墩	來榜鄉黃泥畈嶽店	商、西周	1985 年試掘	
嶽西窯形包	店前鄉龔家屋後	商代	安徽省文物志	
嶽西蟹形面	撞鐘鄉撞鐘村	商代	安徽省文物志	

嶽西鼓形包	撞鐘鄉毛畈村	商代	安徽省文物志	
嶽西徐良橋	徐良鄉徐良橋大灣山腳	商代	安徽省文物志	
灊山薛家崗	河鎮鄉永崗行政村	夏代晚期、商代早期、西周	安徽省文物考古研究所：《灊山薛家崗》，文物出版社，2004 年	
安慶棋盤山	迎江寺東側	西周晚期	中國考古學年鑒 2006	
安慶張四墩	白澤湖鄉三義村西	早商、西周中晚期	許聞:《安徽安慶市張四墩遺址初步調查》，《文物研究》總第 14 輯，2005 年；北京大學考古學系、安徽省文物考古研究所：《安徽安慶市張四墩遺址試掘簡報》，《考古》，2004 年 1 期	
安慶沈店神墩	白澤湖鄉沈店村	西周中晚期	安徽省文物考古研究所、安慶市博物館:《安徽安慶市先秦文化遺址調查報告》，《文物研究》總第 14 輯，2005 年	
安慶三城寺	十里鄉蘇崗村	西周	同上	
安慶宣潭寺	白澤湖鄉白澤村	西周	同上	
安慶任埒祠墩	白澤湖鄉任埒村	商、西周	同上	
安慶芭茅神墩	蕭坑鄉芭茅村	商、西周	同上	
安慶饒家墩	白澤湖鄉饒阪村	西周	同上	
安慶皖河墩頭	練成大隊紅升小隊	西周	同上	
懷寧跑馬墩	五橫鄉五橫村	二里崗上層、西周中期	楊德標：《安徽懷寧跑馬墩遺址的主要收穫》，《文物研究》第八期，1993 年	
懷寧百林山	灊山縣城東 4 公里	二里崗上層、西周中期	安徽省文物考古研究所：《懷寧縣百林山遺址發掘簡報》，《文物研究》第 12 期，2000 年	
懷寧黃龍	黃龍鎮黃龍村黃龍舍西	西周中晚期	許聞：《懷寧黃龍新石器時代遺址試掘簡報》，《文物研究》總第二期，1986 年	
懷寧金龍嶺	臘樹鎮八一村查家大屋	西周中晚期	安徽省文物考古研究所、懷寧縣文物管理所：《安徽懷寧縣皖河流域先秦遺址調查報告》，《文物研究》總第 14 輯，2005 年	
懷寧烏家莊	石牌鎮普濟村	西周中晚期	同上	
懷寧王祠	三橋鎮王祠	西周中晚期	同上	
懷寧紀龍嘴	小市鎮求雨	西周中晚期	同上	

懷寧大窯墩	黃墩鎮黃墩	西周中晚期	同上	
懷寧汪家嘴	三橋鎮社塘村汪家嘴村	西周中晚期	同上	
懷寧銀墩	小市鎮茅庵村	西周中晚期	同上	
懷寧倉鹽墩	皖河鄉湖倉村陳家墩	西周中晚期	同上	
懷寧高墩	三橋鎮牛橋村	西周中晚期	同上	
懷寧黃山	三橋鎮雙塘村	夏代、西周中晚期	同上	
懷寧古城墩	小市鎮良湖村	西周中晚期	同上	
懷寧國靈墩	大窪鄉鳴風村	西周中晚期	同上	
懷寧吳墩	月山鎮月山村吳墩村	西周中晚期	同上	
懷寧烏龜墩	臘樹鎮安山村	西周中晚期	同上	
懷寧王畈墩	三橋鎮龍門村	西周中晚期	同上	
懷寧獅子山	小市鎮良湖村	西周中晚期	同上	
懷寧錢嶺	臘樹鎮臘樹村	西周中晚期	同上	
太湖王家墩	小池鎮中心鄉孔河村	晚商、西周中期	高一龍：《太湖縣王家墩遺址試掘》，《文物研究》總第一期，1985 年	
太湖墩上	徐橋區建設鄉華豐村	商代	安徽省文物志	
儀徵甘草山	胥浦鄉西南	第四層西周～春秋，下面的 H2 可早到商	江蘇省駐儀徵化纖公司文物工作隊：《儀徵胥浦甘草山遺址的發掘》，《東南文化》，1986 年第 2 輯	
儀徵神墩	陳集鎮丁橋村	西周早、中、晚期	中國文物報 1996 年 3 月 17 日	
江浦轉田村	建設鄉轉田村東北	西周中晚期	中國考古學年鑒 1991 年	
江浦曹王塍子	向陽鄉小檀村西南	西周晚期	南京博物院《江浦縣曹王塍子遺址試掘簡報》《東南文化》1986 年 2 輯	
江浦蔣城子	蘭花鄉鄭莊村西南	西周早、中、晚期	南京市博物館、南京大學歷史系：《江蘇江浦蔣城子遺址》，《東南文化》，1990 年 1、2 期	

江浦牛頭崗	湯泉農場	夏代晚期、商、西周	中國考古學年鑒 1992、1993 年	
泗洪趙莊	梅花鄉東	商代中晚期	《江蘇考古五十年》第 144 頁	
盱眙六郎墩	縣城西河橋鄉蔣郢村	夏、西周	《江蘇考古五十年》第 144 頁	
沭陽萬北	萬匹鄉萬北村	岳石文化、晚商、西周早期	谷建祥、尹增淮：《江蘇沭陽萬北遺址試掘的初步收穫》，《東南文化》，1988 年 2 期；南京博物院：《江蘇沭陽萬北遺址新石器時代遺存發掘簡報》，《東南文化》，1992 年 1 期	
鹽城龍崗	龍崗中心校園內	商代中晚期	韓明芳：《江蘇鹽城市龍崗商代墓葬》，《考古》，2001 年 9 期	
高郵周邶墩	龍奔鄉周邶墩村南	夏、西周晚期	南京博物院考古研究所：《江蘇高郵周邶墩遺址發掘報告》，《考古學報》，1997 年 4 期	
姜堰天目山	市區北郊	西周～春秋	朱國平：《江蘇姜堰天目山西周城址發掘報告》，《考古學報》2009 年 1 期	
姜堰單塘河	天目山遺址西	商～西周	周煜、黃炳煜：《天目山、單塘河古遺址調查報告》，《東南文化》，1987 年 3 輯	

二、銅　器

出土銅器時間地點	銅器種類	時　代	資　料　出　處	備註
1982 年合肥巢縣峏山鄉	銅盉	西周早期	合肥市志	
1980 年 12 月巢縣峏山鄉出土	龍首紐直流盉	西周早期	安徽省文物志	
1982 年 12 月巢湖市廢品部門揀選	竊曲紋鼎、夔鳳紋銅簠	西周中晚期	安徽省文物志	
1985 年，壽縣博物館從廢品倉庫徵得	銅斝	商代晚期	安徽省文物志	
1999 年六安地委黨校出土	銅尊	商代晚期	安徽省皖西博物館：《安徽六安出土一件大型商代銅尊》，《文物》，2000 年 12 期	
1977 年 12 月在六安縣土產公司廢品倉庫揀選	饕餮紋觚 1、弦紋斝	商代早期	孟憲珺、趙力華：《全國揀選文物展覽巡禮》，《文物》，1985 年 1 期	
1953 年春嘉山縣泊崗出土	斝、爵、觚、罍、錛	商代中期	葛治功：《安徽嘉山縣泊崗引河出土的四件商代銅器》，《文物》，1965 年 7 期	
1979 年 10 月嘉山縣廢品回收站揀選	銅鬲	商代晚期	安徽省文物志	

肥西大墩子	斝、鈴、戈	夏代晚期、商	胡悅謙：《試探肥西縣大墩子商文化》，《安徽省考古學會會刊》第一輯	
1965年10月，肥西縣館驛公社糖坊大隊出土	獸面紋單柱爵2、斝2、觚1	商代中期偏晚	安徽省文物志	
1972年，肥西館驛公社周壩大隊大墩孜商代遺址出土	單扉銅鈴	商代早期	同上	
1985年出土於肥西上派鎮顏灣倪小河南岸窖藏	「父丁」銘觚、「戈」字銅爵	商代晚期	同上	
1984年含山孫家崗	爵、戈	爵爲商代早期、戈爲西周晚期	楊德標：《安徽含山縣出土的商周青銅器》，《文物》，1992年5期	
1989年含山孫戚村出土	戈、觚	商代早期	楊德標：《安徽含山縣出土的商周青銅器》，《文物》，1992年5期	
1958年在樅陽縣浮山鄉出土	銅鼎1	西周	同上	
1987年7月在樅陽縣周潭鄉七井村出土	方彝1	商代晚期	方國祥：《安徽樅陽出土一件青銅方彝》，《文物》，1991年6期	
1992年5月樅陽横埠鎮官塘村出土	重環紋鼎	西周晚期	安徽省文物志	
1983年金寨縣斑竹園出土	「父乙」銘鬲、「父癸」銘爵、尊	商代晚期～西周早期	同上	
1987年7月15日霍邱縣葉集鎮貫山村出土	小型甬鍾	西周中晚期	同上	
1984年11月17日，利辛縣張村區柳東鄉管臺子莊西頭古淝河北岸西周銅器窖藏出土	變體竊曲紋銅鼎、夔鳳紋簠2	西周晚期～春秋早期	安徽省文物志	
1957年6月安徽省阜南縣朱寨區常白莊南小潤河出土	龍虎尊1、饕餮紋尊1、銅爵2、銅觚2、銅斝2	殷墟早期	《安徽阜南發現殷商時代的青銅器》，《文物》，1959年1期	
1944年阜南縣朱寨月牙河	獸面紋觚2、饕餮紋鬲2	殷墟早期	同上	
1971年11月在潁上縣趙集王拐村	「酉」字爵	商代晚期	安徽省文物志	

1972 年在穎上縣趙集王拐村	「月已」銘爵	商代晚期	同上	在已公布的商代銅器中，尚無此銘文者，此爲唯一
1982 年 9 月於穎上縣王崗鄭小莊稻場邊西周土坑墓出土	「父丁」銘爵 2、鼎、提梁卣、尊、戈、勺、鏃、弓形器	商代晚期～西周中期	同上	
1965 年於蚌埠市廢銅收購站收購	饕餮紋爵	商代中期	同上	
1965 年從蚌埠市土產站廢品倉庫宿縣購回	分襠銘文鼎	商代晚期	同上	
1976 年 5 月蚌埠市廢舊物資公司揀選	銅斝	商代晚期	同上	
1984 年 10 月在天長縣於窪鄉文物普查時徵集	三足匜	西周晚期	陳建國：《安徽天長縣出土西周青銅匜》，《考古》，1986 年 6 期	
1973 年，廬江縣泥河區農民挖河時發現	獸面紋鐃	商代晚期	同上	
1978 年 3 月，由廬江縣泥河區盔頭公社農民取土發現	盤口盉、蟬紋鼎	西周晚期	同上	
1955 年在潛山縣出土	獸面紋鐃	商代晚期	同上	
1978 年在太湖縣寺前區寺前河出土	「父辛」銘爵	商代晚期～西周早期	安徽省文物志	
2006 年望江縣賽口鎮南畈村出土	「酉」字爵、扁足鼎各 1	商代晚期	未見著錄，藏於望江縣文管所	
1984 年 3 月，在舒城縣古城鄉金墩村西周墓中出土	「父辛」銘爵、銅觚	商代晚期～西周早期	未見著錄，藏於舒城縣文管所	
1984 年霍山佛子嶺	銅斝	商代早期	楊立新：《安徽淮河流域夏商時期古代文化》，《文物研究》，1989 年第 5 輯	
儀徵破山口	四鳳盤、魚龍紋盤、饕餮紋甗、素面鬲、素面獨耳鬲、雲紋尊、鳥紋尊、方格紋瓿、鳳紋盉	西周晚期	王志敏、韓益之：《介紹江蘇儀徵過去發現的幾件西周青銅器》，《文物參考資料》，1956 年 12 期；尹煥章：《儀徵破山口探掘出土銅器記略》，《文物》，1960 年 4 期；張敏：《破山口青銅器三題》，《東南文化》，2002 年 6 期	

沭陽萬北	青銅戈、矛、鏃、錛，採集鼎	商代晚期	谷建祥、尹增淮：《江蘇沭陽萬北遺址試掘的初步收穫》，《東南文化》，1988 年 2 期	
浦口長山子	青銅鼎 1、鬲 3 等	西周晚	南京市文物保管委員會：《南京浦口出土一批青銅器》，《文物》，1980 年 8 期	

附表二　鄂東南夏商西周時期遺址及銅器統計表

一、遺　址

遺址名稱	地理位置	時　代	資　料　出　處	備 註
圻春易家山	蘄春縣城西 2.5 公里的易家山和李家山兩個相鄰的土丘範圍內	西周中晚期	湖北省文物管理委員會：《湖北圻春易家山新石器時代遺址調查簡報》，《考古通訊》，1956 年 3 期；湖北省文物管理委員會：《湖北圻春易家山新石器時代遺址》，《考古》，1960 年 5 期	帶刻槽的鬲足
圻春毛家咀	縣城東北 30 公里毛家咀村西	西周早期（帶有商晚期的特點）	中國科學院考古研究所湖北發掘隊：《湖北圻春毛家咀西周木構建築》，《考古》，1962 年 1 期	
蘄春鱡魚咀	横車區鋪咀鄉	西周中晚期	黃岡地區博物館：《黃岡地區的幾處古文化遺址》，《江漢考古》，1989 年 1 期	帶刻槽的鬲足
蘄春田家彎	花園鄉汪壩村	西周中晚期	黃岡地區博物館：《黃岡蘄水流域古遺址調查》，《江漢考古》，1994 年 3 期	帶刻槽的鬲足
蘄春蘇灣	獅子鄉蘇灣村	西周早中期	同上	
蘄春回龍灣	獅子鄉蘇灣村	西周中晚期	同上	
蘄春樟樹咀	張塝鎮魏河村	西周中晚期	同上	
蘄春胡壩街	劉河鄉胡壩村	西周中晚期	同上	
蘄春有蟠龍	大公鄉嚴浪村	西周中晚期	同上	
浠水安山	浠水縣洗馬鎮北 2.5 公里下羅田村	西周早中期	黃岡地區博物館：《黃岡蘄水流域古遺址調查》，《江漢考古》，1994 年 3 期	

浠水龜金山	堰橋鄉沿圈河村	西周中晚期	同上	
浠水片街	清泉鎮人橋村	西周晚期	黃岡地區博物館：《湖北黃岡浠水流域古文化遺址調查》，《江漢考古》，1995年1期	帶刻槽的鬲足
浠水黃龍寨	餘堰鄉大港口村	西周晚期	同上	
浠水黃山	竹瓦鎮周埠村西南500米	西周晚期	黃岡地區博物館：《湖北黃岡巴水流域部分古文化遺址》，《考古》，1995年10期	
浠水寨山	竹瓦鎮周埠村	西周中晚期	同上	附耳甗
浠水硯池山	巴河鎮東南倉山村	商晚、西周中晚期	同上	附耳甗
團風縣王家坊鄉蓼葉嘴村	王家坊鄉蓼葉嘴村	新石器時代～西周	黃岡地區博物館、黃州市博物館：《湖北黃州市下窯咀商墓發掘簡報》，《文物》，1993年6期	
團風（原黃州）陳家墩	馬曹廟鎮曹家河村	西周中晚期	黃岡地區博物館：《湖北黃岡巴水流域部分古文化遺址》，《考古》，1995年10期	帶刻槽的鬲足
團風霸城山	陶店鄉霸城山村	商晚、西周晚	同上	帶刻槽的鬲足
團風馬坳	但店鄉捉馬崗村	商晚、西周中晚	同上	
團風籠子山	上巴河鎮窯上村	西周早期（有一件完整的鬲）	同上	
團風寨上	王家店鄉朱家灣村	商中晚、西周中晚	同上	
黃岡果兒山、墩子山	團風縣北淋山河鎮附近	西周	黃岡地區博物館：《黃岡地區幾處古文化遺址》，《江漢考古》，1989年1期	
英山郭家灣	縣城西北石鎮區郭家灣村	西周晚期	同上	帶刻槽的鬲足
英山白石坳	縣城城關橋南端	西周中晚期	同上	帶刻槽的鬲足
英山子龔畈	距浠水上游支流西河的右岸30米	西周晚期	黃岡地區博物館：《湖北黃岡浠水流域古文化遺址調查》，《江漢考古》，1995年1期	附耳甗
英山大旗畈	過路灘鄉大槐樹坪村	西周中晚	同上	附耳甗
英山胡家墩	楊柳鎮東南1.5公里胡家墩村	商晚、西周中晚	同上	

英山窯咀	溫泉鎮南沖畈村	西周晚期	同上	帶刻槽的鬲足
英山溜兒灣	南河鎮東1.5公里瓦寺前河村	西周中期	同上	
英山大地坪	南河鎮南 500 米關口村	西周中期	同上	
英山黃祖祠	方咀鄉窯坳村南 300 米	西周中晚	同上	
羅田廟山崗	三里畈鎮南 1.2 公里張家灣村	西周中晚期～西周晚期	周國平：《羅田廟山崗遺址發掘》，《江漢考古》，1991 年 4 期；湖北省文物考古研究所、黃岡地區博物館、羅田縣文管所：《湖北羅田廟山崗遺址發掘報告》，《考古》，1994 年 9 期	帶刻槽的鬲足
羅田李家咀	白蓮河鄉尤家咀村東南	西周中晚	同上	帶刻槽的鬲足
羅田榨山	三里畈鎮朱源洞村	西周中晚	黃岡地區博物館：《湖北黃岡巴水流域部分古文化遺址》，《考古》，1995 年 10 期	
黃岡市胡家寨	堵城鄉胡家寨村附近的牛角山	西周中晚期	方政文：《黃岡縣堵城鄉發現新石器時代遺址》，《文物參考資料》，1957 年 5 期	
黃岡市螺螄山	縣城北 12 公里堵城鎮北 1 公里	西周早中晚期	中國科學院考古研究所湖北發掘隊：《湖北黃岡螺螄山遺址的探掘》，《考古》，1962 年 7 期；湖北黃岡地區博物館：《湖北黃岡螺螄山遺址墓葬》，《考古學報》，1987 年 3 期	有兩件西周早期周式鬲
黃梅烏龜山	縣城西 10.5 公里大河鎮北部	商代中晚期	中國社會科學院考古研究所湖北工作隊、黃梅縣博物館：《湖北黃梅縣考古調查簡報》，《考古》，1994 年 6 期	包製鬲足
黃梅荷葉山	在烏龜山東 500 米	西周中晚	同上	
黃梅釣魚嘴	大河鎮西北 2.6 公里	商代中晚期	同上	包製鬲足
黃梅楊家壟	大河鎮西北 3 公里	西周中晚期	同上	附耳甗
黃梅柯墩	縣城東北 8.5 公里染鋪村北	西周早中期	同上	
黃梅張山	杉木鄉西北 3.6 公里	西周	同上	附耳甗帶刻槽鬲足
黃梅意生寺	濯港鎮西北 2.5 公里胡六橋村	夏代晚期、商代早期、西周早期	湖北省文物考古研究所紀南城工作站：《湖北黃梅意生寺遺址發掘報告》，《江漢考古》，2006 年 4 期	

黃梅金城寨	王楓鄉東北李埂村西南	西周中晚期	中國社會科學院考古研究所湖北工作隊、黃梅縣博物館：《湖北黃梅縣考古調查簡報》，《考古》，1994 年 6 期	帶刻槽的鬲足
黃梅柳塘	苦竹鄉東南 100 米	商中晚期、西周早中期	中國社會科學院考古研究所湖北工作隊、黃梅縣博物館：《湖北黃梅縣考古調查簡報》，《考古》，1994 年 6 期	帶刻槽的鬲足
黃梅焦墩	白湖鄉東北 5 公里張城村	西周中	《中國考古學年鑒 1994 年》	
麻城縣岐亭鎮	縣城南岐亭鎮的南門外	西周晚期	高應勤：《麻城縣岐亭鎮發現古文化遺址》，《文物參考資料》，1957 年 12 期	
麻城梅家墩	館驛鎮熊寨村	西周晚期	《中國考古學年鑒 2006 年》	
麻城弔尖	南湖辦事處凡固垸村	西周中晚期	湖北省文物考古研究所、麻城市博物館：《湖北麻城弔尖遺址發掘簡報》，《江漢考古》，2008 年 1 期	
麻城桃園崗	館驛鎮喻家崗村	西周晚期	《中國考古學年鑒 2006 年》	
麻城栗山崗	松鶴鄉五里橋村	商、西周	黃岡地區博物館：《黃岡地區幾處古文化遺址》，《江漢考古》，1989 年 1 期	
麻城丁家坳	木子店鎮丁家坳村	西周中晚（有相當於夏代的指窩紋鼎足）	黃岡地區博物館：《湖北黃岡巴水流域部分古文化遺址》，《考古》，1995 年 10 期	
紅安縣金盆	新寨鄉	西周晚	湖北省文物管理處：《湖北紅安金盆遺址的探掘》，《考古》，1960 年 4 期	
紅安張家河寨墩	二程區桐柏鄉	西周中晚	黃岡地區博物館：《黃岡地區幾處古文化遺址》，《江漢考古》，1989 年 1 期	
黃陂魯臺山	縣城關鎮東	商代二里崗期、西周初年成康昭穆時期	黃陂縣文化館、孝感地區博物館、湖北省博物館：《湖北黃陂魯臺山兩周遺址與墓葬》，《江漢考古》，1982 年 2 期	
黃陂盤龍城		二里頭文化晚期、商早中期、西周	湖北省文物考古研究所：《盤龍城——1963～1994 年考古發掘報告》，文物出版社，2001 年	
武昌神墩	豹澥鄉北 1.5 公里九龍村	西周中晚期	武漢市文物管理處文物普查隊：《武昌縣豹澥、湖泗古文化遺址調查簡報》，《江漢考古》，1984 年 1 期	有巴河以東同時代的文化因素
武昌楓墩廟	豹澥鄉西北 1.5 公里新保村	西周中晚期	同上	
武昌銅墩	湖泗鄉張林村	西周中晚期	同上	
新洲香爐山	陽邏鎮西北 5 公里的香爐山	商代（殷墟早期）、西周	武漢大學歷史系考古教研室、武漢市博物館、新洲縣文化館：《湖北新洲香爐山遺址（南區）發掘簡報》，《江漢考古》，1993 年 1 期	

大冶銅綠山	大冶市銅綠山鎮	商代晚期始	銅綠山考古發掘隊：《湖北銅綠山春秋戰國古礦井遺址發掘簡報》，《考古》，1975 年 2 期；黃石市博物館：《銅綠山古礦冶遺址》，文物出版社，1999 年 12 月版	帶刻槽的鬲足
大冶上羅村	西北 4 公里爲銅綠山	西周晚期	黃石市博物館：《大冶上羅村遺址試掘簡報》，《江漢考古》，1983 年 4 期	帶刻槽的鬲足
大冶牌坊	金湖鄉棲儒村	西周晚期	黃石市博物館：《大冶金湖古文化遺址調查》，《江漢考古》，1994 年 3 期	
大冶搖羅山	牌坊遺址南	西周晚期	同上	
大冶茅陳塝	搖羅山遺址西	西周中晚期	同上	
大冶蟖子地	下陸區西南 1 公里羅橋鎮	西周中晚期	黃石市博物館：《大冶古文化遺址考古調查》，《江漢考古》，1984 年 4 期	鼎足、鬲足上帶指窩的作風可能爲二里頭文化的因素。帶刻槽的鬲足、附耳甗、在這一地區最典型
大冶眠羊地	金湖鄉眠羊地水庫東側的許家灣	晚商～西周	同上	
大冶古塘墩	茗山鄉南 1.5 公里	晚商～西周	同上	
大冶李河	礦山鄉李河村	晚商～西周	同上	
大冶老豬林	大箕鋪鄉劉遜村	西周	大冶縣博物館：《大冶三處古遺址調查》，《江漢考古》，1986 年 4 期	
大冶鼓墩塝	大箕鋪鄉葉家莊村	西周	同上	帶刻槽的鬲足
大冶大谷塝	鼓墩塝東南 2 公里	西周晚期	同上	帶刻槽的鬲足
大冶五里界城及周圍地區		商周	湖北省文物考古研究所編：《大冶五里界——春秋城址與周圍遺址考古報告》，科學出版社，2006 年	帶刻槽的鬲足
武穴方家墩	餘川鄉	西周中晚期	黃岡地區博物館：《黃岡地區的幾處古文化遺址》，《江漢考古》，1989 年 1 期	帶刻槽的鬲足
武穴李木港	花橋鎮花橋村	西周	湖北省黃黃公路考古隊：《黃黃公路考古調查》，《江漢考古》，1996 年 2 期	
武穴蘇僅	大金鎮舒沖村	西周	同上	
武穴四方地	大金鎮劉元幹村	西周	同上	

陽新縣大路鋪	白沙鎮平原鄉土庫村	晚商～西周	湖北省文物考古研究所、陽新縣博物館:《陽新大路鋪遺址東區發掘簡報》,《江漢考古》,1992 年 3 期;付守平:《陽新縣大路鋪新石器時代至戰國遺址》,《中國考古學年鑒 2004 年》	帶刻槽的鬲足
陽新縣和尚塭	白沙鋪鄉東南 0.5 公里	晚商～西周	咸寧地區博物館、陽新縣博物館:《陽新縣和尚塭遺址調查簡報》,《江漢考古》,1984 年 4 期	帶刻槽的鬲足
陽新古礦井	富池鎮南 10 公里港下村	西周早期以後	港下古銅礦遺址發掘小組:《湖北陽新古礦井遺址發掘報告》,《考古》,1988 年 1 期	帶刻槽的鬲足

二　銅　器

出土銅器時間地點	銅器種類	時　代	資　料　出　處	備 註
浠水縣城東北白石鄉星光村	銅甗、銅斝	西周早期或更早	劉長蓀、陳恒樹:《湖北浠水發現兩件銅器》,《考古》,1965 年 7 期	
1975 年,浠水縣朱店鄉出土	銅盤 2	西周早期	葉向榮:《浠水縣出土西周有銘銅盤》,《江漢考古》,1985 年 1 期	
黃陂魯臺山周圍遺址	銅爵	西周早期	黃陂縣文化館、孝感地區博物館、湖北省博物館:《湖北黃陂魯臺山兩周遺址與墓葬》,《江漢考古》,1982 年 2 期	
黃陂魯臺山西周墓葬	圓鼎、方鼎、甗、簋、爵、尊、觶、觚、等	西周早期	黃陂縣文化館、孝感地區博物館、湖北省博物館:《湖北黃陂魯臺山兩周遺址與墓葬》,《江漢考古》,1982 年 2 期	
黃陂盤龍城	400 多件青銅器	早中商	湖北省文物考古研究所:《盤龍城——1963～1994 年考古發掘報告》,文物出版社,2001 年	
1979 年春黃陂縣枹桐鄉紅進村出土	觚 3、爵 1	商代晚期	熊卜發、鮑方鐸:《黃陂出土的商代晚期青銅期》,《江漢考古》,1986 年 4 期	
1979 年春黃陂縣羅漢鄉夏店村出土	爵 2	商代晚期	同上	
黃陂縣柏木港	斝 1	殷墟二期	《文物考古工作三十年》第 298 頁,文物出版社,1979 年	
漢陽紗帽山出土	銅尊	商代早期	譚維四主編:《湖北出土文物精華》第 50 頁「天獸御」尊,湖北教育出版社,2001 年	
1966 年漢陽永安鄉出土	方彝	殷墟二期	《漢陽縣竹林嘴出土的商代晚期青銅方彝》,《江漢考古》,1980 年 1 期	

團風縣王家坊鄉蓼葉嘴村下窯嘴商代墓葬	青銅禮器觚、爵、斝酒器一套，外加銅甗、銅鬲各一	商代前期	黃岡地區博物館、黃州市博物館：《湖北黃州市下窯咀商墓發掘簡報》，《文物》，1993 年 6 期	
1975 年鄂城陳林寨出土	夔紋爵（有「[illegible]，父己」三字銘文	商代晚期	李學勤：《談盂方鼎及其他》，《文物》，1997 年 12 期	
1967 年鄂城碧石徵集	爵（有「[illegible]，祖丙」三字銘文	商代晚期	鄂城縣博物館：《湖北鄂城縣沙窩公社出土青銅爵》，《考古》，1982 年 2 期	
鄂州徐家灣	多件觚、爵、斝	殷墟二期	未見著錄，藏於鄂州博物館	
1996 年 4 月，蘄春新屋灣	盂方鼎 5、圓鼎 1、斗 1	商代晚期～西周初期	黃岡市博物館：《湖北蘄春達城新屋灣青銅器窖藏》，《文物》，1997 年 12 期	
1984 年武穴市長江江底打撈	青銅樂器 25 件	西周晚期～春秋早期	湖北省博物館、廣濟縣文化館：《湖北廣濟發現一批周代甬鍾》，《江漢考古》，1984 年 4 期	
陽新縣白沙鄉劉榮山	銅鏡	商代晚期	咸寧地區博物館、陽新縣博物館：《陽新縣和尙瑙遺址調查簡報》，《江漢考古》，1984 年 4 期	
1987 年陽新縣星潭鄉郭家壟村出土窖藏	銅鼎 1、銅斧 53	鼎爲西周早期並經過多次使用，銅斧爲春秋戰國時期	王善才、費世華：《湖北陽新新發現一處青銅器窖藏》，《文物》，1993 年 8 期	
1974 年陽新白沙鄉劉榮山	銅鐃	商代晚期	咸寧地區博物館：《湖北省陽新縣出土兩件青銅鐃》，《文物》，1981 年 1 期	
1974 年大冶港湖	夔紋提梁卣	殷墟二期	梅正國等：《湖北大冶羅橋出土商周銅器》，《文物資料叢刊》1981 年第 5 輯	

附表三　贛鄱地區夏商西周時期遺址及銅器統計表

一、遺　址

遺址名稱	地理位置	時　代	資　料　出　處	備註
南昌鄧家山	市區昌北開發區青崗村	西周早期	江西省文物考古研究所、江西省南昌市博物館：《江西南昌青嵐村鄧家山遺址考古發掘簡報》，《南方文物》2007 年 3 期	
樟樹築衛城	清江縣大橋鄉東南 3 公里	新石器時代晚期、商中晚期、西周中晚期	江西省博物館、北京大學歷史系考古專業、清江縣博物館：《清江築衛城遺址發掘簡報》，《考古》，1976 年 6 期；江西省博物館、清江縣博物館、廈門大學歷史系考古專業：《江西清江築衛城遺址第二次發掘》，《考古》，1982 年 2 期	
樟樹樊城堆	三橋鄉廟下村旁	同上	江西省文物工作隊、清江縣博物館、中山大學考古專業：《清江樊城堆遺址發掘簡報》，《考古與文物》，1989 年 2 期；清江縣博物館：《江西清江樊城堆遺址試掘》，《考古學集刊》第 1 輯	
樟樹彭家山	樟樹市山前鄉南、皮家村後山	西周早中期	江西省文物考古研究所、江西省樟樹市博物館：《江西樟樹彭家山西周遺址發掘簡報》，《南方文物》，1999 年 3 期	
樟樹吳城	市區西南吳城鄉吳城村	商代中晚期	江西省文物考古研究所、樟樹市博物館：《吳城——1973～2002 年考古發掘報告》，科學出版社，2005 年	
樟樹大城	山前鄉西南山中村	商代晚期、西周中晚期	江西省文考古研究所：《清江山前遺址調查簡報》，《南方文物》，1989 年 1 期	
樟樹鳳凰山	山前鄉堆上村西 300 米	商代晚期	同上	

樟樹獅子山	山前鄉東南 2.5 公里	商代晚期	江西省文考古研究所：《清江山前遺址調查簡報》，《南方文物》，1989 年 1 期；傅冬根：《清江縣商周遺址調查紀要》，《南方文物》，1986 年 1 期	
高安下陳	下陳鄉西北 1.5 公里	夏晚期	《高安下陳遺址的調查》，《文物工作資料》，1976 年 6 期；蕭錦秀：《高安商周文化遺址調查》，《南方文物》，2004 年 4 期	
上高獅子堖	敖山農場晏家村西南	新晚、商代中晚期～西周	上高縣博物館：《上高縣發現九處古文化遺址》，《南方文物》，1982 年 4 期	
上高鸕鷀嶺	泗溪鄉中宅村東 300 米	商晚～西周	同上	
上高蛤蟆石	敖山農場羅家村	西周	同上	
上高廟背	泗溪公社熊家村	西周	同上	
上高余家山	水口公社河裏大隊北	西周	同上	
上高新橋頭	敖山農場新橋西	西周	同上	
上高曹港	泗溪公社曹港大隊西	西周晚～春秋	同上	
上高木魚堖	泗溪公社曹港大隊窩溪村北	西周晚～春秋	同上	
上高顧城堖	錦江公社臨江大隊南 200 米	西周	同上	
萬載下窩	仙源鄉新市村西北	商晚	萬載縣博物館：《萬載縣商周遺址調查》，《江西歷史文物》，1986 年 2 期	
萬載榨樹窩遺址和墓葬	仙源鄉新市村西北	商晚	萬載縣博物館：《萬載縣商周遺址調查》，《江西歷史文物》，1986 年 2 期。中國考古學年鑒 1984 年	
萬載獅子堖	高城鄉高城村	西周	萬載縣博物館：《萬載縣商周遺址調查》，《江西歷史文物》，1986 年 2 期	
萬載徐家堖	縣城東北徐家堖上	西周	同上	
萬載船形堖	縣城西南船形山上	西周	同上	
萬載井窩里墓葬群	仙源鄉山棗村	西周	同上	
萬載天子坳墓群	赤興鄉皂下村天子坳上	西周	同上	

宜豐縣船形山、蔣坪山	宜豐縣花橋鎮	西周	漆躍慶：《宜豐縣發現一處古文化遺址》，《江西歷史文物》，1981 年 2 期	
新餘拾年山	渝水區水北鎮北	西周，商因素少	李家和、徐長青：《新餘市拾年山新石器時代及商周遺址》，《中國考古學年鑒 1990 年》	
新餘珠珊斜里	渝水區珠珊鄉斜里村	夏晚期	彭振生、李小平、白青：《江西新餘發現夏時期文化遺物》，《南方文物》，1992 年 3 期	
新餘陳家	羅坊鎮陳家村	商代晚期	江西省文物考古研究所、江西省新餘市博物館：《江西新餘陳家遺址發掘報告》，《南方文物》，2003 年 2 期	
新餘趙家山	南安鄉南 2 公里趙家山	西周早期	江西省文物考古研究所等：《江西新餘趙家山西周遺址發掘簡報》，《南方文物》，2003 年 2 期	
新餘錢家山	羅坊鎮竹山村錢家山	西周早期	江西省文物考古研究所等：《江西新餘市錢家山西周遺址及竹山村三國墓與宋墓考古發掘簡報》，《南方文物》，2006 年 2 期	
萍鄉禁山下	蘆溪縣宣風鎮虹橋村南	夏晚期、西周早期	江西省文物考古研究所、萍鄉市博物館：《江西萍鄉市禁山下遺址的發掘》，《考古》，2000 年 12 期	
萍鄉赤山大寶山	萍鄉市東北赤山公社	新晚、商代中晚期	萍鄉市博物館：《萍鄉市赤山大寶山遺址調查記》，《南方文物》，1980 年 4 期	
德安石灰山	聶橋鄉浙江移民村	早商二期～中商一期	江西省文物考古研究所、江西省德安縣博物館：《江西德安石灰山商代遺址試掘》，《東南文化》，1989 年 4、5 期；江西省文物考古研究所、江西省德安縣博物館：《江西德安石灰山商代遺址發掘簡報》，《南方文物》，1998 年 4 期	
德安陳家墩	米糧鋪鄉東西 2 公里	商晚～西周	江西省文物考古研究所、德安縣博物館：《江西德安縣陳家墩遺址發掘簡報》，《南方文物》，1995 年 2 期；江西省文物考古研究所、德安縣博物館：《江西德安陳家墩遺址第二次發掘簡報》，《東南文化》，2000 年 9 期	
德安黃牛嶺	德安共青城袁家咀村	商代晚期～西周早期	江西省文物考古研究所、德安縣博物館：《江西德安米糧鋪遺址發掘簡報》，《南方文物》，1993 年 2 期	
德安豬山壟	縣城東南 3.5 公里	商代中晚期	同上	
德安劉家畈	米糧鋪鄉東南，據陳家墩 1.5 公里	商代晚期	丘文彬等：《江西德安、永修界牌嶺商周遺址調查》，《南方文物》，1993 年 2 期	
德安界牌嶺	米糧鋪鄉南	商晚～西周早	同上	
德安袁山	米糧鋪鄉南 2 公里	商代晚期～西周早	同上	

德安黃家咀	米糧鋪鄉東	商代晚期～西周早	同上	
德安蚌殼山	寶塔鄉桂林村東北	商代晚期～西周早	江西省文物考古研究所、德安縣博物館:《江西德安蚌殼山遺址發掘簡報》，《南方文物》，1994 年 3 期	
永修縣。商 10 處均爲晚期、西周 23 處			江西省文物考古研究所、九江市博物館、永修縣文物管理室：《永修縣古文化遺址調查與試掘》，《江西文物》，1991 年 2 期	
永修新界	與米糧鋪鄉東南各遺址相距不遠，離陳家遺址 1.5 公里	商晚～西周早	丘文彬等：《江西德安、永修界牌嶺商周遺址調查》，《南方文物》，1993 年 2 期	
靖安寨下山	縣城西北 2 公里的南河附近	商晚～西周	李弦、適中：《江西靖安寨下山遺址調查簡報》，《南方文物》，1992 年 1 期	
彭澤團山	縣城東北15公里太泊湖東岸	晚商二期	江西省文物考古研究所、江西省彭澤縣文管所:《江西彭澤縣團山遺址發掘簡報》,《南方文物》，2007 年 3 期	
新干牛頭城	縣城東北部大洋洲鎮劉堎村	夏文化因素、商代晚期、西周中晚期	江西省文物工作隊：《新干牛頭城遺址調查》，《江西歷史文物》，1977 年 6 期；李家和：《江西省新干縣牛頭城遺址調查與試掘》，《東南文化》，1989 年 1 期；江西省文物考古研究所、江西新干縣博物館：《新干縣湖西牛城遺址試掘與覆查》，《江西文物》，1991 年 3 期；朱福生：《江西新干牛城遺址調查》，《南方文物》，2005 年 4 期	
新干湖西	縣城東北部大洋洲鎮劉堎村，西距牛頭城遺址 1.5 公里	商晚、西周中晚	江西省文物考古研究所、江西新干縣博物館：《新干縣湖西牛城遺址試掘與覆查》，《江西文物》，1991 年 3 期	
新干大洋洲	樟樹南 20 公里、新干北 20 公里，隸屬大洋洲鄉程家村	商代後期早段	江西省文物考古研究所、江西省博物館、新干縣博物館：《新干商代大墓》，文物出版社，1997 年	
九江神墩	縣城西北16公里新合鄉	商代中晚、西周	江西省文物工作隊、九江市博物館：《江西九江神墩遺址發掘簡報》，《江西歷史文物》，1987 年 2 期	
九江龍王嶺	九江縣馬回嶺鄉東南 2 公里	早商二期～晚商	江西省文物考古研究所、九江市文化名勝管理處、九江縣文物管理所：《九江縣龍王嶺遺址試掘》，《東南文化》，1991 年 6 期	
九江縣磨盤山	龍王嶺遺址東	商晚～西周	江西省文物考古研究所、九江市文化名勝管理處、九江縣文物管理所：《江西九江縣馬回嶺遺址調查》，《東南文化》1991 年第 6 期	

九江縣門口山	磨盤山遺址東	同上	同上	
九江縣八哥山	門口山遺址東	同上	同上	
九江縣王花蘭	八哥山遺址河對面	同上	同上	
九江磨盤墩	九江縣城東北1.5公里	夏晚、西周中晚	江西省博物館、九江縣文化工作站：《江西九江縣沙河街遺址發掘簡報》，《考古學集刊》，第二集，中國社會科學出版社，1982年	
瑞昌大路口	瑞昌市西0.8公里	早商三期～西周	瑞昌市博物館：《江西瑞昌大路口遺址調查簡報》，《南方文物》，1992年1期	
瑞昌銅嶺	夏阪鄉	同上	江西省文物考古研究所等：《銅嶺古銅礦遺址發現與研究》，江西科技出版社，199	
瑞昌檀樹咀	夏畈鄉檀樹咀村西南山坡上	晚商三、四期	朱垂珂、何國良：《江西瑞昌檀樹咀遺址試掘》，《南方文物》，1993年4期；江西省文物考古研究所、瑞昌市博物館：《江西瑞昌市檀樹咀商周遺址發掘簡報》，《考古》，2000年12期	
餘江龍崗	餘江縣城東南5公里	夏晚期、商早中期	楊巨源：《江西餘江縣三處古文化遺址調查簡報》，《東南文化》，1989年1期；李家和等：《江西龍山文化初探》，《東南文化》，1989年1期	
餘江黃鳳嶺	縣城西南2公里霄沖倪村西南側	同上	楊彩娥：《江西餘江黃風嶺商周遺存調查》，《南方文物》，2004年1期	
餘江紅龍崗	縣城東南	同上	楊巨源：《江西餘江縣三處古文化遺址調查簡報》，《東南文化》，1989年1期	
餘江馬崗	縣城南偏東5公里	同上	同上	
鷹潭角山、板栗山	市區東7公里月湖區童家鄉角山徐家村旁。童家河在東南流過向西北注入信江。河南岸爲角山坡地，北岸爲板栗山。	夏文化因素，商	《江西鷹潭角山窯址試掘簡報》，《華夏考古》，1990年1期；向桃初：《湘贛地區二里頭文化蹤迹探尋述略》，《中國社會科學院古代文明研究中心通訊》第6期	
廣豐社山頭	五都鎮前山村羅家自然村	夏晚～商早	江西省文物考古研究所、廈門大學人類學系、廣豐縣文物管理所：《江西廣豐社山頭遺址發掘》，《東南文化》，1993年4期；《江西廣豐社山頭遺址第三次發掘》，《南方文物》，1997年1期	

萬年蕭家山	縣城西 1 公里余家埠河西岸	夏文化因素，商	江西省文物管理委員會：《1961 年江西萬年遺址的調查和墓葬發掘》，《考古》，1962 年 4 期；《1962 年江西萬年新石器遺址、墓葬的調查與試掘》，《考古》，1963 年 12 期；劉佮、陳文華：《江西萬年類型商文化遺址調查》，《東南文化》，1989 年 4、5 期	
萬年齋山	縣城北，安樂河南岸的中合鄉（即廟背村）南齋山湖邊	夏文化因素，商	劉佮、陳文華：《江西萬年類型商文化遺址調查》，《東南文化》，1989 年 4、5 期	
萬年送嫁山	同上	夏文化因素，商	同上	
萬年西山	同上	夏文化因素，商	同上	
萬年雷壇	城廂鎮南 1 公里，雷壇村南	西周晚期	劉林：《萬年縣雷壇遺址調查》，《南方文物》，1980 年 2 期	
進賢高嶺	雲橋鄉高嶺村蛇白坑村南 800 米	商晚西周	江西省文物工作隊、進賢縣文化館：《江西省進賢縣古文化遺址調查簡報》，《東南文化》，1988 年第 3/4 期	
進賢寨子峽	位於捉牛崗、五里、下埠三鄉交界處	夏晚期遺物西周中晚	江西省文物工作隊、進賢縣文化館：《江西省進賢縣古文化遺址調查簡報》，《東南文化》，1988 年第 3/4 期；高寧桂、劉詩中：《進賢縣寨子峽遺址調查簡報》，《南方文物》，1983 年 2 期	
進賢陳羅	白圩鄉流嶺村陳羅	商晚西周	江西省文物工作隊、進賢縣文化館：《江西省進賢縣古文化遺址調查簡報》，《東南文化》，1988 年第 3/4 期	
進賢南土墩	下埠鄉下埠街南 500 米	商晚西周	同上	
進賢桌山	雲橋鄉高嶺村桌山上	商晚西周	同上	
進賢高祖嶺	縣城南 500 米	商周	同上	
進賢水泥廠	池溪鄉池溪街正東 1.5 公里	商晚西周	同上	
進賢盤子山	下埠鄉下埠街西港東村陳坊	商周	同上	
進賢豬婆嶺	衙前鄉瀆田村	西周	同上	
進賢禾嶺	雲橋鄉高嶺村禾嶺南端	商晚西周	同上	
進賢車家壟	雲橋鄉車家壟村	商晚西周	同上	
進賢高塘	張王廟鄉境內	西周	同上	

進賢凰嶺	五里鄉境內	西周	同上	
進賢前嶺觀	溫圳鄉境內	西周	同上	
湖口下石鍾山	縣城關，江湖匯合之處	夏晚期因素、商末～西周	江西省文物工作隊、石鍾山文管所：《湖口縣下石鍾山遺址調查記》，《江西歷史文物》，1985 年 1 期；黃盛璋：《湖北省湖口縣石鍾山遺址發現甲骨文》，《亞洲文明》，第二集，安徽教育出版社，1992 年；劉詩中、楊赤宇：《江西湖口下石鍾山發現商周時代遺址》，《考古》，1987 年 12 期	
樂平高岸嶺	縣城東南30公里。東韓家村，西龍亭村，南樂安江	同上	樂平縣文物陳列室：《樂平縣試掘高岸嶺遺址》，《江西歷史文物》，1981 年 1 期	
德興狐狸山	縣城南 1.5 公里	新晚、商代中晚	德興縣博物館：《江西德興幾處古文化遺址調查》，《江西文物》，1990 年 1 期	
德興觀山	縣城南偏東 18 公里	商代中晚	同上	
德興上沽口	泗洲鎮張家阪的上沽口村	商代中晚	同上	
德興銅礦附近		商中晚期	同上	
都昌船丘山	杭橋鄉橫渠口村南	商周	周振華：《江西都昌杭橋鄉發現船丘山商周遺址》，《南方文物》，1993 年 3 期	
都昌小張家	北炎鄉西南側	商中晚期	江西省文物考古研究所、江西省都昌縣博物館：《江西都昌小張家商代遺址發掘簡報》，《南方文物》，1999 年 3 期	
婺源茅坦莊	秋口鎮河村東	商中晚期	江西省文物考古研究所、江西婺源縣博物館：《江西婺源縣茅坦莊遺址商代文化遺存發掘簡報》，《南方文物》，2006 年 1 期	
婺源中雲	東北距縣城 20 公里，中雲鄉西	商晚～西周	李家和、劉林：《婺源縣中雲發現商周遺址》，《南方文物》，1982 年 4 期	
浮梁縣東流燕窩山	景德鎮市區東 17 公里的浮梁縣湘湖鎮東流村西南	商中期、西周	楊軍、胡勝：《浮梁縣東流燕窩山商周遺址》，《中國考古學年鑒 2005 年》	
玉山歸塘塢	雙明鎮東 4 公里的祝村	商中晚期、西周	江西省文物考古研究所、玉山縣博物館：《玉山雙明地區考古調查與試掘》，《南方文物》，1994 年 3 期	
玉山對面山	雙明鎮所在地徐村東北	西周晚期	同上	
玉山洪家山	四股橋鄉竹梘中學南 100 米	商中晚期、西周	同上	

玉山狗槽崗	雙明鎮五平頭村南200米	西周	同上	
撫州市西郊豺狗包、魚骨山等	撫州市西郊撫州造紙廠工地	商中晚期	李家和、楊巨源、劉詩中：《江西萬年類型商文化研究》，《東南文化》，1990年3期;《江西撫州市西郊商代遺址調查》,《考古》，1990年2期	
南城縣碑山	縣西北嶽口鄉太徐村西南	商末周初、西周早	《中國考古學年鑒2006年》	
上饒馬鞍山	縣城東北22公里	西周晚	江西省上饒縣博物館：《上饒縣馬鞍山西周墓》，《東南文化》，1989年增刊1	
上饒鐵山胡家橋	縣城南44公里，鐵山鄉胡家橋村	新晚、商中晚～西周	江西上饒縣博物館：《江西上饒縣古文化遺址調查》，《東南文化》，1991年6期	
上饒高南峰	縣城北62公里，南高峰鄉橋頭村	新晚、商中晚～西周	同上	
上饒茗洋	縣城西北50公里茗洋鄉姜山村廟背山	商中晚～西周	同上	
上饒鄭坊	縣北40公里鄭坊鄉鄭坊村	商中晚～西周	同上	
上饒南岩	縣西6公里茶亭鄉南岩村	同上	同上	
鉛山曹家墩	陳家寨公社	同上	鉛山縣文化館：《江西鉛山縣曹家墩發現商周遺址》，《考古》，1983年2期	

二、銅　器

出土銅器時間地點	銅器種類	時　代	資　料　出　處	備註
1962年萍鄉市彭家橋河中	甬鍾2	西周早期	敖有勝等:《萍鄉市出土西周甬鍾》,《江西歷史文物》，1985年2期	
1962年新餘市界水土龍山上	鐃1	西周早期	彭適凡:《贛江流域出土商周銅鐃和甬鍾概述》，《南方文物》，1998年1期	
1964年3月1日，萬年縣西山蔡家艾山裏	銅鼎1	西周初期	郭遠謂：《江西近兩年出土的青銅器》，《考古》，1965年7期	
1965年萬載縣株潭鎮常家裏山上	甬鍾	商末周初	劉建：《萬載縣出土西周甬鍾》，《江西歷史文物》，1994年1期	
1973年吳城正壙山	斝	殷墟早期	江西省博物館、清江縣博物館：《近年江西出土的商代青銅器》，《文物》，1977年9期	

1975 年鷹潭（南昌徵集）	甬鍾 1	西周中期	彭適凡：《贛江流域出土商周銅鐃和甬鍾概述》，《南方文物》，1998 年 1 期	
1975 年清江縣三橋公社橫塘大隊鋤獅腦山丘	2 件扁足銅鼎	吳城一、二期商代中期	江西省博物館、清江縣博物館：《近年江西出土的商代青銅器》，《文物》，1977 年 10 期	
1974 年吳城遺址	鳳首青銅蓋	吳城一、二期商代中期	江西省博物館等：《江西清江吳城商代遺址發掘簡報》，《文物》，1975 年 7 期	
1974 年都昌縣大港公社烏雲山東麓	甗 1、斧 5、錛 4	商代晚期	《江西都昌出土商代銅器》，《考古》，1976 年 4 期	
萍鄉市彭高公社	甬鍾 2	西周早期	彭適凡：《贛江流域出土商周銅鐃和甬鍾概述》，《南方文物》，1998 年 1 期	
餘干縣黃金埠	應監甗	西周初期	朱心持：《江西餘干黃金埠出土銅甗》郭沫若：《釋應監甗》，《考古學報》，1960 年 1 期	
1976 年新干中棱水庫壩基	鼎 5 等	商晚	彭適凡、李玉林：《江西新干縣的西周墓葬》，《文物》，1983 年 6 期	
武寧縣	甬鍾 1	西周早期	閔正國：《武寧縣出土西周甬鍾》，《江西歷史文物》，1983 年 3 期	
1979 年樟樹市山前鄉雙慶橋	甬鍾	西周早期	黃冬梅：《清江縣山前發現西周甬鍾》，《江西歷史文物》，1981 年 3 期	
1980 年新餘市羅坊鄉陳家	鐃 1	西周早期	余家棟：《江西新餘連續發現西周甬鍾》，《文物》，1982 年 9 期	
1980 年新餘	甬鍾	西周早期	余家棟：《新餘縣發現西周甬鍾》，《南方文物》，1981 年 2 期	
1981 年新餘市水西鄉家山	鐃 1	西周早期	余家棟：《江西新餘連續發現西周甬鍾》，《文物》，1982 年 9 期	
婺源中雲	鼎 1	西周	李家和、劉林：《婺源縣中雲發現商周遺址》，《南方文物》，1982 年 4 期	
1983 年靖安縣林科所後山梨樹窩	鐃 1	西周早期	彭適凡：《贛江流域出土商周銅鐃和甬鍾概述》，《南方文物》，1998 年 1 期	
1984 年宜春市下浦鄉金橋村	鐃 1	西周早期	同上	
1984 年萍鄉市蘆溪區銀河鄉鄧家田村	鐃 1	西周早期	同上	
1985 年宜豐縣天寶鄉牛形山	鐃	商晚	胡紹仁：《宜豐縣出土商代銅鐃》《江西歷史文物》，1985 年 1 期	
1989 年萍鄉市安源鎮丨里鋪村山上	鐃 2	西周初期	彭適凡：《贛江流域出土商周銅鐃和甬鍾概述》，《南方文物》，1998 年 3 期	
1989 年新干大洋洲	鐃 4	商晚	江西省文物考古研究所、江西省博物館、新干縣博物館：《新干商代大墓》，文物出版社，1997 年	

1993年德安陳家墩遺址	鐃 1	商末	彭適凡:《贛江流域出土商周銅鐃和甬鍾概述》,《南方文物》,1998 年 1 期	
1997年宜春市慈化鎮蜈蚣塘	鐃 1	西周初	同上	
1999年新餘市渝水匹沙土鄉毛家村	甬鍾	西周	章國任:《江西新餘出土西周甬鍾》,《南方文物》,2004 年 1 期	
1975年東至縣梅城河改道工程中出土於赤頭段	牛首耳青銅罍	商代晚期～西周早期	張北進:《安徽東至縣發現一件青銅罍》,《文物》,1990 年 11 期